MAUVAIS ŒIL & ENVOÛTEMENTS

De la même autrice

Le Pouvoir de la médiumnité – Apprendre et se perfectionner, éd. Trajectoire, 2019.

—

Correction et relecture : Anne Desmier et Stéphanie Girardot
Conception et réalisation graphique : Pascaline Lopez

ISBN : 978-2-84197-830-4
Dépôt légal : octobre 2021

Éditions Trajectoire
Une marque du groupe éditorial Piktos.
355, rue de la Montagne-Noire – 31750 Escalquens
Tél. : 05 61 00 09 86 (accueil) – 05 81 91 31 31 (commandes)
Courriel : contact@piktos.fr
Site Internet : www.editions-trajectoire.fr

Cécile Dalet

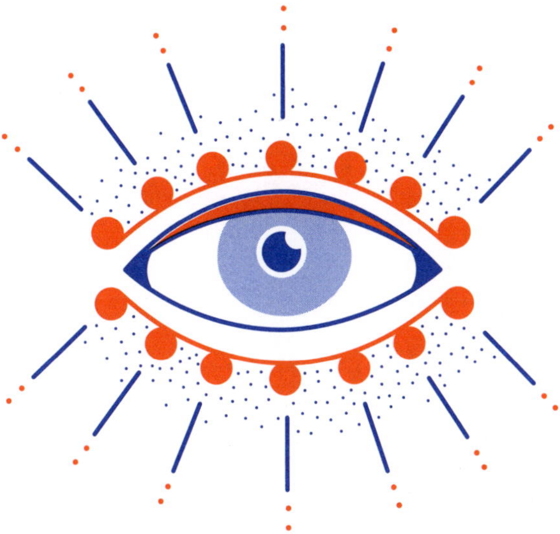

MAUVAIS ŒIL & ENVOÛTEMENTS

Comment s'en protéger ou s'en libérer

Un ouvrage paru sous la direction de Vincent Lauvergne

Éditions TrajectoirE

La liberté n'est pas de mettre votre clé-bonheur dans les mains de quelqu'un d'autre au risque de voir votre vie construite partir en fumée. Cette clé, les autres peuvent s'en servir ou changer le code d'entrée par la seule force de la pensée, de l'intention et de la suggestion.

« Lorsque avec ses enfants vêtus de peaux de bêtes,
Échevelé, livide au milieu des tempêtes,
Caïn se fut enfui de devant Jéhovah,
Comme le soir tombait, l'homme sombre arriva
Au bas d'une montagne en une grande plaine ;
Sa femme fatiguée et ses fils hors d'haleine
Lui dirent : « Couchons-nous sur la terre, et dormons. »
Caïn, ne dormant pas, songeait au pied des monts.
Ayant levé la tête, au fond des cieux funèbres,
Il vit un œil, tout grand ouvert dans les ténèbres,
Et qui le regardait dans l'ombre fixement.
« Je suis trop près », dit-il avec un tremblement.
Il réveilla ses fils dormant, sa femme lasse,
Et se remit à fuir sinistre dans l'espace.
Il marcha trente jours, il marcha trente nuits ;
Il allait, muet, pâle et frémissant aux bruits,
Furtif, sans regarder derrière lui, sans trêve,
Sans repos, sans sommeil. Il atteignit la grève
Des mers dans le pays qui fut depuis Assur.
« Arrêtons-nous, dit-il, car cet asile est sûr.
Restons-y. Nous avons du monde atteint les bornes. »
Et, comme il s'asseyait, il vit dans les cieux mornes
L'œil à la même place au fond de l'horizon.
Alors il tressaillit en proie au noir frisson.

« Cachez-moi ! » cria-t-il ; et, le doigt sur la bouche,
Tous ses fils regardaient trembler l'aïeul farouche.
Caïn dit à Jabel, père de ceux qui vont
Sous des tentes de poil dans le désert profond :
« Étends de ce côté la toile de la tente. »
Et l'on développa la muraille flottante ;
Et, quand on l'eut fixée avec des poids de plomb :
« Vous ne voyez plus rien ? » dit Tsilla, l'enfant blond,
La fille de ses fils, douce comme l'aurore ;
Et Caïn répondit : « Je vois cet œil encore ! »
Jubal, père de ceux qui passent dans les bourgs
Soufflant dans des clairons et frappant des tambours,
Cria : « Je saurai bien construire une barrière. »

Il fit un mur de bronze et mit Caïn derrière.
Et Caïn dit : « Cet œil me regarde toujours ! »
Hénoch dit : « Il faut faire une enceinte de tours
Si terrible, que rien ne puisse approcher d'elle.
Bâtissons une ville avec sa citadelle.
Bâtissons une ville, et nous la fermerons. »
Alors Tubalcaïn, père des forgerons,
Construisit une ville énorme et surhumaine.
Pendant qu'il travaillait, ses frères, dans la plaine,
Chassaient les fils d'Énos et les enfants de Seth ;
Et l'on crevait les yeux à quiconque passait ;
Et, le soir, on lançait des flèches aux étoiles.
Le granit remplaça la tente aux murs de toiles,
On lia chaque bloc avec des nœuds de fer,
Et la ville semblait une ville d'enfer ;
L'ombre des tours faisait la nuit dans les campagnes ;
Ils donnèrent aux murs l'épaisseur des montagnes ;
Sur la porte on grava : « Défense à Dieu d'entrer. »
Quand ils eurent fini de clore et de murer,
On mit l'aïeul au centre en une tour de pierre.
Et lui restait lugubre et hagard. « Ô mon père !
L'œil a-t-il disparu ? » dit en tremblant Tsilla.
Et Caïn répondit : « Non, il est toujours là. »
Alors il dit : « Je veux habiter sous la terre
Comme dans son sépulcre un homme solitaire ;
Rien ne me verra plus, je ne verrai plus rien. »
On fit donc une fosse, et Caïn dit : « C'est bien ! »
Puis il descendit seul sous cette voûte sombre.
Quand il se fut assis sur sa chaise dans l'ombre
Et qu'on eut sur son front fermé le souterrain,
L'œil était dans la tombe et regardait Caïn. »

Victor Hugo, « La conscience »,
La Légende des siècles

—

SOMMAIRE

AVANT-PROPOS

Ce jour-là, je m'affairais à quelques rangements, j'attendais une nouvelle cliente à mon domicile pour une séance de tarot. À cette époque, je débutais dans l'exercice de ma profession, j'ignorais les mécanismes du mauvais œil. J'y croyais un peu mais n'en étais pas encore convaincue, sans doute du fait de mon côté cartésien et du mode de vie actuel. Et je n'avais pas non plus entendu de récit plausible, et surtout récent, prouvant son existence. En médiumnité, je n'en tenais pas compte, aussi paradoxal que cela puisse paraître. Je m'adonnai à quelques tâches pour finaliser ma préparation puis j'allumai tranquillement un bâtonnet d'encens, ma routine de méditation habituelle avant de rencontrer une cliente. Lorsque mon chien aboya, je compris qu'elle arrivait. Puis on frappa à la porte. J'ouvris. Une petite dame âgée d'une soixantaine d'années passée se tenait devant moi, toute de noir vêtue. Je l'accueillis. La séance se déroula parfaitement. Une séance ordinaire, comme les autres. À la fin de notre entretien, elle se mit à faire quelques aveux, d'ordre occulte :

— Vous savez, je vais vous dire quelque chose. J'ai un souci avec une voisine. Je crois bien qu'elle me veut du mal.

Je fus d'abord un peu surprise et soupçonnai un jugement quelque peu hâtif. Cependant, je fus piquée de curiosité. J'attendis la suite afin de comprendre où elle voulait en venir.

— Qu'est-ce qui vous fait croire ça ?
— Une intuition. J'en suis même sûre, me dit-elle d'un ton ferme.

Je restai dubitative. Je sais que les gens ont d'ordinaire tendance à porter trop vite des jugements tout faits, sans connaissances préalables, surtout en médiumnité, si vaste et si complexe, ou à tenir des propos alambiqués, parlant par exemple de malédiction sans étude particulière.

Elle commença à me relater son histoire, comme le ferait toute personne d'un certain âge qui sait vous faire voyager. Je l'écoutai avec intérêt.

— Je sais reconnaître un mauvais œil. De mon temps, ça existait. Un jour, je devais me rendre à une réunion dans un club du troisième âge, accompagnée d'une copine. Ma voisine devait également venir. Nous nous sommes croisées et elle s'est mise très en colère, elle m'a fait une scène de jalousie parce que j'étais venue avec une autre personne, qu'elle n'aimait pas. Je le savais, mais j'étais tout de même en droit d'inviter qui je voulais ! Elle voulait avoir le dessus sur moi. Elle m'a jeté un regard mauvais, s'est approchée, m'a pointée du doigt, et m'a dit une phrase que je n'ai jamais oubliée : « Vous entendrez parler de moi bientôt. » Puis elle est partie. Cela sonnait comme une vengeance. Je ne lui ai plus reparlé. Et depuis ce jour-là, je n'ai eu que des problèmes dans ma maison. J'ai fini par comprendre qu'elle m'avait jeté un sort lorsqu'elle se mit à passer devant chez moi régulièrement.

De mon temps, à la campagne, ça se faisait, je sais reconnaître un sort. J'ai donc commencé à suspecter ses agissements. J'ai fini par sortir de chez moi et par vérifier aux alentours de mon jardin puis devant ma porte s'il n'y avait pas d'objets suspicieux déposés. Il y en avait un. Je l'ai brûlé immédiatement. J'ai appris par la suite qu'elle agissait ainsi avec beaucoup de personnes. Elle est vraiment méchante. Maintenant, elle agit sur ma santé. Avez-vous quelque chose pour éloigner ses sorts, afin que je m'en protège ?

Je lui répondis par la négative. Je n'avais aucun objet en ma possession hormis mes encens de méditation. J'avais certes également des encens de purification pour les lieux, dont je me servais pour augmenter les vibrations de mes pièces, mais j'ai jugé que ce n'était pas ce qu'elle recherchait. Je manquais encore d'expérience et regrettai amèrement de ne pas pouvoir l'aider tant son récit me toucha. De plus, cela demandait quelques gestes dont je n'avais pas encore la connaissance. Mon ego mis de côté, par précaution, j'ai opté pour le conseil. Je lui conseillai de porter un œil-de-tigre, et lui écrivis, pour s'en procurer un, l'adresse de la boutique d'une collègue expérimentée qui pourrait la guider pas à pas dans cette voie.

Aux dernières nouvelles, elle se portait bien mieux, avait scrupuleusement suivi mes conseils et ceux de ma collègue et portait quotidiennement un pendentif en œil-de-tigre.

Quelque temps après, en voiture, je racontai tout cela à une amie. Cette histoire m'avait laissée sur ma faim, ma curiosité était aiguisée.

— Une cliente m'a raconté qu'elle avait reçu le mauvais œil. Tu y crois, toi ?
— Oui. Je connais même quelqu'un qui l'a eu dernièrement.

Elle s'est mise à me rapporter une histoire beaucoup plus surprenante. Avec mes actuelles connaissances et davantage de recul, le fait ressemble davantage à une sorcellerie qu'à un mauvais œil.

— Mon petit ami était déprimé, il avait des idées suicidaires, cela faisait des mois qu'il se sentait comme cela et rien n'allait en s'arrangeant, il est donc allé voir un sorcier. Celui-ci lui a dit qu'un membre de sa famille lui avait jeté un sort. Il lui a donc préparé quelque chose, je ne sais plus trop quoi. Probablement une mixture. Mais je me souviens qu'il lui a également fait manger un peu de ficelle. Il est sorti et a vomi une boule de poils – pas la ficelle, non, une boule de poils… et d'une belle grosseur, presque l'équivalent d'une balle de ping-pong… Dans un premier temps, il ne trouvait pas de raisons plausibles à la présence de cette chose à l'intérieur de lui, mais ce mystère a rapidement laissé place au soulagement, il s'est très vite senti mieux. Les idées destructrices sont parties comme par enchantement…

Ces faits paraissent sortis tout droit d'un récit fantastique comme l'on peut en voir au cinéma. Même moi, je reste encore sceptique. Mon côté cartésien a tendance à l'emporter. Et pourtant ! Certains ont du mal à croire que de telles choses puissent encore arriver tant le mauvais œil a été marginalisé. Certains ont été jusqu'à nier son existence dans l'unique but de se débarrasser de cette croyance mortuaire au plus vite. C'est une triste réalité, qui n'est pas l'apanage des sorciers ou vaudous : elle touche un très grand nombre de personnes (pour ne pas dire tout le monde).

Vous aurez l'occasion dans cet ouvrage de découvrir que le mauvais œil est tellement subtil qu'il passe inaperçu, comme un symptôme voilé, sous-jacent, parmi un large panel de phénomènes dits « normaux ». Chacun souhaite d'abord trouver une cause plausible à ses problèmes plutôt que de se pencher sur un contexte surréaliste. Beaucoup d'entre nous ont tendance à classer ces faits dans une catégorie à part, celle de la science-fiction, très certainement à cause du cinéma, puisque c'est là que l'on en parle le plus, et surtout par crainte, par nécessité d'éviter de sombrer dans la paranoïa. Une forme de protection qui me paraît tout à fait légitime. Toutefois, il est judicieux d'en reconnaître les signes, parce qu'il est incontestable que le mauvais œil est une pratique utilisée fréquemment.

À QUI S'ADRESSE CE LIVRE ?

Ce livre s'adresse à tous ceux qui s'intéressent au sujet, mais aussi à ceux qui sont fatigués de devoir inlassablement faire face à la « guigne », à ceux qui ont une soif insatiable d'apprendre, à ceux qui ont besoin de donner une réponse à leur malédiction, à ceux qui cherchent une solution à leur mal-être intérieur, à ceux qui veulent progresser spirituellement…

COMMENT UTILISER ET ABORDER CE LIVRE ?

En cas de problématique d'ordre ésotérique ou occulte, si vous pensez que vos problèmes sont de nature magique ou que vous avez affaire à une personne malintentionnée, ce livre est susceptible de répondre à vos questionnements pour y faire face en toute conscience. La partie théorique de ce livre a pour but de vous donner des clés, un éclaircissement sur un sujet obscur, de mettre le doigt sur un domaine trop longtemps extrapolé et survolé, pour probablement faire tomber vos *a priori* sur la question. L'aspect pratique, lui, vous permettra de déterminer si vous êtes touché par le mauvais œil, d'effectuer un désenvoûtement sur vous-même d'une manière simplifiée et, dans les cas plus graves, il vous sera indiqué vers qui vous tourner. En effet, un désenvoûtement nécessite une certaine connaissance et un savoir-faire.

Il faut un initié, quelqu'un de performant, qui connaît ses codes, pour exercer ce type de travail. Prenons un exemple, il y a une différence entre un simple cuisinier et un maître restaurateur dont les compétences professionnelles sont reconnues, notamment l'engagement de travailler avec des produits bruts. En sorcellerie, c'est exactement la même chose. Le métier nécessite une formation, l'exploitation des connaissances concernant les outils et les produits à utiliser, comment s'en servir et dans quel intérêt les manipuler, quelle énergie pratiquer dans cet exercice ; tout ceci demande du temps afin d'acquérir tout un savoir-faire pour se l'approprier intérieurement, sans quoi le résultat n'est pas satisfaisant. Pour devenir cuisinier, il faut deux ans au maximum, pour parvenir au statut de maître, il faut des dizaines d'années de travaux et… de passion.

Ce manuel est une piste qui permet non seulement de réfléchir sur la question, mais aussi de vous guider dans les méandres d'une sorcellerie tant rejetée, refoulée et bannie, par superstition très probablement, mais aussi par crainte ou honte d'y avoir encore affaire dans le monde moderne. Hélas, il va falloir s'y pencher, car c'est malheureusement la réalité… Vous verrez ainsi la partie cachée de l'iceberg.

Avant d'aller plus loin, il faut savoir que lorsqu'on évoque le mot « sorcellerie » ou l'expression « mauvais œil », on est tout de suite confronté à un problème de vocabulaire : en effet, beaucoup d'auteurs parlent de mauvais œil, de sorcellerie, voire de magie, comme s'il s'agissait de synonymes. Les néophytes s'égarent très vite dans les méandres du jargon occulte, car chacun y va de sa petite définition. Pour vous éclairer au mieux, je vous fournirai au fur et à mesure la définition réelle des termes employés. Vous pouvez également vous référer au lexique, à la fin du livre.

Cet ouvrage doit donc être abordé avec un esprit résolument ouvert, dans l'espoir d'y découvrir d'autres façons de penser. Même s'il donne une vision juste selon un paradigme qui m'appartient, selon des expériences me concernant et des faits exposés, il n'est pas obligatoire d'y croire, et de donner raison aux théories exposées. Seule votre propre réflexion sur ce sujet, une fois la lecture terminée, vous appartient. Il est sain de remettre en cause ce qu'on apprend. Ce livre est certes basé sur une connaissance approfondie et concrète des concepts évoqués, mais il n'a pas la prétention de se présenter comme une science irréfutable ! Une idée et un concept restent et resteront une forme de croyance. À vous d'accepter cette approche, ou pas.

Cet ouvrage ne vise pas à enseigner à jeter des sorts, mais se propose d'expliquer les mécanismes du mauvais œil pour s'en préserver et, pourquoi pas, en guérir.

POURQUOI COMPRENDRE LE MAUVAIS ŒIL ?

Le mauvais œil est un phénomène auquel nous sommes tous, potentiellement, confrontés. Si nos problèmes ne se résolvent pas, voire s'empirent, pourquoi ne pas considérer le mauvais œil ? Il n'y a aucune honte à admettre que parfois, la situation nous dépasse. Or, pour le contrer, il faut en saisir le mécanisme. Car si le mauvais œil provient des autres, il provient également et en grande partie de nous-mêmes.

SI J'EXERCE LE MAUVAIS ŒIL, COMMENT SE FAIT-IL QUE JE NE LE SACHE PAS ?

C'est simplement une question de connaissance et de conscience. Chez nous, Occidentaux « lambda », le mauvais œil est tabou, personne n'ose en parler de peur de passer pour un « perché ». Tout au plus, certains s'accordent furtivement quelques expressions telles que « ne me porte pas la poisse », par plaisanterie, mais cela ne va pas plus loin. En effet, le mauvais œil ne fait pas partie des conversations habituelles. Ce manque d'information résulte forcément d'une méconnaissance en la matière. En toute logique, si on n'a pas connaissance de ce fait, on ne peut le tester, et par conséquent, comment pourrait-on le savoir ?

En outre, le fait que ce sujet soit un peu tabou est de l'ordre de l'hypocrisie magistrale, car ceci revient à refouler notre propre nature, notre héritage : le mauvais œil est en fait une pratique commune.

Le fait d'ignorer ses propres capacités à lancer un mauvais œil résulte d'une méconnaissance de soi et des rouages de cette pratique. Avoir le potentiel ne signifie pas avoir appris, mais en avoir la capacité, et éventuellement en apprendre par la suite les mécanismes et les subtilités. Il est donc possible d'utiliser de manière inconsciente cet outil intérieur. L'homme peut bel et bien faire un déni de ses propres capacités à jeter le mauvais œil, ce qui explique probablement son usage fréquent. Une fois l'information acquise, libre à nous de gérer cet outil intérieur à disposition et d'en faire bon usage, pour le bien-être de soi et d'autrui. Car, disons-le tout de suite, sans mode d'emploi et précaution, il reste potentiellement dangereux.

PEUT-ON PRESSENTIR UN MAUVAIS ŒIL ?

Oui, mais dans la majorité des cas, il est déjà trop tard. L'œil mauvais se voit, mais l'intention moins. De plus, un mauvais regard ne signifie pas forcément qu'un sort a été jeté, d'ailleurs la plupart des personnes portant le mauvais œil ont le regard très peu courroucé et un visage relativement plaisant, car pour parvenir à ses fins plus rapidement, rien de mieux que de maquiller une mise en scène. Ainsi, le plus souvent, on ne s'en rend pas compte. De plus, peu de gens prennent conscience qu'il peut s'agir de mauvais œil. La plupart des gens sont trop pris dans le tourbillon de leur vie frénétique pour y penser, et seules les personnes qui possèdent un don de médiumnité (plus ou moins manifesté) ou une sensibilité palpable perçoivent plus ou moins aisément les énergies intentionnelles d'une personne. Ces dernières peuvent en ressentir intuitivement les essences sans forcément connaître ni le concept, qui permettrait de le comprendre, ni la méthode pour pratiquer : elles se feront une idée assez floue de ce qui se trame.

INTRODUCTION

L'iconographie populaire occidentale représente la sorcière portant une robe noire et un chapeau pointu, dotée d'un nez velu, crochu et surmonté d'une verrue, et arborant un sourire sordide. En somme, elle est laide et virevolte dans les airs à califourchon sur son manche à balai. Elle est sans conteste la célèbre antithèse de la fée, dont elle détient pourtant exactement les mêmes fonctions. On peut constater une seule exception, celle du feuilleton populaire de *Ma sorcière bien-aimée*, série américaine qui a su oser, enfin, associer la sorcière à une fée, de logis certes, mais une fée tout de même ! Depuis, de nombreuses séries ont vu le jour, de *Charmed* à la célèbre saga d'*Harry Potter*. La sorcellerie n'a cessé d'évoluer au gré de nos mentalités, jusqu'à devenir un phénomène de mode. Elle n'est plus répugnante, elle attire même. Mais qu'en est-il vraiment dans la réalité ? Le mauvais œil est-il réellement une forme de sorcellerie comme on le croit ? Comment se manifeste-t-il ? Doit-on redouter mauvais œil et sorcellerie ?

L'objectif sous-jacent du livre est de remettre en cause cette vision romancée de ces réalités. À cause de ce succès cinématographique, des personnes se jettent corps et âme dans ce domaine sans réellement en connaître les mécanismes, s'amusant à expérimenter sans aucun mode opératoire de protection ni code moral. Exercer ce genre de pratique, les yeux fermés, c'est dangereux. Il s'agit ici de prévenir les aléas dans ce domaine et d'éviter les retours irréversibles.

La jeune génération n'a pas appris à reconnaître la sorcellerie : la transmission orale est trop légère et superficielle. Si beaucoup sont sceptiques et ont du mal à l'accepter comme étant un phénomène réel, d'autres s'exercent dans la sorcellerie en se prenant pour des professionnels, pratiquant en autodidacte, sans passer par un apprentissage rigoureux. Enfin, il y a ceux qui se documentent aisément dans des livres sérieux, permettant cette transmission, pour en comprendre les mécanismes et les rouages de manière approfondie. Généralement, ceux-là savent de quoi il s'agit et pratiquent peu le mauvais œil.

Mon but n'est pas de juger, mais de proposer des informations. Premièrement, parce que notre cerveau perçoit la sorcellerie comme l'apanage des contes et légendes pour enfants, ou du cinéma. En effet, c'est la seule source d'information qui nous soit parvenue, car la plupart des livres traitant de ce sujet sont bien rangés dans des bibliothèques poussiéreuses. Pour accéder à une information différente, il faudrait rencontrer les quelques instructeurs qui ont bénéficié de la connaissance des anciens. On perçoit chez les jeunes d'aujourd'hui une forme d'attirance pour ce domaine, puis une envie de s'identifier à quelque chose, sans se donner la peine de se documenter assidûment. Deuxièmement, de manière générale, le manque d'information fait émerger divers problèmes : la plupart des gens (pas seulement les jeunes) ne sont pas conscients des enjeux et n'en saisissent pas les mécanismes. Pourtant, un très grand nombre de divorces, de maladies, de problèmes de délinquance, de chômage et de déséquilibres mentaux s'expliquent par le phénomène du mauvais œil en grande partie, et très peu par la sorcellerie. Nous y reviendrons.

« Ne me porte pas la poisse ! Tu vas me porter la guigne ! » Nous avons tous entendu ou prononcé ces phrases. Ces expressions résultent d'un sentiment de crainte enfouie concernant les jets de sort. Nous pouvons donc tous croire, ressentir, ou percevoir plus ou moins intuitivement les subtilités de la sorcellerie. Nous l'abordons à l'heure actuelle avec sarcasme parce que nous savons pertinemment que cette croyance est ancienne. Cela dit, « ancien » ne veut pas forcément dire que ce n'est plus actuel.

Autrefois, cette croyance était fondée, bien que taboue, car la sorcellerie est basée sur un corpus de connaissances. Aujourd'hui, malheureusement, elle est tombée dans les oubliettes des consciences collectives actuelles. Même si on s'ouvre peu à peu à ce domaine, nous devons réapprendre son importance. Nous n'avons pas seulement hérité des blessures de nos aïeux. Ce domaine est resté vivace malgré la perte des repères religieux et des anciennes croyances. Cet héritage en dit long. Nous utilisons aujourd'hui ces expressions surtout lorsque nos problèmes s'enlisent dans un puits sans fond, comme si nous avions une épée de Damoclès au-dessus de la tête. On dit que « le sort s'acharne » pour évoquer une situation où divers problèmes s'accumulent et ne vont pas en s'arrangeant. Il est évident qu'à un moment donné, il faut contrer ces mauvais sorts ou influences, qu'on soit cartésien ou pas, pour pouvoir recouvrer un certain bien-être.

Nous vivons sur une énorme planète, suspendue dans le vide, créée par des énergies et des fluides. Ces énergies sont donc omniprésentes où que l'on soit, sur Terre ou dans l'univers. De plus, nous sommes faits d'énergie, de poussières d'énergie lumineuse, donc nous sommes capables d'utiliser certaines énergies et certains fluides qui nous entourent. Ainsi, si l'on considère que notre chère planète suspendue dans le vide a un côté magique, alors la magie est présente partout, avec ses infinies possibilités, et avec ses bons et ses mauvais côtés. D'ailleurs, Paracelse (1493-1541) pensait déjà que tout ce qui vit irradie de la lumière.

Nous sommes une espèce énergétique à taille humaine possédant un émetteur et un récepteur interne. Nous nions notre capacité à absorber les mauvaises énergies, à avoir des fluides parasitaires, des dépôts énergétiques. Si les vêtements sont là pour nous protéger physiquement, rien ne nous protège au niveau spirituel. Et si nous changeons et lavons nos vêtements, nous ne nous nettoyons que très peu énergétiquement. Être conscient de cette hygiène énergétique est donc vital.

On remarque par ailleurs qu'il est plus facile de penser avoir été envoûté par un tiers, que de croire avoir été l'auteur d'une sorcellerie. Pour leur défense, les personnes prétextent qu'elles ne savent pas jeter un sort, alors elles accusent à tort d'autres personnes.

Disons-le tout de suite, le mauvais œil, malgré son apparence, n'est pas de la sorcellerie. C'est une forme de magie existante sans réellement en être une. Le mauvais œil a une caractéristique : il pousse à l'auto-envoûtement. C'est un phénomène paradoxal. En fait, il existe une multitude de moyens qui s'entremêlent dans cette discipline, pour parvenir à un même résultat : l'auto-envoûtement. Ce paradoxe crée une ambivalence dans le vocabulaire autour de ce mot. Et chacun y va de son petit vocabulaire. Je vais certainement en décevoir plus d'un, en tentant de démystifier ce terme. Peut-être vous attendez-vous à lire que le mauvais œil est une sorte de sorcellerie, et donc à du grand spectacle, mais il est nécessaire de comprendre que le mauvais œil est très subtil. Il n'en reste pas moins intéressant, car sans un œil mauvais, point de sorcellerie, ni de magie noire. Il en est le précurseur. De plus, il peut révéler une part de nous-mêmes.

Nombreuses sont les personnes, actuellement, qui vivent toute leur vie sans se rendre compte qu'elles sont victimes du mauvais œil, pensant à tort qu'il s'agit d'une mauvaise disposition du zodiaque, persuadées d'être nées sous une mauvaise étoile. Dans la plupart des cas, il s'agit d'auto-envoûtement. Ainsi, avant de déterminer ce qu'il en est, il faudra apprendre à séparer le bon grain de l'ivraie.

Il existe des faits de mauvais œil redoutables et dangereusement funestes. Sachez que ce genre de phénomène mortuaire est rare, parce qu'en réalité, nous sommes dotés d'une protection énergétique au même titre qu'une protection physique. Le mauvais œil demande aussi une certaine expertise en la matière au niveau psychologique. Si l'on considère la fréquence de cette pratique, on peut dire que la plupart des personnes s'en sortent – rarement totalement indemnes, mais elles s'en sortent. En réalité, il faudrait réunir beaucoup d'éléments pour parvenir à un résultat vraiment sordide, comme la sorcellerie. Dans le cas du mauvais œil, les éléments dépendent en grande partie de la victime, pas seulement du bourreau. Et le résultat dépend du contexte et de la méthode utilisée pour s'en prémunir.

Le mauvais œil est une pratique totalement abstraite et rapide, mais qui peut être exercée consciemment, volontairement. À ce niveau, certains adeptes utilisent des méthodes concrètes, bien plus simples, pour pousser les autres à l'auto-envoûtement. Cependant, ces pratiques concrètes, issues pour la plupart de la sorcellerie des campagnes, demandent du temps et de l'énergie personnelle. Il n'est pas nécessaire d'avoir à disposition beaucoup d'argent : la plupart des ingrédients se trouvent en cuisine. Mais la persévérance a toujours une limite, l'obsession également. C'est ainsi que la plupart du temps, celui qui lance le mauvais œil échoue parce qu'il abandonne avant d'obtenir un résultat.

Même si l'objectif est d'élargir sa propre conscience et connaissance sur ce thème, il est fort probable que certaines informations donneront des idées malintentionnées. Par exemple, vous découvrirez ici une liste détaillée permettant de reconnaître ce qui provoque le mauvais œil. De toute évidence, l'éthique personnelle de chacun lui permettra d'exercer cette magie comme bon lui semble, tout en sachant que l'énergie est rotative… On ne peut pas déroger aux lois de l'univers. Il appartient à chacun de décider ou non de ralentir en sachant que le sort revient à son expéditeur, surtout lorsque le récepteur s'en débarrasse, et que ce retour à l'envoyeur a une énergie décuplée. L'effet boomerang existe, donc avant de faire quoi que ce soit, demandez-vous ce que vous voulez exactement, et surtout, quelles seront les conséquences ! Même si certaines victimes du mauvais œil ou de la sorcellerie manquent de connaissance, elles ne sont pas forcément dupes et peuvent être guidées intuitivement, ou bien être aidées par quelqu'un qui a su reconnaître le problème, ou encore rendre visite à un médium pour comprendre pourquoi leur vie va mal et y remédier, ou encore s'adresser à un sorcier ou à un prêtre pour se faire enlever l'œil. Dans tous les cas, le retour peut être fatal. À vous de voir.

Cet ouvrage se concentre sur le mauvais œil et ses différents mécanismes. Les procédés malhonnêtes sont extrêmement nombreux et je vous accompagnerai pour faire la distinction avec le mauvais œil. Le but de ce livre est d'en comprendre les rouages pour mieux détourner le fameux regard mauvais et les influences toxiques qui se jouent au quotidien.

Prêt à tourner la page ? C'est parti ! Que la magie opère !

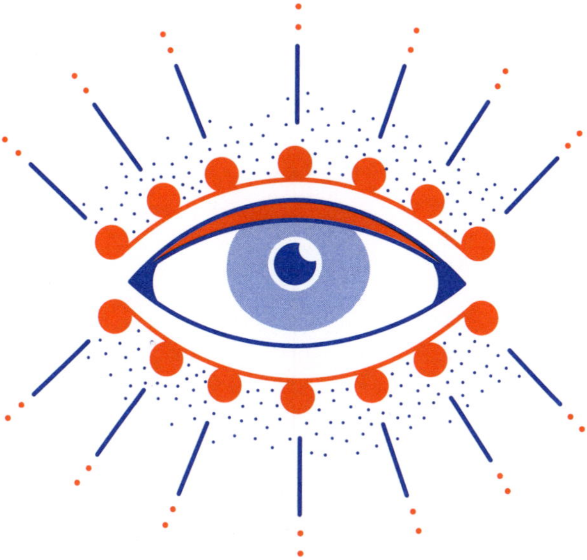

PARTIE I
LE MAUVAIS ŒIL EN TOUT TEMPS ET EN TOUT LIEUX

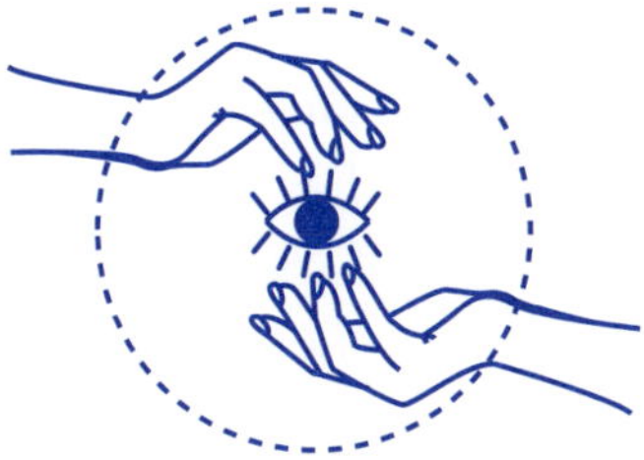

- CHAPITRE 1 -
ORIGINE ET FONDEMENT

Le mauvais œil a toujours subsisté au travers des siècles. Dès le berceau, les hommes étaient déjà prédisposés aux phénomènes subtils. Pour saisir ce qu'est le mauvais œil, le mieux est de conter son origine et son fondement. Pour cela, je vous propose un voyage vers les origines du mauvais œil, afin de parvenir ainsi à saisir progressivement sa teneur et son sens.

À LA PRÉHISTOIRE (JUSQU'À 3000 AV. J.-C.)

À l'aube de la création se développa la plus vieille civilisation de notre lignée humaine : les premiers peuples autochtones, dont les plus vieux ossements ont été retrouvés en Afrique – approximativement au sud de la Somalie, entre l'Éthiopie et le Kenya. Cette civilisation primaire s'est développée en cette zone précise avant de s'aventurer vers 125000 av. J.-C. dans toute l'Afrique, notamment au Maghreb (Mauritanie, Sahara occidental Maroc, Algérie, Libye) et en Égypte.

Après la fonte graduelle des glaces, vers 100000 av. J.-C., une véritable odyssée migratoire internationale eut lieu progressivement. Ces peuples autochtones se déplacèrent en Arabie Saoudite, en Mésopotamie (Irak actuel), en Iran, au Pakistan, en Inde, au Bangladesh, en Birmanie, au Laos, au Cambodge, et enfin en Malaisie et en Indonésie. Puis, ils continuèrent leur épopée jusqu'à la Papouasie et l'Australie, en 50000 av. J.-C. Ensuite, ce fut le tour de la conquête du continent européen, en 45000 av. J.-C. La trajectoire migratoire continua en 25000 av. J.-C. vers l'Asie centrale, la Mongolie, la Chine et la Sibérie. Enfin, les derniers autochtones parcoururent l'Amérique du Nord, en passant par le détroit de Béring, jusqu'à Ushuaïa, entre 15000 et 12000 av. J.-C. Pour notre étude, nous allons retenir un seul territoire bien précis, celui du Maghreb. C'est précisément là que tout a commencé.

Nous savons que dans ce contexte primitif, l'homme fit appel à ses capacités intellectuelles pour apprendre à allumer le feu et le maîtriser. Dès sa découverte, le feu fut considéré comme une force indomptable : sa présence envoûtait l'homme. Il embrassait l'homme avec passion, l'hypnotisait. En allumant le feu, l'homme se sentait en quelque sorte invincible et surtout protégé. En plus d'apporter du confort, le feu donnait un sens à l'existence humaine. Celui qui savait dompter le feu suscitait une véritable admiration de la part de ses pairs, ou bien éveillait leur jalousie. Quiconque allumait un feu pouvait s'attirer les foudres des membres du clan adverse, qui ne souhaitaient que s'approprier l'objet de leur convoitise. La maîtrise du feu fut l'une des plus grandes inventions de l'humanité. Nul doute donc que certains portaient en eux la jalousie, l'envie, et la soif de vengeance, déjà…

AFRIQUE

Les peuples primitifs d'Afrique étaient essentiellement des chasseurs-cueilleurs exclusivement nomades. Cette tradition était une question de survie alimentaire. La plupart des outils de première nécessité utilisés, retrouvés en Éthiopie, étaient des pierres en obsidienne, provenant de l'île volcanique de Pantelleria, située entre la Sicile et la Tunisie. Ces microlithes (pierres de petite taille) étaient taillés et posés finement sur un manche, de façon qu'ils puissent servir à la fois pour chasser et couper la viande.

Lorsque ces peuples autochtones s'installèrent dans tout le Maghreb près des rives de la Méditerranée et en Égypte près du Nil, pour des raisons climatiques et d'abondance des ressources, la sédentarisation commença. La première étape fut plutôt une forme semi-sédentaire, où les hommes étaient chasseurs-cueilleurs et pêcheurs. D'un autre côté, les nomades, transhumants, vachers et chameliers perpétuèrent leur tradition, dans les steppes du nord et de l'ouest de l'Afrique, conservant la liberté de mouvement que seuls la chasse et l'élevage itinérant permettaient. Ces nomades allaient là où la faune était abondante, construisant des habitations semi-permanentes. C'est grâce à la sédentarisation que des expériences de domestication de certains animaux ont pu être réalisées. Par exemple, le lait issu de l'élevage bovin était une alternative à la chasse, et offrait un aliment complémentaire qui pouvait aussi faire office de boisson à défaut d'eau. Mais le plus intéressant, c'est que ces chasseurs-cueilleurs s'adonnaient à temps perdu à l'écriture, ou plutôt au dessin, sur de grosses pierres de granit qu'ils trouvaient sur leur chemin et dans les grottes. À travers des gravures ou des peintures, ils reproduisaient souvent leur troupeau ou des animaux sauvages rencontrés durant la chasse. Cet art rupestre du Sahara (Maghreb) permettait de conter une histoire, ou plutôt leur histoire. Certains dessins évoquaient des pratiques matrimoniales et des rituels.

L'Afrique était un continent plurilingue, la première langue primitive fut le bantou, mais la plus couramment utilisée était la langue sémitique (hébreu, arabe et nombreux dialectes), ainsi que le berbère. La langue sémitique couvrait les régions du Sahara, de l'Égypte et de la Mésopotamie. La langue berbère était essentiellement saharienne. Les civilisations, dont les récits mythologiques (légendes, contes) se racontaient oralement, désignaient l'artiste-peintre pour son savoir, son savoir-faire et son talent qui permettaient de garder unie la tradition.

La tâche du savoir général revenait au doyen du village, réputé être un grand connaisseur. Toutefois, l'information orale ne se faisait que dans un cercle réservé à une élite ou à une caste héréditaire, dans le but d'instruire. La plupart de ces chefs occupaient une fonction bien particulière, leur rôle était essentiellement la religion, la médecine, l'enseignement et la justice : ils étaient à la fois prêtres, sorciers, guérisseurs et justiciers. Ils étaient très respectés par leurs semblables pour leur expérience et leur connaissance, et le célèbre écrivain africain Amadou Ampathé Bâ aurait d'ailleurs écrit : « Un vieillard qui meurt est une bibliothèque qui brûle. »

Ainsi, il semble logique de conclure que l'apprentissage des mystères s'est perpétué au fil du temps, de génération en génération, puisque cette passation du flambeau se faisait de manière orale. L'apprentissage des sciences divinatoires, par exemple, était oral également, et de parent à parent uniquement. Certes, ceci n'explique pas l'existence du mauvais œil, mais on comprend que déjà, l'être humain était sujet à des croyances, relayées par l'utilisation d'objets.

Les sciences divinatoires pratiquées en Afrique

En Afrique, les sciences divinatoires se pratiquaient avec des objets, notamment :

- le sable ;
- les cailloux, pierres ;
- les fragments de terre cuite rouge (*calculi*) ;
- les cauris (coquillages servant aussi de monnaie d'échange et de talisman).

Plus tard, on commença à utiliser les chiffres et les nombres.

L'utilisation de ces oracles aidait le chef à prendre des décisions. Les cauris pouvaient parler du passé, du présent et de l'avenir. Les chefs s'adonnaient ensuite à des sacrifices pour éloigner les problèmes le cas échéant. Ils utilisaient donc le bétail ou leur nourriture en guise de sacrifice, dans un but occulte. On est en droit de penser que certains s'adonnaient à des pratiques de désenvoûtement.

Voici quelques exemples d'aliments utilisés à des fins rituelles :

- les granulés (par exemple, des graines de millet perlé ou de sorgho, permettant de brouiller toute machination) ;
- l'œuf (lancé loin, à but préventif, il écarterait toute sorcellerie) ;
- la viande crue (la remettre à quelqu'un résoudrait tout problème difficile).

Celui qui exerçait cette pratique tenait souvent le rang de chef de tribu, l'équivalent d'un maire du village, il était à la fois le pasteur et le docteur du village que l'on consultait pour prendre des décisions, voire pratiquer des guérisons. Son statut était donc dominant. Il avait la connaissance précise de la magie du mauvais œil.

L'homme a toujours eu cette envie de satisfaire sa curiosité, de percer les secrets et découvrir l'Invisible, notamment pour guérir les maux de l'homme, mais aussi pour répandre le mal. Cette attitude ne nous a jamais quittés. La magie fut partie intégrante de la sorcellerie, bien que ces deux notions, à première vue semblables, restent bien différentes. C'est ce que nous verrons plus loin.

Lorsqu'on parle d'objets, on parle aussi de rites, et il est quasi impossible d'échapper aux rites funéraires. Il s'agit d'un des premiers rites effectués par l'homme. Et qui dit « rites » dit sorcellerie, puisque la sorcellerie est basée sur la création de rites. La première sépulture, retrouvée en Afrique, datant du septième millénaire, contenait un individu de sexe masculin placé dans un coffre rectangulaire fait de dalles granitiques, en position du fœtus. Plusieurs vestiges funéraires ont été trouvés, expliquant les rites antiques de cette époque. On sait ainsi que l'on déposait dans la sépulture des effets personnels du défunt, ainsi que des pots pour qu'il puisse continuer à se nourrir dans l'au-delà. Il y avait donc bien une croyance en la vie après la mort, en une possibilité divine. On sait que personne n'avait nullement le droit de toucher ces objets sacrés[1], sous peine de recevoir l'œil…

Au premier millénaire avant notre ère, le Sud-Ouest subsaharien, notamment la région de l'actuel Bénin et du Burkina Faso, était une zone de production des métaux. On y utilisait le fer. Les forgerons créaient une série de produits variés tels que des clous, des figurines, des haches, des dagues (couteaux/athamés), des bijoux, etc. C'est également dans cette région (actuel Bénin précisément) qu'a vu le jour le vaudouisme. Là encore, ces pratiques nous montrent qu'une forme de sorcellerie existait, même si on ne parle pas encore de mauvais œil.

Les Pygmées, quant à eux, sont les plus lointains chasseurs-cueilleurs des steppes de l'Afrique australe et de la forêt de l'Afrique centrale ; ils sont également des devins guérisseurs. Musiciens également, ils contribuaient aux fêtes et aux cérémonies.

DANS L'ANTIQUITÉ (DE 3000 AV. J.-C. À 500 APR. J.-C.)

ÉGYPTE

L'Égypte, qui fut d'abord une civilisation africaine – du premier au quatrième millénaire avant notre ère –, relie l'Afrique et l'Asie, mais aussi l'océan Indien à la Méditerranée *via* la mer Rouge :

1. Le simple fait de s'approcher ou de toucher un objet sacré, qui a été sacralisé durant un rituel par un initié, provoque des angoisses et des peurs inexpliquées, ou une incapacité à s'en approcher. Protégé par un rituel, l'objet « vous tient éloigné » – ce qui n'est pas forcément la conséquence d'un sentiment de respect vis-à-vis de l'objet, comme certains le croient.

le royaume des pharaons se trouve à la croisée de quatre « espaces-mondes ». L'Égypte des pharaons côtoyait l'Asie orientale, grâce au commerce issu de l'agriculture. Elle relèverait donc des civilisations de l'Orient (Mésopotamie) plutôt que de l'Afrique, en cette période pharaonienne. Ces deux territoires ont tous deux disposé de l'écriture, comme une sorte de gémellité. Ainsi, on a tendance à oublier le côté africain de la civilisation pharaonique. Ce sont des descendants d'Afrique orientale qui auraient conçu les pharaons. Caractérisés par leur peau noire, ils étaient d'origine africaine.

Les racines de la monarchie africaine sont à rechercher dans l'Ouest subsaharien. En effet, les chasseurs-cueilleurs étaient des Bédouins, les plus lointains nomades et éleveurs d'Afrique du Nord, du Maghreb saharien. Leur chef, appelé communément le cheikh, était généralement un vieil homme, élu pour sa connaissance scientifique et religieuse (connaissance du Coran et de la magie arabe). Dans certaines communautés tribales, les Bédouins étaient pour la plupart des pasteurs ou plutôt des talebs (érudits musulmans ayant suivi des études coraniques). Ils auraient fui le Sahara vers l'Égypte et auraient ainsi construit peu à peu la culture pharaonique que l'on connaît au travers de leurs vestiges. L'agrandissement du désert saharien a provoqué une disparition de la population nomade du territoire du Maghreb, qui s'est déplacée vers l'Égypte. Dans tous les cas, l'Égypte est devenue un corpus ethnique, le siège d'une communauté commerciale, ambulante et pastorale, s'installant le long de la colonne vertébrale du Nil, fleuve descendant des montagnes d'Afrique centrale pour se jeter dans la Méditerranée.

Le pharaon s'entourait de scientifiques pour les services comptables, de mathématiciens pour la conception des tombeaux et palais, de littéraires (scribes, conteurs, historiens), d'astrologues pour déchiffrer les messages des dieux, de prêtres ritualistes spécialistes en cérémonies, banquets funéraires et présentations d'offrandes pour souder l'élite royale, et de certains grands prêtres qui organisaient des consultations oraculaires afin de les protéger des entités démoniaques, ou fantômes, tout en leur garantissant l'accès à la vie éternelle. Enfin, il y avait des artistes pour amuser la galerie.

L'accroissement des échanges de longues distances fut bénéfique pour le commerce, mais également pour les cultures et les traditions. En effet, les produits importés de l'Orient étaient les pierres (obsidienne, par exemple), le parfum (dans de petites amphores), la poterie, la myrrhe, mais aussi le bétail, les esclaves (asiatiques, nubiens et libyens) et le bois. L'encens venait de l'Arabie Saoudite, le commerce des aromates prit un essor important sous le règne de Hatchepsout. Des hommes transportaient des arbres à encens avec leurs racines dans de gros sacs, les manches de bois sur les épaules. Ils importaient notamment des produits de Chine – l'étain, le textile, l'argent, mais aussi le lapis-lazuli, permettant de créer le pigment bleu égyptien. Ce premier pigment synthétique était produit à partir de « verre » (cuit avec un fondant de minerai de cuivre, de sables siliceux et de roches calcaires), puis écrasé en fine couche poudreuse. Très populaire en Égypte, ce pigment synthétique bleu était partout, colorant ainsi les murs, les parures, le mobilier, les cruches à onguent (contenant cosmétiques et aromates). On sait que certaines femmes égyptiennes s'adonnaient à des pratiques peu orthodoxes telles que la magie. Ce phénomène touchait un peu toutes les classes sociales, puisque des figurines d'exécration ont été découvertes ; grossièrement façonnées dans de l'argile, elles étaient cuites puis un scribe inscrivait dessus les noms des peuples que l'on vouait magiquement au malheur. À la manière d'une poupée vaudoue, ces substituts magiques étaient censés conduire les forces négatives dont elles devenaient le support physique jusqu'aux ennemis des Égyptiens.

Les Égyptiens dessinaient énormément l'œil oudjat, signifiant « œil préservé » : c'est le symbole protecteur du dieu faucon (Horus), une divinité égyptienne cosmique (dont l'histoire est basée sur une trahison), souvent représentée par une statuette de rapace. On trouve la forme de l'œil d'Horus sur les plafonds des palais, sur les vantaux factices des fausses portes, sur les tombes, etc. Plus le rang était élevé, plus le mauvais œil était un risque. Lors d'un conseil royal, Amenhotep II donne une série de conseils à un vice-roi local :

« Ne sois pas indulgent envers les Nubiens, garde-toi de leurs gens et de leurs magiciens [et] prête attention aux serviteurs qui ne sont pas les membres de l'administration et que tu as recrutés pour en faire des officiers. »

Une stèle retrouvée énonce : « Horus, le dieu grand qui effectue la protection sur l'eau et sur terre, qui clôt la bouche de tous les reptiles qui sont là ; Nefertoum-protecteur-du-Double-Pays, qui clôt la bouche de tous les reptiles qui mordent dans le pays, qui effectue la protection sur Osiris dans chacune de ses demeures. »

LA MÉSOPOTAMIE (IRAK ACTUEL)

La Mésopotamie a gardé cet héritage africain du mauvais œil et de la sorcellerie. Des civilisations brillantes et ouvertes se sont développées entre déserts arides et riches vallées fluviales. En effet, en 7000 av. J.-C., est apparue la première écriture graphique, même si la véritable entrée dans l'histoire n'est pas vraiment l'écriture, mais le passage d'une économie prédatrice à une économie de production (élevage/agriculture). C'est avec la Chine que le processus s'est amorcé. La sédentarisation a permis au monde de se développer de façon exponentielle. Elle fut l'étape fondamentale pour la suite de l'histoire, puisqu'une organisation sociale s'est ainsi construite.

Nous avons vu que les objets ont très vite joué un rôle dans le développement des pratiques magiques, dans l'histoire de l'humanité. C'est le cas également de l'écriture, qui a permis un développement certain des pratiques, qui pouvaient ainsi être relayées par écrit.

La période céramique a donné un coup d'accélérateur à l'écriture archaïque : des objets en terre cuite rouge furent créés, notamment des *calculi* (jetons d'argile en forme de cône, de disque, de croissant ou de cube), ce qui donna ensuite l'apparition de l'écriture cunéiforme, un système écrit inventé par les Sumériens, à Uruk (en Basse-Mésopotamie) pour échanger et communiquer entre eux. Ces pictographies étaient des points et des lignes, tracés avec le doigt sur des tablettes en terre cuite. Il s'agissait de représentations graphiques schématisées (des signes images). Cette langue écrite ne transcrit pas la langue orale. D'autres systèmes, tels que les idéogrammes (signes notions), les logogrammes (signes mots), les phonogrammes (signes syllabes) ont vu le jour par la suite. Ils servaient essentiellement à organiser, catégoriser, lister les champs de culture, les animaux, les marchandises. La plupart de ces pictographies étaient des inventaires et des archives comptables.

Puis, vinrent les premiers sceaux-cylindres (6000 av. J.-C.) remplaçant les bâtons et l'empreinte du doigt dans l'argile fraîche, donnant ainsi à l'écriture des traits plus uniformes et réguliers. L'écriture cunéiforme a servi également à l'élaboration de la rédaction de récit poétique, mystique ou historique, mais aussi à la rédaction des rites à caractère ésotérique.

Jusqu'à 3000 av. J.-C., cette écriture préhistorique fut en cours d'élaboration, pour devenir enfin l'écriture cursive (du latin *currere* qui signifie « courir »), synonyme d'écriture rapide.

Enfin, la Mésopotamie fut le foyer mondial de l'invention de l'écriture avec l'Égypte et les hiéroglyphes en 3300 av. J.-C. L'écriture de l'Indus n'a vu le jour qu'en 2200 av. J.-C., tandis que l'écriture chinoise, en 1500 av. J.-C., et l'écriture maya, en 300 av. J.-C.

La ville d'Uruk, située au sud de la Mésopotamie, fut l'une des plus importante du pays à l'époque sumérienne et babylonienne. Même si beaucoup de tablettes archaïques entières ou fragmentées ont été trouvées à Mari, une ville située au nord-ouest de la Mésopotamie, près des rives de l'Euphrate, c'est bien à Uruk qu'existait un culte extrêmement important. En effet, Uruk abritait le temple Eanna, un monticule d'environ 30 mètres de hauteur qui existe encore aujourd'hui. C'était un édifice de culte, agissant à la fois comme une banque d'affaires pour la ville et une bibliothèque d'archives regorgeant d'ouvrages spirituels. Il y avait là tout ce dont un prêtre aurait besoin de consulter pour accomplir ses tâches ministérielles, au vu du rang important et de la place qu'il exerçait au sein de la communauté mésopotamienne. Généralement, c'est le roi qui s'adonnait à ce type de tâche : le système étant politico-religieux, le roi était à la fois un chef (de guerre et de justice) et un officiant de cérémonies (prêtre), il était à la tête d'une élite sociale diversifiée. Le temple comprenait les livres sacrés (mythes et légendes) et les rituels du culte (prières, hymnes, description des cérémonies et sacrifices) ainsi que toute une collection d'ouvrages divinatoires. Il revenait au prêtre de chasser les démons et de réconcilier l'homme avec son dieu. Ainsi, la bibliothèque possédait à cet effet les conjurations, les exorcismes et la médecine – le tout en langue sacrée sumérienne. On y trouvait également des rituels de fêtes et des documents purement scientifiques, notamment les tables du cours des astres, nécessaires à la pratique de l'astrologie. Certains déposaient des offrandes durant les cérémonies festives qui rythmaient le calendrier religieux. On fêtait notamment l'équinoxe de printemps ou le Nouvel An. Ces temples étaient considérés comme des résidences terrestres palatiales des dieux et déesses.

Chaque ville importante avait son temple, et à Ninive, les historiens ont recensé un grand nombre de livres sur la science – toute la science y était renfermée.

La poterie et l'apparition de l'écriture ont donc représenté l'émergence d'une révolution ésotérique, dans l'élaboration et la pratique occulte et magique. Aussi le vocable « abracadabra » est d'origine sumérienne. Des archéologues ont découvert que des rituels d'envoûtement se pratiquaient d'ores et déjà à partir d'une poupée censée représenter une personne en particulier[2]. Ces poupées étaient confectionnées grossièrement, essentiellement à base de terre cuite,

2. Yuji Ono et Jacques Kerchache, *Vaudou*, Fondation Cartier, 2011.

de tissus et de bâtons. Les archéologues témoignent donc que ces objets étaient utilisés par des sorciers. Un rituel de protection contre la magie noire aurait été notamment retrouvé sur un papyrus égyptien, datant de l'ère babylonienne.

Les statuettes votives, la plupart du temps symboliques, étaient confectionnées en albâtre pour les cultes royaux essentiellement. Si l'ensemble du visage était sommairement traité, en revanche, les pupilles et les sourcils étaient accentués, soulignant déjà l'importance de la force du regard. Ces amulettes portaient des cornes animales, censées avoir un pouvoir divinatoire. La plupart de ces statuettes servaient à protéger contre les forces obscures et le mauvais œil. Ces objets ont été largement influencés par les modes de pensée des ancêtres africains, qui avaient déjà créé des statuettes votives, dans le cadre du vaudouisme.

Pour appuyer cette théorie selon laquelle le mauvais œil et la sorcellerie jouaient un rôle prépondérant dès l'aube de l'humanité, un texte juridique babylonien datant d'environ 2000 av. J.-C., retrouvé pratiquement en état, en prouve l'existence. Voici un des extraits du Code de Hammurabi, un code civil que le roi législateur et justicier Hammurabi a fait écrire sur une stèle de 2,25 mètres en diorite noire. Celle-ci est restée intacte et se trouve toujours au musée du Louvre :

« Si un homme en accuse un autre de sorcellerie, sans justification, celui qui est accusé doit aller à la Rivière sainte ; il doit plonger dedans, et si la Rivière sainte le vainc, l'accusateur pourra prendre la maison du sorcier pour sienne. »

La maîtrise du feu dès 4500 av. J.-C., puis du cuivre et du fer a donc permis de créer de nombreux bijoux métalliques (alliage de plomb, arsenic, étain) ornés de pierres importées en grande partie, telles que la cornaline iranienne, le lapis-lazuli afghan, l'obsidienne ou le cuivre d'Anatolie, la calcédoine, la turquoise, l'hématite ou la diorite, utilisés en guise de porte-bonheur et de protection. Certaines pierres étaient portées en collier, sous forme d'amulette de protection contre le mauvais œil. Des représentations de visages d'animaux ont été remarquées devant des temples, des lions imposants en ornaient notamment l'entrée. Les objets étaient censés chasser le mauvais œil, certains possédant des allures inhumaines, plus ou moins grotesques, avec des représentations phalliques. Ces effigies symboliques ont été conçues pour figurer sur des mobiliers, sur des nombreux objets, tels que des tombeaux, des meubles, des bordures de porte, des fontaines, et même sur des clous de fondations. En bref, ils étaient présents sur tous les objets du quotidien, jusqu'à la vaisselle. Cette superstition a plus ou moins survécu au gré des générations. Nous retrouvons ces mascarons aisément au Moyen Âge, avant que cette pratique ne disparaisse de nouveau. Puis, cette mode est réapparue vers le XVIIIe siècle (période ou le spiritisme était à son apogée) avant de retomber dans les oubliettes, puis de revenir plus récemment – nous y reviendrons.

Il était du devoir de tout sujet de transmettre les rêves prémonitoires. Le « prophète » (terme qui vient du mot *apilum*, signifiant « répondant ») était porteur du message divin dont il avait pu avoir connaissance, il faisait donc savoir ce que le dieu avait annoncé. Ces informations étaient d'une importance capitale pour la royauté. Certains devins s'adonnaient à une pratique particulière, ils examinaient le foie d'un agneau sacrifié (divination par les entrailles des animaux) et rapportaient l'information au roi à travers un scribe, qui écrivait sur une maquette d'argile en terre cuite le présage en lien avec une particularité de l'organe. Souvent accompagnée de rituels et de procédures élaborées, cette pratique admise était fréquente. De nombreuses superstitions écrites sur des tablettes par ces devins lettrés ont été recensées, avec notamment des incantations, la plupart gravées sur des statuettes. Dans toutes les grandes séries divinatoires compilées sur des tablettes cunéiformes, on retrouve toute la caste des professionnels de l'ésotérisme : devins, exorcistes, médecins, chantres-lamenteurs, interprètes d'augures et de songes, et astronomes-astrologues. Toutes les prémonitions négatives exprimées par les oracles ou l'horoscope étaient transférées au roi-substitut[3] et « attachées » par un rituel magique à la frange de son vêtement. Le roi-substitut était ensuite purifié avec de l'eau et de l'huile d'onction.

L'exorciste-médecin, quant à lui, possédait un manuel complet sur l'exorcisme renfermant tous les savoirs fondamentaux, ainsi que les principales étapes de formation conçues pour les futurs exorcistes-médecins. Le métier était désigné de plusieurs manières, le terme de « conjurateur » étant le plus couramment utilisé. Il intervenait dans toutes les maladies morales, non terrestres et autres sortes d'événements négatifs. Pour être un bon exorciste, il fallait connaître ses classiques, tel que « chasser le mal », « les mauvais sorts », « les cercles magiques », « les dieux en colère », « dissiper la malédiction », « les figurines de substitution ». Il fallait aussi connaître des disciplines appartenant au domaine de la médecine, les symptômes des patients, comme « l'œil malade », et toute une liste de produits réservés à la préparation de médicaments (minéraux et végétaux notamment). Cette figure recourait également à la divination pour connaître l'état d'esprit des dieux. L'exorciste devait avoir une bonne mémoire et une maîtrise des techniques exemplaires. Ces manuels comprenaient ces trois savoirs fondamentaux : médecine, exorcisme et divination.

L'INDE

L'Inde doit son nom au fleuve de l'Indu, situé en Asie, prenant sa source dans les chaînes de l'Himalaya, avant de traverser la crête nord de l'Inde, et la colonne vertébrale du Pakistan, pour rejoindre la mer d'Arabie.

Ce pays était lui aussi concerné par les arts et les formules magiques de ses voisins orientaux. Les échanges commerciaux entre l'Inde et l'Égypte étaient nombreux. Les peuples de l'Inde ont apporté un savoir-faire assez exceptionnel basé sur la magie mais aussi leur

3. Un « roi-substitut » était une figurine représentant le roi. Aucun n'avait le droit de toucher le roi. Le substitut était alors le seul moyen de contourner cette interdiction, d'une manière légale. Ainsi, on pouvait procéder à un rituel de dégagement à travers cet objet magique.

courant religieux (hindouisme, brahmanisme, bouddhisme, etc.), qui mêlait spiritualité, mental et corps, au travers de différentes disciplines et pratiques telles que l'ascèse. Certains courants descendaient des grandes religions orientales. Ce bagage extraordinaire a permis d'apporter des connaissances supplémentaires à l'Occident. En effet, les liens entre la religion et la magie sont si étroits qu'établir une distinction nette semble impossible. La magie, en effet, a joué un rôle prépondérant dans la religion brahmanique et les cultes hindous.

La connaissance occulte des peuples de l'Inde était riche, ils connaissaient parfaitement les mécanismes et les rouages de ce domaine, ils savaient pertinemment reconnaître un mauvais œil et un envoûtement. Le terme *Mantrika*, désignant le sorcier, est un mot courant de la langue sanskrite. Les fameux védas sont un assemblage de formules, de mélodies psalmodiées et de rites servant à affirmer un pouvoir sur les choses, voire sur les personnes, afin d'obtenir un résultat : une meilleure santé, déclencher la pluie, etc. Les fameux « mantras » – terme que nous connaissons désormais tous –, sont également des formules magiques par excellence visant à agir sur les événements et à concrétiser les désirs. Ces mantras ont aussi été utilisés pour faire le mal. En effet, ces peuples comprenaient déjà l'importance de ce que pouvait faire le Verbe lorsqu'il était psalmodié. La purification par le feu, ou par l'eau, la guérison par les herbes, la protection par la fumigation, la préparation de l'onction, les ablutions : tous ces procédés sont décrits dans les textes sacrés tels que les Brahmanas.

Les bohémiens

Ils seraient, apparemment, les descendants de l'Inde. Ils ont vécu plusieurs siècles en Égypte avant de se disperser, avec leur fameuse roulotte, un peu partout, en progression vers les pays nordiques, en montant par l'Italie, la Sibérie, la Russie, l'Allemagne, puis traversant la France et l'Espagne et revenant sur l'Afrique du Nord.

Rome pullulait de ces marchands d'Orient, on y rencontrait les fameuses bohémiennes arrêtant les passants pour leur lire les lignes de la main (chiromancie) et tirer le tarot. Chaque pays leur avait attribué au fil du temps un nom différent pour les catégoriser. En France, les bohémiens ; en Espagne, les *Gitanos* ; en Italie, les *Zingari*.

Ils étaient connus pour leur teint bronzé, les cheveux noirs et surtout leur regard profond et perçant trahissant leur origine indienne. Si beaucoup étaient des charlatans, certains parmi eux étaient de parfaits jeteurs de sort. Certains détenaient des connaissances dans les domaines ésotérique, magique et occulte.

Ces Égyptiens descendants de l'Inde, ou bohémiens, étaient réputés pour leur pouvoir d'ensorceler. On les retrouvait essentiellement dans les campagnes reculées d'Égypte, où l'on pratiquait les arts magiques. Ils connaissaient donc le fonctionnement du mauvais œil, s'adonnaient à ces pratiques, mais de manière grossière.

À travers eux, Rome, capitale de l'Empire, vit éclore tout un pan générationnel de faux occultisme – jeteurs de sorts, diseuses de bonne aventure –, faisant également négoce clandestinement de charmes, de philtres d'amour et d'amulettes en échange de quelques sesterces. À défaut d'instruction scientifique, ces charlatans ne manquaient pas d'audace pour vendre du rêve. Si certains faisaient fortune par leur don de prophétie, d'autres utilisaient leur perspicacité et leur charme pour se faire passer pour des prophètes.

LA CHINE

Dans la Chine ancienne, pour consulter les oracles, les prêtres-chamans avaient pour coutume d'utiliser les os et les carapaces de tortue. Le pays étant voisin de l'Inde, on retrouve dans la religion chinoise, le bouddhisme, des éléments similaires aux pratiques et aux spécificités de l'Inde, comme les arbres à prières ou encore le phénomène du troisième œil. Les Chinois connaissaient donc également ces pratiques magiques et les ont adaptées à leur culture. La religion taoïste, fondée par Lao Tseu au Ve siècle av. J.-C., dérive des pratiques magiques, et cette consubstantialité a donné vie à différentes disciplines que nous connaissons tels que le Yi King (l'interprétation ésotérique des signes), le Feng Shui (la magie des lieux et de l'habitat), les rituels de guérison énergétique de la médecine conventionnelle chinoise comme les massages énergétiques, la moxibustion, l'acupuncture, le reiki (du côté du Japon) et bien d'autres. Il faut savoir que, outre les pratiques magiques, les Chinois connaissaient déjà le fonctionnement du corps humain comme la circulation du sang et le fonctionnement des énergies, et ce 2 200 ans avant notre ère, comme les Indiens avec le troisième œil et les chakras (centres vitaux énergétiques).

ROME

Rome, en tant que capitale de l'empire romain, a accueilli de nombreux étrangers venant de toutes les contrées méditerranéennes – Orient, Égypte, Grèce... L'activité commerciale maritime était à son apogée en ce temps-là. Le monde romain fut caractérisé par un mélange considérable de pensées, d'abord scientifiques, théosophiques et philosophiques, puis religieuses, voire mystiques, et enfin magiques.

Les étudiants faisaient partie d'une classe respectée, et la plupart étaient des mathématiciens et des architectes. Ils avaient donc un statut important, ils représentaient l'élément clé pour la construction des édifices tels que les aqueducs, les arènes, etc.

Les temples romains servaient à recevoir du beau monde venant de tous les pays, ils permettaient d'échanger autour de ce grand domaine des mystères, pour s'instruire et collaborer.

Si le mot « sorcier » n'est apparu en France qu'au VIIe siècle de notre ère, il est intéressant de préciser que le terme provient du latin *sortarius*, qui signifie « sort », ou « jeteur de sort », dont la définition, à l'époque romaine, était bien différente : un sort était un vote. Celui qui dirigeait les votes était un prêtre, en tant que simple serviteur d'État. Autrement dit, lorsqu'il y avait un vote à faire, le fameux prêtre avait pour rôle primordial de déterminer une affaire, qu'elle soit politique ou judiciaire, afin de régler un différend, et on accédait donc à des votes. C'était au moyen de pierres qu'on consultait les sorts, ce qui faisait de cette pratique un art divinatoire, autrement dit un oracle – le terme « oracle » venant du latin *orare* signifiant « parler », mais aussi du terme *os, oris* signifiant « en rapport avec la bouche ». Ce vocable veut donc dire, en quelque sorte, une expression divine. Et c'est ce qu'exerçait communément, à l'ère primaire, le traditionnel autochtone africain au moyen d'osselets et de cauris (coquillages), pour sa tribu, en tant que chef et intermédiaire.

Pour reprendre les écrits de Salomon dans ses Proverbes (XVIII, 18) : « Le sort apaise les différends, et il est l'arbitre entre les grandeurs mêmes. » Dans les mêmes écrits, on trouve : « Les billets du sort se jettent dans la robe mais c'est le seigneur qui en dispose. »

Le sort était donc un simple vote ! Selon les écrits de Charles Lancelin[4], ce genre de procédé était répandu, car même Jules César aurait fait appel à cette divination au moment de traverser le Rubicon, le petit fleuve côtier de l'Italie centrale que la loi interdisait à quiconque de franchir avec une armée. En réalité, la parole de César n'était pas le fruit d'une décision personnelle, mais bien le résultat d'un jeté de dés : *Alea jacta est !*

Jules César n'était pas le seul empereur à avoir eu recours à ce genre de divination. Cette pratique appartenant au domaine occulte faisait véritablement partie de la politique de Rome.

4. Auteur de théâtre et parapsychologue français (1852-1941), spirite et disciple du colonel Albert de Rochas d'Aiglun, il a étudié le somnambulisme, l'hypnose et la réincarnation. Il reste un pionnier de l'étude du voyage astral.

En définitive, le champ ésotérique était exploité pour des pratiques admises dans le monde entier, dans tous les grades hiérarchiques ou classes sociales. Les pratiques visaient prioritairement à se prémunir des mauvaises récoltes et des intempéries, à s'attirer des bonnes grâces ou se défaire d'un ennemi. S'étant propagées comme une traînée de poudre jusque dans la sphère politique et judiciaire dès l'Égypte antique, elles créaient ainsi, d'une manière ambivalente, à la fois la faveur et l'hostilité. En effet, on se méfiait du mauvais œil comme d'une pratique faisant partie intégrante de la sorcellerie.

Dans l'*Iliade* et l'*Odyssée*, poèmes du poète grec Homère (VIIIe siècle av. J.-C.), il existait une petite communauté de sorciers faisant commerce de la consultation d'oracle, de la gravure de pentacles protecteurs, de la lecture d'horoscope, de la confection de poupées et de philtres d'amour, ou de poison fatal.

Pour clore ce paragraphe et faire une brève parenthèse à ce propos, on pourrait reconnaître qu'il est quasi impossible de savoir de quelle appartenance génétique nous sommes faits, tant nous avons été mélangés depuis la nuit des temps avec ces migrations multiples emportant chacune son bagage ésotérique propre. Si toutefois, certains peuples autochtones ne se mélangeaient pas au regard de leur couleur de peau, de leur connaissance et leur langue, certains ont dû échapper à la règle par amour jusqu'à aujourd'hui. Un bout de nez de la Mésopotamie, un coin d'œil de la Mongolie, un regard de l'Inde, une forme de mâchoire de l'Amérique centrale, une commissure de lèvre de l'Europe, une peau plus ou moins mate : cette diversité nous a amenés à ce que nous sommes aujourd'hui. Autrement dit, nous portons en nous, dans notre ADN, un véritable héritage, pas seulement physique mais aussi notamment dans le domaine de l'occultisme, en l'occurrence le mauvais œil, provenant tout droit de l'Afrique, et du Maghreb.

Cette croyance a essaimé une grande partie des plateaux du désert du Sahara jusqu'aux déserts de l'Extrême-Orient et a franchi les plateaux mongols et chinois jusqu'aux premiers Amérindiens, comme une traînée de poudre argileuse rouge, sous le souffle de la terre africaine.

AU MOYEN ÂGE, EN FRANCE (500-1500 APR. J.-C.)

Contrairement à l'idée communément admise, cette phase de l'histoire est loin d'être une époque sombre et funeste. Bien qu'elle fût marquée par le poids de la religion, les épidémies, les disettes et les arrestations de sorciers et sorcières, l'époque du Moyen Âge fut surtout le terreau fertile où se sont développées de multiples connaissances. C'est précisément à cette période que la transmission a commencé à s'effectuer et à circuler, car jusque-là, la connaissance était réservée à une élite ; et cette transmission s'est faite par l'intermédiaire du monde arabe, à travers la traduction des textes grecs et le partage de la tradition arabe. Le Moyen Âge fut donc une étape riche et foisonnante où tout était à découvrir. Les plus grandes inventions ont eu lieu à cette époque : la lunette, la poudre, le sextant, la boussole, l'horloge mécanique, le papier, l'imprimerie, la cire, la peinture, l'université… Un énorme recul technologique, intellectuel et scientifique avait eu lieu à la chute de l'Empire d'Occident. Le Moyen Âge fut donc une époque mouvementée, faite de recherche, de découverte et de création, puisqu'on assiste à ce moment-là à une évolution architecturale, à la fabrication des moulins à eau et à vent notamment. L'économie connaissait un engouement considérable pour l'artisanat et le commerce, les progrès matériels prenaient un tournant productif, essentiellement dans l'armée, à travers la création de nouvelles machines de guerre (poudre à canon, lance-flammes transmis par le monde arabe). Mais la religion a mis son grain de sel progressivement, profitant des périodes difficiles pour renforcer sa doctrine. La réputation sombre du Moyen Âge provient essentiellement des images cinématographiques qui nous dépeignent un monde médiéval obscur.

Contrairement à ce que l'on pourrait croire, la rupture avec le monde occulte et la religion fut loin d'être nette. La condamnation de toute forme de science, de divination et de magie a en réalité été faite progressivement par l'Église catholique. En effet, le Moyen Âge est réparti en plusieurs grandes périodes. Après la fin de l'Antiquité, la religion catholique veut se distinguer de la tradition païenne. C'est là que nous commençons à assister progressivement au passage d'une magie humaine païenne à une magie diabolique chrétienne.

DU Ve AU Xe SIÈCLE

En France, la sortie progressive de l'Antiquité est accompagnée généralement d'une vision de la mort et de l'au-delà relativement fataliste. En effet, la plupart des gens nourrissaient une croyance selon laquelle l'homme n'était qu'un pantin dans les mains d'un Dieu, et qu'aucun homme sur Terre ne possédait de libre arbitre. Le destin semblait quant à lui scellé par l'astrologie. Le peuple croyait notamment en l'existence de revenants, en l'errance des morts, ce qui les rendait craintifs : ils s'orientaient donc naturellement vers la protection chrétienne. Ils connaissaient également l'existence des larves et rapportaient que les sorciers se délectaient à travailler avec. La plupart croyaient au mauvais œil et à la sorcellerie. Cette croyance, présente dans la panoplie du christianisme, jouera donc un rôle sur l'évolution que nous connaissons. La croyance en la magie faisait donc partie de la toile de fond des mentalités de l'Antiquité. Et la religion catholique l'avait bien compris.

Parallèlement, à cette époque, la religion chrétienne se distinguait déjà de la tradition païenne. Pour gagner l'opinion publique et créer un pouvoir pontifical fort, l'Église tente d'élargir le cercle de ses fidèles en renforçant sa doctrine pour mettre la main progressivement sur le peuple, avant de se retrouver sur un pied d'égalité avec la royauté. C'est d'ailleurs ainsi que le terme « sorcier » nous est apparu au VIIe siècle sous sa définition actuelle comme « personne pratiquant la magie démoniaque ».

D'autre part, si l'Empire romain d'Occident déclinait lentement, emportant avec lui dans son déclin progressif le domaine scientifique, en Orient, ce fut tout le contraire. En effet, les empires orientaux byzantin et perse ont prolongé le chemin de l'initiation ésotérique et scientifique ; ils ont donc continué à briller dans l'astrologie, l'occultisme et la magie. Grâce à leur dynamisme commercial et culturel également, nous avons pu connaître les progrès spectaculaires qui se tramaient du côté de l'Orient.

Il faut savoir que la plupart des inventions que nous utilisons aujourd'hui encore ont été faites d'abord en Chine. La maîtrise précoce de l'écriture en Chine a permis de garder la trace des nombreuses inventions successives, ainsi le progrès technique fut cumulatif. Les savants pouvaient donc s'appuyer avec une confiance absolue sur les travaux de leurs prédécesseurs qui étaient très méticuleux. Fort conscients de l'existence des énergies géobiologiques et des matières premières que générait la Terre, les Chinois utilisaient la magnétite (pierre en oxyde de fer attirant d'autres éléments de fer) comme support d'orientation dans un bol d'eau, et ce depuis l'Antiquité. Ils furent les inventeurs de la boussole au IVe siècle avant notre ère. La route de la soie permit à ces inventions d'arriver au Moyen-Orient : le sultan et astronome yéménite Al-Ashraf créa par la suite la première boussole orientée Nord. Ainsi, la cartographie créée par le Moyen-Orient se précisa, on vit inscrit pour la première fois le nord magnétique. D'autres inventions chinoises sont à évoquer, comme le papier, qui donnera naissance à l'imprimerie, puis la cire, le cadran, la poudre à canon – qui était appelée en Orient « neige chinoise ».

Si la Chine a joué un grand rôle dans les inventions, globalement, c'est en grande partie grâce aux traditions arabes que la science et les arts divinatoires ont pu vraiment survivre. En effet, un bon nombre d'ouvrages de science naturelle avaient été transmis par les traductions arabo-latines avant la fin du XIIe siècle – notamment grâce à un commerce dynamique, contrairement à une Chine discrète. En ce qui concerne l'utilisation du progrès scientifique, entre découvrir et utiliser à échelle industrielle, il y a un écart important. Ce sont donc les Perses qui se sont chargés de cet héritage, mais surtout, ce sont les Occidentaux en particulier qui ont su utiliser les inventions scientifiques sur leur territoire à grande échelle, sans doute à cause d'une différence idéologique et économique entre ces deux civilisations.

Le terme « alchimie » vient du grec *al-Kīmiya*, mot qui désigne l'Égypte ancienne d'où remontent les premières sources de l'alchimie. Quant au préfixe arabe *al*, on le retrouve dans les mots « algèbre », « algorithme » ou encore « almanach » (calendrier). Ce sont des savants arabes qui, après les Égyptiens et les Grecs, ont développé la science des matériaux, qui fut ensuite transmise à l'Occident en langue latine. Les alchimistes, à la base, furent d'abord des forgerons, des apothicaires, des herboristes, des parfumeurs, des céramistes, des médecins qui ont mis au monde les découvertes. L'alchimiste était donc un sorcier concoctant dans ses alambics des mélanges secrets.

Jâbir Ibn Hâyan (721-823), plus connu sous le nom de Geber, était avant tout un chercheur, puis un astronome, mathématicien, pharmacien, et auteur de nombreux ouvrages d'alchimie. Il a présenté des procédés de transformation typiques de l'alchimie, tels que l'ébullition, la calcination, la sublimation, la décantation, la solution, la coagulation, la distillation, la combustion et la fixation. Il connaissait l'action des réactifs, tels que les sels, le verre, le borax, le vinaigre, les aluns, le feu, etc., tout en sachant produire la soude, le sel d'ammoniac. Ses livres, qui furent écrits en langue ésotérique puis traduits en latin, stimulèrent l'essor de l'alchimie au XIIe siècle, qui se développera également dans les milieux monastiques.

Du côté des territoires du Nord, les Scandinaves (appelés injustement *les barbares*, pour désigner des inconnus et à cause de leur chevelure et de leur barbe) connurent également un rayonnement commercial et culturel d'une très belle ampleur, rapportant ainsi la magie celtique tirée de la tradition orale des druides, et révélant l'énergie tellurique à travers le bâton tellurique. Parmi les pratiques nordiques, on peut citer également les runes et l'ogham[5].

DU XIe AU XIVe SIÈCLE

Dès 1128, les Templiers (moines soldats prêts à défendre les pèlerins se rendant à la Terre sainte) vont parcourir l'Europe entière pour recruter de nouveaux soldats, solliciter des dons et enrichir l'ordre qui financera les croisades. À l'origine, les cours pontificales étaient itinérantes, ce n'est que progressivement, avec les dons, qu'elles devinrent sédentaires. Ces soldats religieux étaient ignorants et, lors de leurs croisades, ils rencontrèrent des musulmans dotés de croyances spirituelles et de connaissances différentes des leurs. Les Templiers découvrirent alors d'autres pensées religieuses, mais aussi la pratique de la magie, et finirent par se détourner de la doctrine chrétienne en créant leur propre confrérie. La pratique de cette confrérie finira par être interdite par la religion catholique vers le XIVe siècle. D'autres confréries ont ensuite vu le jour comme les francs-maçons ou encore la Rose-Croix ; pratiquant une certaine magie entourée d'un certain art pour le secret.

Au XIIe siècle, concernant la science et l'astrologie, les traductions arabes ont apporté à l'Occident la talismanie, ou l'art des talismans. Des amulettes, qui jouaient un rôle de protection, étaient prioritairement destinées à lutter contre le mauvais œil, avec notamment un fort pouvoir de guérison. Vers le milieu du XIIIe siècle, la « science des astres » affirmait qu'un talisman ne tirait son pouvoir que des astres, et non des rituels ou invocations aux démons (esprits). On assiste alors à une division entre philosophes et théologiens comme Thomas d'Aquin et Albert le Grand (1193-1280, premier grand alchimiste européen), qui se posaient des questions fondamentales sur la technique et la nature, l'hylémorphisme (l'union de la forme et de la matière) et sur la finalité de l'explication scolastique ou théologique.

---

5. Alphabet antique utilisé pour l'écriture de l'irlandais primitif et qui aurait été employé également pour des pratiques divinatoires.

La thèse de doctorat de Nicolas Weill-Parot *Les « images astrologiques » au Moyen Âge et à la Renaissance* apporte une clarté nouvelle et moderne sur ce qu'étaient la pensée et l'activité scientifique médiévales. L'Église se posait deux questions, indissolublement liées : l'une était de savoir s'il y avait une vertu capable de guérir les maladies du corps humain causées par l'influence céleste, et l'autre portait sur la fabrication des talismans purement astrologiques, s'il n'y avait pas là une superstition et si leur utilisation était illicite pour un chrétien soucieux de suivre la voie chrétienne. Les choix étaient clairement embarrassants en rapport avec une culture ancrée depuis des millénaires. La première question touchait à la philosophie naturelle et scientifique, tandis que l'autre reposait sur les prescriptions religieuses. La religion ne voulait aucunement détenir un guide officieux de science naturelle dominée par l'astrologie. La papauté faisait donc trier les livres licites des livres illicites, souhaitant procéder à une épuration des livres de science naturelle. Parmi les livres illicites proscrits figuraient les textes hermétiques (Hermès) et les textes salomoniens (roi Salomon, incluant la magie salomonienne). La tâche de cette séparation a été donnée à Albert le Grand, sûrement au concile de Lyon de 1245, auquel il assistait. Il faut savoir qu'à cette époque, le sens des deux termes « astronomie » et « astrologie » n'était pas clairement défini. L'astronomie était l'astrologie, contrairement à notre vision contemporaine. D'autant que la « magie noire », désignant la divination fondée sur l'invocation des démons au moyen de pratiques magiques, et la nécromancie, désignant la divination par l'invocation de l'esprit des morts, étaient fréquemment confondues. Aucune distinction n'avait été faite.

En se différenciant, l'astrologie fut considérée comme une activité « abominable » par l'Église. Une ambiguïté persistait : la plupart des talismans étaient à but thérapeutique et prophylactique, et donc présents dans les corpus médicaux. Les textes à propos des talismans étaient hermétiques, liés à la magie astrale arabe : les rituels comportaient une purification (ascèse et jeûne), une mise en place d'une logique de correspondance dans le choix du jour et du moment astrologique qui convenait à la planète avec un sacrifice d'animaux, des fumigations. Il fallait aussi choisir des attributs : la couleur du vêtement (blanc ou noir), le métal, la pierre spécifiquement adaptée et portée dans un anneau. Le rituel reposait sur l'emploi de talismans dotés d'un pouvoir céleste qui n'était pas le pouvoir céleste catholique, donc considéré comme « abominable » et « détestable » par l'Église. Le domaine médical avait ainsi recours aux voies occultes. Pour l'Église, les Mésopotamiens, les Égyptiens, les Grecs et les Juifs auraient pu faire venir des devins ou des êtres démoniaques dans leurs invocations ou à travers leur amulette. Ainsi, la religion a banni les œuvres des magiciens, médecins et philosophes, dont les activités s'entremêlaient. Les bases de l'idéologie chrétienne furent donc instables dès le départ malgré cette volonté de séparer un domaine universel comme l'astrologie, la médecine et la magie.

Les enseignements d'Hermès Trismégiste[6], dont *Hermetica* et la *Table d'émeraude*, exposent cette fameuse phrase spirituelle : « Le verbe est porteur de la clé qui peut ouvrir ce qui est en haut et ce qui est en bas. » Exposant la théorie de correspondance entre le macrocosme et le microcosme, il aurait également établi la loi terrestre et la loi céleste.

Les hermétistes lui doivent son nom. Quant aux alchimistes, ils le reconnaissent solennellement, bien que ses textes soient théoriques et spirituels, à vocation talismanique (vertus magiques de protection) plutôt qu'alchimique (essais de science occulte). Ce personnage continue, à travers ses textes, de fasciner les occultistes. Ses théories sont le socle même de toutes les théories, tel un manuel de loi. En effet, il définit bien les forces, afin d'expliquer qu'on ne badine pas avec la nature divine, cosmique et terrestre. tout comme on ne badine pas avec toute forme de magie, peu importe sa nature.

6. Personnage mythique de l'Antiquité gréco-égyptienne auquel ont été attribués les textes *Hermetica* et la *Table d'émeraude*.

Le christianisme voulait rejeter surtout avec véhémence la négromancie (ancien terme indiquant la magie noire, la magie démonique ou noétique) dans la mesure où elle faisait appel aux intelligences, à travers des rituels, et n'était pas soumise à une foi sincère suivant les critères moraux et chrétiens. Il ne fallait donc pas d'image de suffumigations (fumigation sous un objet), ni d'invocation à autre chose qu'au Saint-Esprit recommandé par l'Église. La religion n'admettait pas non plus les exorcismes ou les inscriptions (sceaux, figure géométrique) de caractères autres que la vertu chrétienne.

Toutefois, le clergé encourageait davantage l'étude des plantes médicinales qui permettaient de survivre et de s'enrichir. Pour donner un exemple, la religieuse et guérisseuse allemande Hildegarde de Bingen (née en 1098) est considérée comme l'ancêtre des naturopathes. Elle fut docteur, botaniste et musicienne. Elle nous a laissé un bel héritage. En rentrant au couvent à 8 ans, elle reçut une éducation dans le chant, la botanique, la pharmacologie, développant ainsi ses talents de guérisseuse. Visionnaire, elle garda en silence tout au long de sa vie ses visions médiumniques qu'elle avait depuis l'enfance. En plus d'être guérisseuse, elle fut une femme de pouvoir : elle prit la direction du couvent à 38 ans, et les malades vinrent souvent la consulter. En 1100, elle se mit à écrire de nombreux ouvrages de remèdes. De nombreux remèdes prescrits par Hildegarde sont encore utilisés aujourd'hui à titre préventif. Les ouvrages de la guérisseuse représentent la base de toute la naturopathie actuelle. Ses écrits sont essentiellement basés sur l'alimentation, les tisanes, les minéraux et la musique. On lui attribue deux livres naturalistes : *Physica*, un répertoire d'animaux et de plantes indiquant leurs pouvoirs thérapeutiques, et *Causae et curae*, un ouvrage de recettes contre les maux physiques et psychiques, une synthèse de remèdes populaires et de théories savantes de la Grèce antique, qui évoquait par exemple « l'équilibre des humeurs dans le sang ». Pour Hildegarde, la médecine est censée soigner le corps et l'âme. La musique guérit l'âme, et Hildegarde composa donc 70 chants liturgiques destinés aux offices, qui continuent à circuler encore aujourd'hui. À 43 ans, elle finit par écrire ses visions, les illustrer et les publier largement. L'une d'elles, conservée dans une bibliothèque en Italie, représente un homme au centre de la création et de l'univers[7], qui aurait plus tard inspiré l'Homme de Vitruve de Léonard de Vinci.

Par ailleurs, au Moyen Âge, la France subit plusieurs périodes difficiles engendrées par des problèmes climatiques récurrents provoquant des disettes et des épidémies fragilisant le pays. En outre, c'est dans un contexte d'insécurité économique, sociale, politique et religieuse que se développe progressivement la doctrine catholique, avec notamment une stigmatisation de certains groupes comme les sorcières et les juifs. Le pape Jean XXII divulgue les premiers textes officiels assimilant la sorcellerie à l'hérésie. Ce dernier, avec l'aide de ses disciples (futurs inquisiteurs), crée le 20 avril 1233 l'Inquisition, une institution spécialisée, relevant du droit canonique, dont le but était de combattre l'hérésie, en obligeant à appliquer au peuple qui ne respectait pas le dogme des peines qui allaient de simples peines spirituelles (récitation du *Pater*, jeûne…) à des amendes lorsque l'hérésie n'était pas établie, jusqu'à la confiscation de tous les biens et à la peine de mort (bûcher) pour les apostats relaps (ceux qui se détournent de la religion).

La sorcellerie fit donc l'objet de répression. Ainsi, la sorcière devint progressivement une victime, sous les polémiques mensongères et les amalgames politico-religieux la considérant responsable de nombreux malheurs survenant dans la vie paysanne. La plupart du temps, en effet, c'étaient les paysans qui dénonçaient les sorcières. Désormais, les rapports avec le démon entraient dans la sphère de la réalité, quittant progressivement celle de l'illusion. Les victimes furent majoritairement des femmes, accusées d'empoisonnement et d'utiliser des sortilèges magiques. Quiconque suivait une « secte » entrant en contradiction avec la religion catholique, ou bien avait les cheveux roux, ou une quelconque tare physique, ou encore une

7. Hildegarde de Bingen, *Liber Divinorum Operum*, Lucques, bibliothèque d'État, *Codex Latinum 1942*, fo 9.

déviance mentale, nerveuse (angoisse, schizophrénie, etc.), vivait en terrain miné. Malheureusement, très peu de gens avaient conscience qu'un handicap (physique ou non), un deuil, une maladie ou une peur exacerbée due à une grande difficulté, quel que soit le domaine, décuplait les sens médiumniques de la personne qui se sentait plutôt encouragée à consulter les astres. Le sorcier était malheureusement jugé et condamné d'avance au bûcher. Les accusations de sorcellerie ont même concerné la religion juive (ceux qui étudiaient la Kabbale), de même que d'autres groupes idéologiques tels que les Cathares dans le Midi de la France. Cette religion cathare a effrayé l'Église catholique dès le XIIIe siècle, et le sort des sourds, des aveugles et des homosexuels fut le même : aucun n'a échappé à la funeste dictature doctrinaire de l'Inquisition… Les femmes, plus particulièrement, ont énormément subi les assauts névrotiques des dévots du catholicisme. Les jugeant maléfiques, les hommes d'Église ne manquaient pas de faire référence aux figures d'Ève et d'Adam, et la menstruation était considérée comme un phénomène impur qui pouvait attirer le malin. Les femmes étaient donc dispensées de tout acte de prière ou d'invocation durant leur menstruation. Même si elles n'étaient pas sorcières, elles étaient traitées comme telles. Être seule, ou veuve, était synonyme de rejet : une situation déplaisante, puisque les remariages étaient l'apanage de la bourgeoisie.

Quant aux arts divinatoires, l'astrologie était très appréciée dans le monde, malgré la pression pontificale dans toute l'Europe. En France, les mages pratiquaient à volets fermés. Seules les personnes influentes côtoyaient d'imminents astrologues, comme l'apothicaire, auteur, astrologue et médium Nostradamus (Michel de Nostredame, 1503-1566), que tout le monde connaît aujourd'hui pour ses nombreuses prédictions. Celui-ci, avant d'obtenir la protection du roi, fut réprimandé maintes fois par l'Église. Les pratiques divinatoires étaient d'un grand secours pour les rois, qui bénéficiaient de conseils stratégiques leur permettant de faire les meilleurs choix militaires notamment.

C'est pourtant hors de France qu'il faut aller chercher une légalité pour les activités ésotériques, notamment en Italie, où fut fondée l'université d'astrologie.

DU XIVe SIÈCLE AU XIXe SIÈCLE

La Renaissance est une période plutôt connue en tant que mouvement artistique, notamment avec Léonard de Vinci et son Homme de Vitruve. Contrairement à ce que l'on croit, ce fut pourtant une période noire et décadente à cause des procès de l'Inquisition. Au cours d'un procès, le plaignant se disait victime d'un mauvais œil ou d'un mauvais sort, et le juge-exorciste religieux était chargé de déterminer si le plaignant avait tort ou raison. L'Inquisition avait recours aux moyens de divination et à la torture pour confirmer les soupçons du plaignant, et la personne accusée de sorcellerie (souvent veuve, seule et isolée) était facile à condamner puisque personne n'était là pour sa défense. L'accusé était souvent traité d'emblée comme un suppôt de Satan. Des lettres de rémission datant de 1457 et figurant toujours aux Archives nationales ont prouvé l'exécution de plusieurs de ces femmes accusées de sorcellerie.

C'est aussi à cette époque qu'est diffusé le plus célèbre des ouvrages démonologiques, le *Malleus Maleficarum* (« Marteau des sorcières »). Cet ouvrage devint vite la Bible des inquisiteurs mais aussi celui des juges laïques. Ce fut le seul livre qui insista de manière obsédante sur la responsabilité des femmes en matière de sorcellerie et de relation avec le diable. Cet ouvrage a contribué à la diffusion d'un dogme fondé sur la réalité de l'existence des sorciers et de leurs pratiques : le sabbat, l'envol nocturne, la fabrication des poisons, le baiser infâme, les relations sexuelles avec le diable, l'infanticide et l'anthropophagie ou le cannibalisme. Les sabbats étaient pour l'Église une sorte de réunion pour donner son âme au diable. Seul le sorcier se taisant et se pliant rapidement aux règles dictées par l'Église, en se vouant à

Dieu, en faisant pénitence pour éviter le plus grand châtiment et se sauver, avait la « chance » de ne pas être brûlé sur le bûcher.

Entre 1480 et 1520, la répression semble ralentir. Concernant le peuple, on constate une peur paranoïaque du diable, responsable des malheurs, cette peur étant alimentée par les conflits religieux, les tensions politiques, les crises économiques et des épidémies de peste récurrentes. Du côté des élites et du pouvoir, on assiste à une montée exponentielle de l'intolérance, nourrie par la prolifération des manuels de démonologie comme le *Malleus Maleficarum* ou *La Démonomanie des sorciers* de Jean Bodin, qui connut un immense succès et fut sûrement responsable de la vague de répressions suivante. Puisque la répression se nourrissait avidement de cette littérature antisémite, et au nom de la lèse-majesté royale et divine, les bûchers s'allumèrent par milliers dans toute l'Europe, alors que les responsables étaient des malheurs climatiques et économiques : les femmes étaient les véritables boucs émissaires de cette société ségrégationniste gouvernée majoritairement par des hommes. En définitive, les femmes, mais aussi certains hommes accusés de sorcellerie, ont été progressivement, au fil des siècles, injustement transformés en des figures sataniques par la propagande chrétienne. Le chaman de l'ère primaire, celui de la préhistoire et de l'Antiquité, devint alors sorcier définitivement – une catégorie reléguée hors du cadre de la société, exclue totalement de la communauté religieuse, ne pouvant plus qu'œuvrer dans la clandestinité absolue, à l'écart de la société et de la ville : on le consultait en secret, dans la forêt ou à la campagne. C'est ainsi que les traditions perdurèrent oralement de famille en famille. Les consultations de tarot ou la chiromancie, qui se faisaient ordinairement dans l'Antiquité dans les grands marchés à la vue de tous, finirent progressivement par s'effectuer dans le plus grand secret, à l'écart de la ville.

À la Renaissance, le peuple avait désormais une principale, voire unique, crainte : la mort. L'Église avait donc pour objectif d'exorciser cette damnation et de conduire le peuple vers une éternité épanouissante, de le libérer de cette angoisse existentielle qu'est la mort. Pour exorciser la peur du lendemain, le peuple a ce besoin incontestable de croire, parce que *vivre* c'est *croire*, d'où la nécessité de cette présence du Saint-Esprit à ses côtés – on attendait donc une certaine forme de magie religieuse supérieure à celle de la magie païenne. Cette crainte obscure des maléfices provoquait des angoisses existentielles et une réelle insécurité des croyances, des paroles et des gestes. L'Église créa ainsi une liste hiérarchisée de péchés considérés comme des maladies de l'âme, que la voie sacerdotale, comme la pénitence, pouvait éradiquer.

Dans le cadre de ces répressions, des rites furent interdits, notamment les chandelles allumées et les offrandes faites près des puits, des fontaines, des lacs, des ruisseaux, des pierres et dans les forêts, par exemple. Tous les rites païens furent supprimés, il semblait alors que tout sur Terre avait quelque lien avec le satanisme. Cette vision du monde engendra une paranoïa sans précédent, prenant des proportions toujours plus grandes. Les mots étaient pointés du doigt, leur prononciation était interdite, leur signification et leur origine étant considérées comme suspectes. Les étrennes étaient même considérées comme relevant de la sorcellerie, car le mot, venant du latin *strena* signifiant « présage », « présent », « pronostic », laissait penser que ces cadeaux offerts les jours de fête permettaient d'influencer les événements à venir pour celui qui en bénéficiait.

Le Suisse Paracelse (1493-1541) incarne mieux que quiconque ce que fut l'alchimie à l'époque de la Renaissance. Formé à la médecine et à la minéralogie par son père, le jeune Paracelse compléta sa formation dans de nombreuses universités. Après avoir obtenu le titre de docteur, il se mit à voyager dans toute l'Europe, en tant que chirurgien militaire. Mais les intérêts de Paracelse allaient bien au-delà de sa formation et de son activité professionnelle. Curieux de tout, il se nourrissait des livres traitant de philosophie, d'astronomie et de science naturelle, se forgeant ainsi une théorie générale de la nature qu'il appelait le « Grand Tout ». Entre philosophie, science, magie et alchimie, sa pensée est inclassable selon les critères actuels. Cet esprit libre vivant en pleine période résolument difficile s'en prenait parfois à l'autorité religieuse, ce qui lui causa de nombreux ennuis, mais des guérisons spectaculaires qu'il réalisa en firent un médecin réputé.

Au XVe siècle, les bohémiens, quant à eux, furent expulsés du territoire français. Pour éviter l'exil, certains durent faire semblant de s'adapter aux lois françaises, tout en continuant à exercer leurs coutumes, qui prennent le nom de sorcellerie des campagnes. On trouve quelques archives évoquant cette sorcellerie des campagnes dans certains palais de justice, datant de cette époque-là et allant jusqu'au XIXe siècle.

Le XVIIe siècle est marqué par une ambiguïté : l'astronome Galilée, qui inventa la lunette astronomique, fut brûlé vif pour hérésie. Cependant, Le Parlement de Paris fut le premier corps judiciaire en Europe à ordonner la fin des poursuites pour sorcellerie. Louis XIV rappela à l'ordre tous les officiers et les tribunaux afin de cesser toute forme d'accusation de sorcellerie. Pourtant, cette interdiction n'était pas toujours respectée. Mais des esprits éclairés et cartésiens comme le philosophe et mathématicien Pierre Gassendi commencèrent à diffuser des réflexions teintées de rationalisme, mettant en avant l'idée d'une hallucination possible. Dans le monde judiciaire, le Parlement de Paris décida de ne plus poursuivre les sorciers pour « pacte avec le diable », considérant qu'il était impossible de trouver des preuves tangibles de leurs actions. Peu à peu, la torture recule et les bûchers s'éteignent, en suivant l'exemple précoce de l'Espagne et de l'Italie qui avaient déjà interdit ces pratiques. Cela dit, jusqu'au XIXe siècle, on assiste à des pics de poursuites pour d'autres délits de possessions, de paroles (injures, menaces, diffamation) et de charlatanisme, où les « faux sorciers » considérés comme des escrocs étaient surveillés de près par la justice. La figure du diable sortit de la réalité pour rejoindre les contes et les légendes. L'avant-dernière femme accusée de sorcellerie fut brûlée par des paysans le 28 juillet 1826 à Bournel. La dernière accusée fut jetée dans un four à Camalès en 1856. En 2016, aux États-Unis, 325 ans après les faits, on a réhabilité des sorcières qui furent injustement pourchassées et pendues lors des procès des sorcières de Salem. Un parc et une stèle en leur mémoire ont été inaugurés à Salem – une manière de leur rendre hommage et d'affirmer officiellement leur innocence.

Les XVIIIe et XIXe siècles ont été marqués par le colonialisme. Les esclaves de l'Afrique de l'Ouest subsaharien (Sénégal, Cameroun, Bénin, Nigeria, Côte d'Ivoire, Burkina Faso, Guinée, Congo) étaient envoyés en grande partie vers la côte est du Brésil, puis ils rejoignaient Cuba, Haïti, la Nouvelle-Orléans et toute la côte est de l'Amérique du Nord, pour être vendus à différentes fins : en tant que travailleurs agricoles dans des propriétés rurales (champs de canne à sucre et de coton), employés domestiques, parfois contre des armes et des chevaux. Les esclaves étaient contraints de se conformer à la tradition des colons et de se convertir à leur religion. Les colons étaient loin de se douter qu'ils étaient en train d'emporter aussi leur patrimoine africain, tel que le vaudouisme – qui est à la fois une culture et une religion. En Haïti notamment, on trouve l'essence même de la tradition africaine des descendants d'esclaves. Ces derniers y créèrent le vaudou haïtien.

En France, au fur et à mesure que l'Église perd ses droits fondamentaux, la science s'affirme, les expériences scientifiques se multiplient, dépoussiérant les mentalités archaïques. L'obscurantisme religieux a toutefois tout fait pour persister, notamment chez les prélats. Nous pouvons conclure qu'à cette époque, pendant que la sorcellerie grossière reprenait du galon dans les campagnes, les études et les expériences en matière d'occultisme se répandirent une nouvelle fois comme une traînée de poudre dans la société, revisitant et remettant au goût du jour un sujet jadis tabou, voire interdit. Ainsi, les travaux en matière de sorcellerie, d'occultisme et de médiumnité devinrent plus modernes, clarifiant certaines zones d'ombre, notamment en ce qui concerne le mauvais œil.

Quelques moments importants dans l'apparition de la pensée scientifique moderne

- Fondation de la théorie de l'hypnose par le médecin Franz-Anton Mesmer (1734-1815). Créateur de la théorie du magnétisme animal (1773), il est aussi le père fondateur du mesmérisme. Il revendique notamment l'existence d'un fluide magnétique universel et son utilisation à but thérapeutique. L'Église exprime son agacement.
- En 1891, rétablissement de l'ordre martiniste par le docteur Encausse, dit Papus (1865-1916). Ce médecin, hypnotiseur et occultiste a utilisé l'hypnose comme support dans l'occultisme et la magie. Il reste une référence.
- Création de la suggestion par Ambroise Liébault, médecin, psychiatre et hypnotiseur (1823-1904).
- Création de la méthode Coué par Émile Coué (1857-1926), psychologue et pharmacien. Cette méthode, basée sur le principe de l'autosuggestion et l'autohypnose, utilise le procédé de la répétition de « prophéties autoréalisatrices » créé par Merton. Ceci est censé entraîner l'intégration des idées positives par le sujet et l'adhésion à celles-ci. Cette méthode est aussi préventive que curative.

Le XIXe siècle fut riche en études permettant de comprendre certains aspects ésotériques et occultes, selon la pensée courante de cette époque.

Voici un tableau mettant en lumière deux sections, que Papus, dans son ouvrage sur l'occultisme, évoque. Selon lui, la section expérimentale rejetait la section philosophique. Cette seconde section a été stigmatisée et considérée comme « science occulte ». Cette réflexion prouve que cette scission a créé des divergences, alors que l'une ne va pas sans l'autre. Elles sont complémentaires.

Section analytique et expérimentale	Section synthétique et philosophique
Chimie	Alchimie
Physique et histoire naturelle	Magie
Astronomie	Astrologie
Médecine	Hermétisme
Mathématique	Cabbale

Tableau tiré de l'ouvrage de Papus *ABC illustré d'occultisme.*

D'autre part, dans certains cultes tel que la Golden Dawn, les élèves s'adonnaient à ces disciplines occultes ; cet enseignement présentait diverses méthodes pour développer notamment sa clairvoyance, apprendre divers rites et rituels de convocations et de bannissement, mais également apprendre à concevoir des outils magiques, des talismans, selon les secrets de fabrication et de consécration.

Par ailleurs, la sorcellerie des campagnes n'a en réalité jamais cessé d'exister aux quatre coins de la France. Cette sorcellerie utilisait des pratiques grossières tel que le mauvais œil, un moyen plutôt abstrait mais bien réel.

Pour en revenir aux études scientifiques, les recherches n'ont cessé de croître depuis, et il existe à l'heure actuelle des matériaux de pointe mesurant les ondes et les bruits de fond, parvenant même à déchiffrer ces bruits de fond livrant des messages provenant de l'astral, indiquant ainsi la présence d'un esprit, confirmant la véracité des informations factuelles. Peut-être un jour, on parviendra à contacter cette autre dimension à la fois si loin et si proche de nous, afin de revoir nos proches disparus et de communiquer aisément avec eux. Ce qui nous amène à reconsidérer ce que sont une énergie et une communication.

AU XXe SIÈCLE

Fort de leur expérience funeste, les sorciers ont pu quant à eux survivre à cette période en restant prudents et en se dissimulant dans les campagnes et les montagnes. Le vieux sorcier était accepté en raison de ses connaissances, en matière de guérison notamment (coupeur de feu, magnétiseur) et parce qu'un docteur n'était souvent pas présent dans les villages, mais les gens le craignaient tout de même, évitant soigneusement de l'offenser. Ceci explique que le mauvais œil, la sorcellerie ou la magie sont bien restés figés dans nos croyances anciennes : il faut se méfier de tout ce qui s'apparente de près ou de loin à la sorcellerie.

Qu'en est-il réellement aujourd'hui, au XXIe siècle ?

DE NOS JOURS

Depuis quelques années, nous vivons une période charnière qui nous mènera vers une ère nouvelle, et les nombreuses « turbulences » auxquelles nous sommes tous confrontés actuellement donnent parfois l'impression d'être broyés dans un casse-noix, au lieu de nous laisser porter par le courant pour mieux gérer la situation. Mais peu de gens savent qu'une telle angoisse réveille la part de médiumnité qui sommeille en chacun de nous. Lorsqu'elle se réveille, on comprend pourquoi on en arrive à s'intéresser au domaine occulte… et pourquoi on ressent ce besoin de continuer à croire en la magie.

Cependant, les mouvements New Age se sont développés, laissant croire qu'il suffirait de taper dans un tambour et de brûler un peu de sauge pour faire partir un mauvais œil, sans égard pour les chercheurs, philosophes, scientifiques, historiens qui prennent le temps de se renseigner sur ce qu'est vraiment la magie. Mieux vaut se positionner à la croisée des chemins. La magie n'est rien sans la connaissance. Pour connaître la magie, il faut en connaître les rouages.

La plupart des termes utilisés par les novices ou par les pratiques commerciales dénaturent le monde de l'occultisme et décrédibilisent ce qu'est la magie dans son véritable sens, profitant de l'incrédulité des gens dans un but lucratif. Car ne soyons pas hypocrites : la magie et l'occultisme se portent bien et se sont toujours bien portés. Mais soyons lucides et rationalistes : un sportif qui vend un vélo saura mieux vous expliquer ce qu'il vend par rapport à un vendeur lambda, tout simplement parce qu'il aura essayé, expérimenté tous les vélos à son actif. Il aura deux cents fois plus de conseils à vous fournir pour vous guider au mieux. Vous vous doutez bien que le vendeur lambda aura moins de poids que celui qui détient la réelle connaissance de son sujet.

En cette période historique, beaucoup vendent plus du rêve qu'autre chose, parce qu'ils doivent vendre et faire du capital, sous prétexte de vivre de leur prétendue passion. Personnellement, je crois qu'il n'y a rien de spirituel ni de magique là-dedans. Peu pensent que la connaissance permet de pratiquer la magie. Peu de gens s'accordent le temps de se documenter, d'apprendre continuellement. Car l'occultisme, la magie, la médiumnité sont des domaines spirituels extrêmement vastes : il faut des années pour en comprendre le sens. Ces trois spécialités sont impossibles à résumer dans un seul livre.

Même si les mentalités ont évolué, le mauvais œil nous démontre clairement qu'il n'a pas évolué en lui-même, il s'est davantage étendu grâce une forme de communication moderne. Nous sommes passés d'une communication de franc-parler violent à une communication de sous-entendu insidieuse. La sphère virtuelle n'en est qu'un piètre exemple, mais tout de même un bon exemple. Désormais, on peut difficilement s'en passer. Si les yeux sont dissimulés derrière un écran, ils peuvent toutefois « régner » de manière sournoise. Sur les réseaux sociaux notamment, le regard mauvais semble légitime. Étaler sa vie privée et exposer son image à travers des photos peut engendrer de la jalousie et exprimer librement ses sentiments peut signifier les offrir en pâture à des personnes qui pratiquent la sorcellerie. Car tout se passe d'abord d'esprit à esprit…

Il est grand temps de revenir à soi, de faire un usage conscient et réfléchi des réseaux sociaux et de filtrer ce que l'on décide d'exposer. Malheureusement, le monde n'est pas toujours tendre. L'être humain contemporain semble trouver qu'il est normal de s'exprimer, notamment de partager sa joie d'avoir trouvé le partenaire idéal, de montrer son bonheur, de partager les photos d'un couple très amoureux : certes, cela booste notre sécrétion de dopamine et d'ocytocine. Notre côté narcissique en est également flatté. Cela dit, si les personnes bienveillantes ressentiront de la joie à la vue de votre couple, ressentiront vos émois amoureux, rêveront devant vos photos, les mauvaises personnes ne comprendront pas votre bonheur et vous jalouseront maladivement, vous envieront jusqu'à désirer en cachette une rupture pour que justice soit faite. Ces personnes pourront également mettre leur grain de sel « amicalement ». Elles s'amuseront peut-être à faire des allusions, à vous influencer en vous poussant inconsciemment dans les bras d'un autre partenaire, par exemple. Très souvent, après coup, le responsable de cette malédiction refuse de prendre la responsabilité de son acte, jugeant qu'il s'agit d'une plaisanterie. Or la plupart des problèmes débouchent d'un esprit plaisantin. Il convient de faire attention aux liens que nous créons. Il est essentiel de revenir à soi pour être conscient de bien choisir son monde. Nous verrons plus loin comment reconnaître un détracteur dans son propre cercle. Car fréquemment, ils sont dans notre entourage. Mais cela ne signifie pas que des inconnus ne peuvent pas agir contre nous.

Il est donc important de ne pas montrer certains aspects de notre vie. Moins nous montrons, mieux nous gérons notre vie, et mieux nous nous portons. Certes, cela n'évite pas les vautours de planer au-dessus de vous, mais cela les empêche de cibler votre tête. Les gens sont extrêmement assoiffés d'informations à l'affût de la moindre incartade et de la moindre émotion pour se faire une belle place. Polémiques, informations croustillantes, ragots, tout y passe. Intox dans les magazines, informations express sur les réseaux sociaux : tout se fait instantanément, attirant les curieux. Certains ont le pouvoir d'utiliser nos faiblesses à leurs fins. Un vieil adage ne dit-il pas : « Pour vivre heureux, vivons cachés » ?

Ainsi, on peut être conscient que le mauvais œil plane sur nous, mais il est fuyant : impossible de savoir exactement où il se trouve.

Autrefois, nos ancêtres avaient cette faculté de comprendre les choses subtiles et y croyaient dur comme fer. Même si cela allait jusqu'à un certain degré de paranoïa, ils savaient fort mieux que nous ce que valait la force d'un regard malintentionné. Ils étaient donc pertinemment conscients de ce que pouvait faire le mauvais œil, car ce potentiel énergétique négatif pouvait à tout moment circuler, contaminer et influencer notre santé, notre travail, notre famille, notre couple… C'était même toute une vie qui était en jeu puisque le mauvais œil pouvait entraîner la mort. En outre, on ne faisait pas vraiment de différence entre les maladies physiques et les maladies de l'esprit, car celles-ci sont étroitement liées.

Actuellement, il faut reconnaître que nous ne sommes pas préparés à cela, par conséquent nous sommes sujets à toutes sortes de mauvais regards, nous baignons constamment dans un univers rempli d'intentions et d'influences, et nous ne le voyons pas, par manque de connaissance en la matière.

Pour la plupart d'entre nous, sorcellerie et mauvais œil ont été relégués au rang de la science-fiction depuis que nous sommes enfants. Cette « mode » se serait perdue. Or ce n'est pas de la fiction, ni une mode, mais une pratique ! Elle est ancestrale et adaptable.

Il ne s'agit pas d'en faire une psychose, mais juste d'être conscient et éclairé sur ce sujet, et d'approfondir cette connaissance. Si nos ancêtres étaient plus forts face au mauvais œil, c'est parce qu'ils en comprenaient le sens.

Le fait d'avoir abandonné tout un pan de notre héritage est une erreur, car le résultat est le suivant : nous sommes entourés de regards maléfiques, pollués dans notre aura même, imbibés d'énergies négatives, d'influences, de maléfices et d'envoûtements – et nous les nourrissons ! Qui plus est, nous aimons procrastiner dans la résolution de nos problèmes, et souhaitons par la même occasion un résultat rapide lorsqu'il s'agit de résoudre ces problèmes. Ceci nous démontre qu'il y a une méconnaissance en la matière, expliquant également pourquoi nous avons plus de mal à nous ressaisir. Rappelons que de nombreux troubles tels que névroses, maladies, divorces, licenciements sont les conséquences du mauvais œil.

– CHAPITRE 2 –
LES CROYANCES ÉSOTÉRIQUES DANS LE MONDE

Après avoir parcouru l'odyssée géographique et chronologique du mauvais œil, « jetons un œil » sur les mythes et les légendes qui ont alimenté au fil des siècles de nombreuses croyances et superstitions sur le mauvais œil, façonnant ainsi les cultures dans chaque pays et territoire. Chacun avait sa propre croyance populaire ésotérique, chacun avait son porte-bonheur ou son talisman de protection pour éloigner la « guigne ». Dans certains pays, les pratiques folkloriques sont encore d'actualité. Certains ont gardé ces croyances mêlant religion et ésotérisme.

EN FRANCE

CORSE

Le mauvais œil n'aurait jamais existé sans la venue des Phéniciens sur leur territoire. Ces gens de la mer, comme on les appelait autrefois, venaient en réalité du Liban, précisément de la ville de Tyr, et vivaient principalement du commerce maritime, à l'ère babylonienne. Ces gens-là ont rapporté leur connaissance à propos du mauvais œil et les méthodes pour s'en libérer. La tradition n'a cessé de se perpétuer, et celle-ci repose essentiellement sur leur savoir-faire, notamment à travers l'utilisation de l'eau et de l'huile d'olive.

Contrairement au patois pour l'Occitanie, la langue corse est encore vivante. Il est donc possible d'entendre encore à l'heure actuelle ces termes, notamment chez les aînés, dans les villages de montagne : si vous les évoquez en Corse, vos interlocuteurs vous comprendront bien mieux que si vous dites « sorcier ».

L'***occhju*** signifie le mauvais œil. Il en existe deux sortes :

- l'*inocchju*, le mauvais œil causé par le monde vivant ;
- l'*imbruscata*, le mauvais œil causé par le monde invisible (âmes errantes, entités, esprits démoniaques, etc.).

Il existe également ces vocables :

- *a matsera*, terme désignant une dame qui envoie le mauvais œil ;
- *a signatora*, terme désignant une dame qui enlève le mauvais œil, une guérisseuse ;
- l'*inucchjatu*, terme désignant la victime du mauvais œil.

Lorsque l'on va voir la *signatora* (celle qui officie le rituel), elle effectue une action bénéfique à l'aide d'une mèche de cheveux, d'un linge ou d'une photo. Cette action est une manipulation des énergies, du magnétisme en quelque sorte. Elle fonctionne sur le principe des fluides.

Après avoir prié, elle reste debout, généralement la main droite posée sur l'objet, et elle pointe l'index et le majeur serrés de la main gauche vers le sol. C'est ainsi qu'elle nettoie la victime des fluides négatifs. Ensuite, elle dirige ses deux doigts de la main gauche vers le ciel, pour capter les énergies positives. De la main droite, elle fait le geste de verser cette énergie sur l'objet. Une fois ce travail terminé, elle prie de nouveau et remercie pour l'aide reçue. Elle est souvent appelée pour des cas de maladies, physiques mais aussi morales.

Le **mazzérisme** est une croyance répandue en Corse. Il s'agit plutôt d'un don de prophétie funèbre. Le *mazzeru* est une personne considérée comme possédée par le démon qui part la nuit, dans ses rêves, chasser des animaux, et qui capte dans les yeux de l'animal la future âme défunte, la personne qui va mourir prochainement. On nomme communément cette personne « messager de la mort » : elle perçoit en réalité les messages dans ses rêves, c'est un « chasseur d'âme » puisque dans son sommeil son corps astral part pour chasser. Si beaucoup craignent le *mazzeru* et ses prophéties, il n'a strictement rien à voir avec le mauvais œil ni avec la sorcellerie. Il ne porte pas l'œil, il sert seulement de messager, de médium, d'intermédiaire funeste par le biais de ses voyages astraux. Ce n'est pas un sorcier à proprement parler. Il possède de nombreux points communs avec le chamanisme. Son origine remonte à la préhistoire, lorsque les humains pratiquaient abondamment la chasse.

La **sorcière** est appelée *strega* ou *moca*. Selon la légende, la *strega* se transforme en belette pour s'isoler dans le maquis, elle choisit également les endroits isolés, en montagne, pour se cacher. Les groupes de sorcières se rencontrent lors de pleine lune, loin des villages.

Quelques objets de protection connus en Corse

L'œil de sainte Lucie, un porte-bonheur pour les pêcheurs

L'œil de sainte Lucie, appelé également « œil de Vénus » ou « œil de la Vierge », est l'opercule minéralisé d'un mollusque de la famille des Turbinidés, relativement fréquent sur les rivages méditerranéens, notamment en Corse, sur les plages ou à faible profondeur, où il est laissé par l'*Astraea rugosa*. Il est utilisé en pendentif et on lui prête des vertus de porte-bonheur.

Lucie de Syracuse, ou sainte Lucie, vierge et martyre, dont le nom s'illustre dans l'histoire de l'Église sicilienne, était issue d'une noble et très riche famille de Syracuse. Elle a souffert le martyre au début du IVe siècle, lors des persécutions de Dioclétien.

La corne de corail

Par sa forme tentaculaire, le corail rappelle les monstres et les légendes de la mythologie grecque. Ses branches évoquent la symbolique de la corne et de la main. Quant à la couleur rouge dite « sang de bœuf », elle s'oppose au danger de mort lié au mauvais œil. Ce qui faisait du corail, gravé en forme de corne ou de main, à la fois un bijou et une amulette parfaite qui permettait donc de se prémunir contre toutes formes d'envoûtement. Les Corses prêtent encore à la corne de corail de nombreux pouvoirs, des vertus à la fois thérapeutiques et protectrices, mais aussi magico-religieuses. Pour protéger les tout-petits avant même le baptême, on leur faisait porter une branche de corail ou une corne en guise de protection. En Corse, il est fort possible d'apercevoir le petit Jésus portant cette fameuse amulette de corail autour de son cou sur certains

tableaux religieux. Aussi paradoxal que cela puisse paraître, la religion de l'île accepta cette croyance, tant les vertus étaient nombreuses. Et elle ne faisait pas de mal, même si, selon la croyance, celui qui touchait au corail était pris par le charme, ce qui déplaisait à certains prêtres.
Cette corne est toujours portée à l'heure actuelle. Ce corail est cher à l'île de Beauté. Seuls les pêcheurs professionnels ont l'autorisation de le récolter artisanalement. La beauté des coraux dépend des courants marins. Ils sont très violents dans les bouches de Bonifacio, ce qui permet d'y récolter de très beaux coraux.

L'inscription FFFFF

L'inscription FFFFF, « *Furtuna Fà mi Fà Felici Fini* », qui veut dire « Fortune (ou chance), fais-moi faire une fin heureuse » est visible à Giuncheto (ou Ghjunchetu), situé dans la commune de Sartène, la plus vieille ville de l'île de beauté. Cette inscription est gravée au-dessus des portes d'entrée.

BRETAGNE

L'Ankou a beaucoup fait parler de lui sur la terre des légendes celtiques. Selon la mythologie et les contes bretons, il est la personnification de la Mort, c'est un personnage souvent confondu (et à tort) avec le diable. C'est un dieu se chargeant de la perpétuation des cycles vitaux de la vie, autrement dit de la naissance et de la mort, mais également des cycles saisonniers et des cycles journaliers. Son attribut est la faux. Il ne représente pas la mort par nature en elle-même mais en est le serviteur, c'est-à-dire qu'il ramasse dans sa charrette grinçante les nouvelles âmes défuntes, remplissant ainsi sa mission de passeur d'âmes, rôle souvent dévolu aux médiums. Il est considéré comme une entité psychopompe : il aspire les âmes pour les guider dans d'autres plans. En Bretagne, il était de mauvais augure d'entendre le grincement d'une charrette ou d'en voir une, on prédisait la disparition de quelqu'un de l'entourage dans l'année.

Dans les autres coins de la France, par contre, la roue de charrette jouait le rôle d'une roue solaire, elle était utilisée en tant que talisman, posée à même la façade des maisons.

AU PORTUGAL

Là, les enfants sont préservés du mauvais œil à l'aide de colliers faits de petits talismans complexes composés d'un croissant de lune pour éloigner les sortilèges, d'une corne pour favoriser la chance, d'un pentacle et d'une main « faisant la figue » pour contrer le mauvais œil. La figue est souvent utilisée seule. Il fut un temps où le Portugal avait des liens étroits avec l'Afrique de l'Ouest, et c'est de là que viendrait tout ce pan de culture.

EN GRÈCE

Les Grecs redoutent ce qu'ils appellent communément la *baskania* ou « mauvais œil ». À une certaine époque, ils s'en protégeaient à l'aide d'ail au fond de leur poche à défaut d'amulettes de corail ou d'or. Les mères, quand une femme s'approchait de leur bébé en s'extasiant de sa beauté, lui répondaient par la pensée « de l'ail dans tes yeux » pour qu'elle ne jette plus un œil dessus. Dire de belles paroles à quelqu'un était considéré comme un acte de sorcellerie, un moyen de lui jeter un charme, de l'ensorceler. Certains allaient, dans les cas urgents, jusqu'à cracher sur la personne pour éloigner le mauvais œil, ou jusqu'à lui répondre par des paroles obscènes. Souhaiter un bon voyage à celui qui partait était un présage de mauvais augure, alors on exprimait le contraire.

Les Grecs pensaient que seule Némésis, déesse de la perfidie et de la jalousie, de l'envie et de la malignité, avait le pouvoir de disposer de leur destinée au gré de ses caprices, causant ce genre de crainte superstitieuse. Ils considéraient qu'être beau, heureux, que réussir en entreprise ou dans sa vie de famille était frustrer le Ciel, alors que les textes de Plutarque (*Vies parallèles*) louent justement le bonheur et la prospérité, en affirmant que le dieu suprême est Apollon, que la douceur et l'amour sont un attribut de Dieu.

EN ÉGYPTE

Les Égyptiens craignaient précisément la fascination. L'œil de Rê (ou Râ) est appelé également « œil d'Horus ». Symbole d'éternité peint sur les tombeaux à l'origine, il fait encore parler de nos jours. Il est sans conteste le plus vieux talisman au monde. Il apparaît souvent dans les dessins animés, certains le portent en tatouage, il symbolise à la fois la protection et la guérison. On l'appelle également « œil prophylactique », soit « celui qui prévient la maladie ».

EN TURQUIE

On coud une petite perle bleue à l'arrière de la robe de la mariée pour éloigner le mauvais œil. Certains portent en bijoux (collier ou bracelet) une amulette de forme ronde soulignant en son milieu le noyau central de l'œil. Le bord extérieur de l'œil est bleu foncé, puis le blanc de l'œil entoure la pupille d'un bleu ciel, et la couleur noire indique la rétine en son centre. Beaucoup portent le *nazar*, comme ils l'appellent, notamment les enfants, les paysans ainsi que les chauffeurs de taxi, qui l'accrochent sur leur rétroviseur comme un chapelet musulman. Tous ont le même but : se prémunir du mauvais œil.

AU MAROC

Pour éloigner le mauvais œil d'une demeure, il est coutume de laver le carrelage avec de l'eau de mer, préalablement recueillie dans une bouteille ou un flacon en sept fois avec sept vagues successives.

DANS LES TEXTES SACRÉS ET RELIGIEUX

DANS LA BIBLE

Selon le Décalogue de l'Exode (XX, 17) : « Tu ne convoiteras pas la maison de ton prochain, tu ne convoiteras pas la femme de ton prochain, ni son serviteur, ni sa servante, ni son bœuf, ni son âne, ni aucune chose qui soit à ton prochain. »

Matthieu (XVIII, 9) a précisé : « Et si ton œil est pour toi une occasion de chute, arrache-le et jette-le loin de toi ; mieux vaut pour toi entrer dans la vie, n'ayant qu'un œil, que d'avoir deux yeux et d'être jeté dans le feu de la Géhenne. »

Enfin, deux éléments provenant de l'Ecclésiastique peuvent nous éclairer. Le premier vient d'Ecclésiastique XII, 16 : « L'ennemi n'a que douceur sur les lèvres, mais, dans son cœur, il médite de te jeter dans la fosse. » On lit dans Ecclésiastique XIV, 9 : « L'homme jaloux n'est pas content de ce qu'il a, la cupidité dessèche l'âme. »

DANS LE CORAN

Lisons la sourate CXIII :

« Au nom de Dieu clément et miséricordieux,
Contre la méchanceté des êtres qu'il a créés,
Contre le malheur de la nuit ténébreuse quand elle nous surprend,

Contre la méchanceté des sorcières qui soufflent sur les nœuds,
Contre le malheur de l'envieux qui nous envie[8]. »

Le Moyen-Orient reconnaît la réalité du Sihr (sorcellerie), notamment des djinns (âmes démoniaques processionnaires), et de toutes les formes de magie existante (divinations), ainsi que des forces de l'invisible (*alam al-ghayb*).

DANS LA KABBALE

« Je vous conjure, vous anges sacrés, qui avez sauvé Joseph le Juste de l'œil funeste, sur le Mont Sacré, et toi Palti'el, ange de la délivrance de Joseph, délivre cet enfant du mauvais œil, car il est de la descendance de Joseph. » (Nombres Rabbah, XXIII, 21)

Dans la Kabbale, vous trouverez plutôt une tradition ésotérique juive, une loi écrite, au même titre que la Torah, mais dans une version différente. Georges Lahy[9] l'explique très bien dans ses textes, elle a été créée pour ceux qui croient en la magie.

Sinon, dans la tradition juive, *ayin hara* signifie « mauvais œil ». Les juifs ont coutume de prier et de s'enduire les mains et le visage d'huile d'olive. Un fil rouge au poignet permet de protéger du mauvais sort et d'apporter la chance, le symbole de la figue est également utilisé pour cela.

Les juifs croient en l'existence des démons et le Talmud, la Genèse Rabbah et l'Exode Rabbah nous livrent les moyens concrets pour les reconnaître, pour s'en préserver, voire s'en soigner. Ces démons seraient à l'origine de toutes les maladies existantes sur Terre. Il existe donc des textes traitant les moyens de s'attirer la protection divine, des éléments explicatifs et concrets ainsi que des prières (en versets hébraïques) pour se débarrasser efficacement des démons.

8. www.coranix.free.fr/biblio/kasimir/coran113.htm
9. (1955-), kabbaliste, écrivain et éditeur français.

Dans la Bible chrétienne, le roi Salomon est présenté pour sa sagesse et pour donner l'exemple ; Jésus appréciait sa présence :

« Ne mange pas le pain de celui dont le regard est malveillant,
Et ne convoite pas ses friandises. » (Salomon, XXIII, 6)
« Car il est comme les pensées de son âme.
Mange et bois, te dira-t-il ;
Mais son cœur n'est point avec toi. » (Salomon, XXIII, 7)
« Tu vomiras le morceau que tu as mangé,
Et tu auras perdu tes propos agréables. » (Salomon, XXIII, 8)

Ce rapide tour du monde des parades contre le mauvais œil ne saurait être exhaustif, il existe d'autres éléments un peu partout dans le monde, comme le trèfle en Irlande ou l'orge en Inde. La main est également un symbole largement utilisé contre le mauvais œil : citons notamment la main de Fatima pour les musulmans, la main de Marie pour les chrétiens, la main de Myriam pour les juifs, la main d'Isis pour les Égyptiens, la main d'Ishtar pour les Babyloniens. Les cloches sont également utilisées comme leurres pour détourner l'attention du mauvais œil, tout comme le ruban rouge, porté notamment par les enfants et les animaux.

– CHAPITRE 3 – LES TRADITIONS ET LES CROYANCES

LES TRADITIONS

Les traditions se sont forgées au fil du temps, mêlant religion et occultisme. Une tradition dite « populaire » désigne une tradition pour laquelle le peuple adhère à une doctrine ; seule la manière de procéder (rituels) différencie le type de tradition.

Selon Wikipédia, une tradition est une « doctrine, pratique transmise de siècle en siècle originellement par la parole ou l'exemple », un « ensemble de notions relatives au passé transmises de génération en génération », mais aussi une « manière de penser, de faire ou d'agir, qui est un héritage du passé ».

Voici une liste de traditions pour différencier certains termes dont on confond parfois le sens. J'ai pris pour exemple la Corse, parce que je l'apprécie particulièrement mais aussi parce qu'elle a su perpétuer sa tradition et sa riche histoire.

- **Folklore**

Le folklore traditionnel corse est la polyphonie ; le folklore magique corse est le mazzérisme.

- **Légende**

La légende traditionnelle corse repose sur l'œil de sainte Lucie ; la légende magique corse repose sur la fée de l'Urtolu et la fée Brandu.

- **Mythe**

Les mythes traditionnels corses sont Napoléon ou Colomba ; les mythes magiques corses sont les dolmens et les menhirs.

- **Coutume**

Elle comprend la langue corse, les chants polyphoniques, l'*occhju*…

- **Habitudes**

Ce sont les fêtes religieuses, les festivals, les foires…

LES CROYANCES

Tout au long de l'histoire, les mentalités sont allées de pair avec les croyances populaires. Celles-ci ont évolué lentement et graduellement et ont formé chacune un égrégore[10] propre, donnant ainsi naissance à des traditions. Une tradition se forge à partir d'une croyance, puis d'une mentalité, et se matérialise en un acte, puis en un caractère.

10. « pensée collective ».

QU'EST-CE QU'UNE CROYANCE ?

« Il est assez facile de définir une croyance, il s'agit à proprement parler d'une idée ou d'un fait indémontrable dont on accepte d'emblée l'idée. » (Philippe Walter)

Selon cet écrivain, dont je partage l'avis, il est assez simple de créer une idée ou un concept. Il explique dans ses textes que par exemple nous pouvons croire en Dieu sans avoir pu l'observer et sans que personne n'ait pu à ce jour réellement l'identifier scientifiquement et donc démontrer son existence. Les croyants acceptent pourtant l'idée indémontrable que Dieu existe. Les croyances s'étendent à tous les domaines de la vie. Le même auteur prend comme exemple les veines de notre corps. Lorsque nous les voyons bleues, nous pouvons logiquement nous dire que le sang est bleu, alors que quand on saigne, le sang est rouge. Croire sans preuves, sans tenir compte des torts que cela peut induire, peut causer du tort.

Il n'existerait pas grand-chose si toute forme de croyance était bannie de la Terre. Force est de penser que *croire*, c'est donc vivre. Il est évident que si je n'avais pas cru en mon livre, il ne serait pas entre vos mains. Croire est donc un fait magique…

Dans la pensée occidentale, lorsqu'on parle du mauvais œil, il s'agit d'une croyance à portée divinatoire (agissant sur la conscience et la connaissance de l'avenir) et magique (agissant sur le présent et l'avenir immédiat).

Cela dit, le mauvais œil a pour résultat la matérialisation de certains événements plus ou moins complexes. On comprend alors que sa définition va bien au-delà qu'une simple croyance.

Selon moi, les croyances déterminent souvent les situations. L'issue de nos actions dépend justement de notre conscience, de nos croyances (concepts) et de nos pensées (analyse). Pour le moment, il est suffisant de retenir que l'univers est mutable, en constante évolution et en changement permanent, qu'il a une conscience et que nous sommes façonnés *à son image*. Autrement dit, rien ne dure, pas même nos problèmes.

LES ANALOGIES

Dans la croyance antique, les analogies jouaient un rôle prépondérant dans l'esprit des gens, notamment en magie, car sans elles, point de rituel ni de prévision divinatoire. Elles intervenaient sur différents moyens de consécration magique. C'est encore le cas de nos jours. Un rituel sans analogie n'a aucun sens, c'est pourquoi cette tradition se perpétue. Ce besoin fondamental d'assimiler une croix à la protection divine, par exemple, permet de lui conférer un but, une charge, et donc d'en diffuser l'influence énergétique de protection. Cette émission de charge influencera celui qui porte le talisman, ou repoussera les esprits aux intentions malveillantes.

La croyance pouvait faire beaucoup à ce sujet, car la conscience et la foi en ces analogies permettaient l'émergence de solutions. C'est une des définitions que l'on peut donner à la magie.

Plus concrètement, un exemple d'une analogie ne serait que la comparaison de deux supports en apparence différents, voire diamétralement opposés, mais qui peuvent être savamment complétés et apporter une espèce de condensateur. Par exemple, à l'instant où je rédige ce texte, nous sommes régis par les énergies de Mabon. Nous rentrons donc dans la période de l'automne, la fraîcheur du matin et de la nuit se fait sentir. Pour accueillir cette nouvelle saison avec beaucoup de zénitude, je décide de redécorer ma maison pour y inviter cette nouvelle ambiance saisonnière. Pour cela, je vais aller dehors récolter des pignes de pin avec joie et sérénité, ramasser quelques feuilles tombées et parées de toutes les couleurs chaudes allant du jaune au rouge en passant par l'orange, je vais acheter quelques petits potimarrons d'un bel orange vif, les déposer dans un plateau à fruits, puis sortir quelques bougies et commencer ma jolie décoration. Ensuite, pourquoi ne pas ressortir d'un placard un joli plaid, et boire une infusion pour le plaisir des sens, afin de ressentir pleinement ces énergies et d'entrer en connexion avec ces dernières. Tout le décor évoquera les couleurs chaudes et dominantes typiques de l'automne, lui conférant le caractère *cocooning* qu'on lui reconnaît, et que je souhaite retrouver pour me préparer à l'arrivée de l'hiver de manière sereine, en ayant investi une part de mon énergie à produire cet effet – parce que mon esprit aura influencé tout cela, et vu que les énergies ont été émises, elles m'influenceront à leur tour. Ces énergies, bien qu'abstraites, sont bien là, et arrivent à moi à travers une sensation d'apaisement palpable dans l'atmosphère.

Tout ceci est certainement fait inconsciemment, mais ce concept spécifique a pour objectif de donner du sens et de représenter chaque chose. Par exemple, ce qui va évoquer l'amour, ce seront des pétales de fleur rouges, du champagne, des tissus rouges en forme de cœur… Dans le cadre de la magie, on fait de même, avec des concepts plus spirituels, plus mystifiés, plus élaborés : on fera donc attention à la position des planètes, aux jours, aux heures, etc. Par exemple, pour un rituel d'abondance, on utilisera forcément des pièces de monnaie, une bougie dont la couleur sera associée à celle de l'abondance des ressources, une plante qui attirera la chance financière au sein du foyer, un portrait de la déesse Fortuna, des offrandes, etc. Certains ajoutent des analogies planétaires, qui ont un lien direct avec l'astrologie traditionnelle. Par exemple, pour bénéficier d'un prêt bancaire, la planète associée à l'argent est Jupiter, elle représente les prêts légaux. On peut insister encore davantage en y associant son jour de régence, qui est le jeudi, sa couleur, le bleu, son métal, l'étain, et sa plante, le cèdre. Le choix de ces analogies est lié en particulier à leur symbolisme. La réponse se trouve dans notre propre interprétation, qui dépend souvent de notre culture d'appartenance de la tradition magique, et de la coutume associée.

Ainsi, l'être humain, au fil de son évolution sur Terre, a été marqué par de nombreuses croyances, auxquelles il a plus ou moins adhéré. Cette propension et cette tendance naturelle à croire en quelque chose, en l'occurrence de se prémunir du mauvais œil, remonte très loin dans le temps. Mais certains sceptiques, rationalistes purs et durs, continuent de penser que le mauvais œil n'est qu'une manifestation issue d'un folklore tombé en désuétude. Mais qu'en est-il vraiment ? Qu'est-ce que le mauvais œil ?

– CHAPITRE 4 –
LE MAUVAIS ŒIL

Après ce tour d'horizon des origines du mauvais œil et de son ampleur dans les croyances humaines, nous pouvons entrer dans le vif du sujet et nous pencher sur le mauvais œil en tant que manifestation.

L'ORGANE DE LA VUE

Voir ou regarder ? Entendre ou écouter ? Dire ou parler ?

Si l'on observe ces trois questions, on se rend vite compte qu'il y a une connotation différente entre ces verbes qui pourraient paraître des synonymes. La vue est le sens de l'œil, elle est à l'œil ce que l'ouïe est à l'oreille, le toucher à la main, l'odorat au nez, le goût à la bouche, la pensée ou l'esprit à la conscience. Autrement dit, l'œil n'est qu'un organe, et par ce biais, la vue est un sens, le réceptacle de la conscience. La vue n'est pas nocive par nature, mais elle peut être éblouie ou éblouir. L'organe de la vue est directement lié à notre cerveau, où siège tout l'orchestre de l'esprit, englobant notamment le mental, mais aussi l'intentionnalité. Cette dernière dirige la conscience, ou plutôt, véhicule son action, lui conférant une volonté qui va manier le regard.

Action de la conscience → intention volontaire → charge dans le regard

LE REGARD MAUVAIS

Si la vue est involontaire, le regard, lui, est volontaire. La volonté transmet une mission à l'œil, lui conférant la charge de l'œil mauvais qu'on lui reconnaît. L'œil n'est que la porte entre le monde physique et le monde abstrait, entre l'infiniment petit de la pupille et l'infiniment grand de la conscience.

Mais qu'est-ce qui donne l'œil « mauvais » ? Ou plutôt qu'est-ce qui rend l'œil mauvais ? C'est cette intentionnalité, cette force-pensée, teinté de négativité, qui est l'auteur du mauvais œil à travers l'organe, permettant de mener l'action de maudire, conférant au regard une charge toute particulière.

Le regard du sorcier est dur, sombre et perçant. Il est chargé de haine, de colère. Il est manifestement différent d'un regard souriant, clair et passif, chargé de bienveillance et de joie.

Mais un regard mauvais n'est pas toujours celui que l'on croit. Un regard souriant peut cacher bien des choses. Ce qui est caché est l'intention émise ainsi que l'intérêt, le but qui nous pousse à utiliser notre regard. Le regard de l'envoûté, quant à lui, est arrondi, vide, flouté en quelque sorte.

Entre le besoin et l'acte, il y a un instant de décision, qui précède la volonté à proprement parler. Cette décision est de type instinctif. Deux possibilités se dessinent alors : une volonté offensive, ou une volonté défensive.

Comme je l'ai mentionné précédemment, ce n'est pas le simple regard qu'il faut considérer. En d'autres termes, il ne définit pas entièrement à lui seul une mauvaise intention. La plupart des mauvais regards sont malheureusement maquillés. Certains sont de bons comédiens ou bien ont un visage qui dissimule naturellement. Des experts en communication non verbale en ont fait leur sujet de prédilection. Prenons un exemple : une photo d'une personne. Sur cette photo, nous traçons une ligne rouge verticale séparant le visage de manière symétrique. Le côté droit de son visage fait partie de l'analyse du son cerveau droit, le côté gauche fait partie du cadre de l'émotion. Le sujet de cette photo dit que cette femme est inquiète de ne pas voir arriver ses enfants. Mais on veut en avoir le cœur net. Selon notre mode de lecture primitive, nos yeux vont parcourir intuitivement de la gauche vers la droite, on passe donc en revue son visage de la gauche vers la droite. On voit d'abord son côté droit à elle, qui nous dit qu'effectivement elle a l'air inquiète. Elle fronce les sourcils, les traits sont marqués. Mais ce côté révèle le côté mental de son cerveau droit. Puis, on continue notre lecture, on « scanne », et on tombe sur son côté gauche qui, lui, nous révèle étonnamment tout le contraire : les traits sont étonnamment zen, elle semble même en sourire. Aucun trait d'inquiétude n'est à déclarer au niveau émotionnel. Ceci n'est qu'un simple détail pour tenter de déchiffrer, mais il n'est pas si aisé de débusquer une supercherie. De nombreux éléments rentrent en ligne de compte.

Je vous entends déjà dire : « Mais qui est capable de faire ceci ? » Il ne faut pas se leurrer, depuis notre naissance la vie est faite ainsi : un chef et une meute. Comprenez bien qu'une société tribale ne peut être composée uniquement de chefs. Donc forcément, cela attise la jalousie et la convoitise pour s'approprier une place chère. Il faut reconnaître toutefois que nous ne sommes pas tous faits pour exercer les mêmes fonctions. Certains n'ont pas l'étoffe d'un leader, et devraient se cantonner à être un poisson-pilote[11], ou plus simplement un suiveur. C'est malheureux à dire mais c'est ainsi. Cette situation

11. Le poisson-pilote est une espèce de poisson qui accompagne les requins pendant leur nage.

crée forcément de la frustration, ce qui engendre des comportements inconscients et négatifs.

Nous allons voir que le mauvais œil concerne une catégorie de personnes bien précise. Nous allons donc porter notre attention sur les personnages « typiques » du mauvais œil. Les personnes les plus à craindre sont celles qui sont dans notre entourage, en premier lieu, car nous les voyons souvent. Et ce sont celles qui n'excellent pas dans l'art de la sorcellerie et de la magie. Et bim ! Le mythe n'est plus !

Ainsi, du plus fréquent au moins fréquent, nous retrouvons toute la caste familiale, c'est-à-dire nos parents, nos frères, sœurs et notre conjoint, puis nous avons la caste amicale – les copains, les ex-compagnons –, et la caste professionnelle – les collègues, les clients, les patrons. Puis viennent nos voisins qui peuvent parfois nous soumettre insidieusement et délibérément leurs intentions les plus tordues. Enfin, nous avons la caste de la société et la caste du monde parallèle, invisible.

Le dicton « je t'aime, moi non plus » existe bien plus souvent que vous ne le croyez. Certains vous aiment sous certaines conditions, et donc conditionnellement. Chacun y va de son intérêt pour obtenir la chose convoitée, à travers une forme de séduction. Leur credo : « Les principes, on s'en tamponne le coquillard. » Vu qu'ils vous connaissent, le respect et le politiquement correct sont une pratique dépassée. Quand les problèmes fusent, nombreux sont ceux qui seraient tentés par une pratique mauvaise, pour que « justice soit faite ». Le pire, c'est que même nos chers enfants, nos animaux et nos plantes peuvent nous envoyer l'œil. Et allons encore plus loin : nous pouvons le faire à nous-mêmes. Aïe… cela en fait, du monde !

> « Tout œil qui regarde, qu'il soit humain, animal,
> ou végétal, peut servir de rampe de lancement à une
> volonté déterminée qu'elle soit bonne ou mauvaise,
> réfléchie ou instinctive, animiste ou causale. »
>
> J. Bersez

QUI PEUT LANCER LE MAUVAIS ŒIL ?

On lit dans Wikipédia : « Le mauvais œil est le pouvoir supposé que possède le regard d'une personne. Il symbolise le regard envieux ou jaloux des autres. La croyance populaire veut que ce regard provoque divers malheurs. »

Rentrons dans le vif du sujet. *Grosso modo*, il s'agit donc de jalousie. Mais ce n'est pas tout. Le mauvais œil est l'apanage de personnes ayant un caractère résolument toxique. Chez ces gens, c'est carrément maladif de lancer un regard mauvais. C'est inné, à plus forte raison si cette personne refuse de l'admettre. La personne peut changer, seulement si elle change ses forces intentionnelles, qu'elle entretient quotidiennement depuis son enfance. C'est également héréditaire. La personne peut réduire la fréquence, mais chez elle, c'est naturel, automatique. Il faut vraiment qu'il y ait un bouleversement précis pour que le déclic conscient ait lieu, pour que le changement de caractère opère. Ce changement équivaut à changer sa façon de penser, en premier lieu. Ceci permettra de faire changer son caractère, et ensuite son comportement. La personne peut mettre des années à se défaire de cette mauvaise habitude, car il faut du temps, de la méditation et un apprentissage interne. Cependant, en s'y prenant tôt, la génération suivante, à 90 %, ne le portera plus, puisqu'on lui aura transmis son « effort », modifiant l'ADN. C'est difficile, mais pas utopique.

Certaines personnalités semblent s'attirer : dans la jalousie, l'un possède et l'autre convoite. La liste ci-dessous évoque les traits de caractère qui favorisent le mauvais œil. Nous avons en priorité :

- le jaloux (causes : frustration, possession, avarice, concurrence) ;
- l'envieux (causes : frustration, envie, convoitise, appétence, concurrence) ;
- l'avare (causes : économie, usure, perte/casse) ;

- le lâche (causes : fuite, faiblesse, négligence, rejet) ;
- le craintif (causes : peur, rejet, asservissement) ;
- le gourmand (causes : envie, impatience, négligence) ;
- le paresseux (causes : facilité, lenteur, négligence) ;
- le coléreux (causes : colère, vengeance, négligence).

Ces caractères ont été précédés automatiquement d'un fort sentiment, qu'il soit louable ou non, tel qu'un sentiment de frustration, d'envie, d'impatience ou de compétition. Ces défauts caractérisent profondément la personne dans sa manière d'être et de vivre.

LE JALOUX ET L'ENVIEUX

Lorsqu'on évoque le jaloux, on voit rapidement qu'il y a une notion de possession, d'avarice et de concurrence, que l'on retrouve typiquement chez l'homme moderne ! La personne qui possède cette caractéristique possède ce qu'elle prend ou reçoit, mais donne peu, et elle est en concurrence avec l'autre. Sa devise pourrait être : « C'est chacun pour soi. » Le jaloux pense notamment beaucoup à l'argent, mais pas particulièrement parce qu'il en manque. Beaucoup de jaloux ne manquent de rien, justement, la plupart sont relativement aisés. En fait, le jaloux ne cherche pas le bien convoité, il s'en contrefiche éperdument : il est juste jaloux. En réalité, il jalouse ceux qui sont au bas de l'échelle et qui essaient de réussir financièrement, ou qui ont les capacités de le faire, par exemple. Sa peur réside dans cette perspective que ces gens puissent le dépasser un jour, ou bien de devoir laisser sa place. Il y a une notion de concurrence intérieure chez le jaloux, qui fait que son alarme se déclenche instinctivement pour garder sa place ou une certaine prestance. Les jaloux ne jalousent pas l'argent, mais leur place, qu'ils comptent bien garder comme un fauve ne saurait renoncer à sa proie. En revanche, ils peuvent être envieux de leur réussite. Il existe une différence entre être jaloux, et vouloir la même chose et s'en donner les moyens. Lorsque quelqu'un « réussit », il émane une certaine vibration, qui peut déranger son entourage qui ne vibre pas à la même fréquence. Le jaloux peut avoir tout l'argent qu'il veut, mais lorsqu'il s'agit de son argent, il restera toujours un jaloux. Et ce dernier peut devenir envieux simplement en tentant de prendre la place de quelqu'un d'autre qui est sur un chemin de réussite, il est capable de l'écraser.

Cette situation de jalousie est identique dans n'importe quel domaine. Le rapport avec l'argent est similaire à celui qui se tisse dans l'amour, car notre relation à l'argent est similaire à celle que l'on entretient avec nos affections. On pourrait croire que les jaloux sont généralement célibataires : non, le plus souvent, ils ont un compagnon ou une compagne. Ils jalousent leur partenaire et veulent le ou la posséder. Quant à l'envieux, il convoite souvent les biens de son partenaire, ou le partenaire des autres pour diverses raisons – la complicité entre les deux personnes, la longévité de leur relation, etc. Le fait est que de nombreux jaloux et envieux n'ont pas conscience de leur chance, et souhaitent surtout élargir leur capital, qu'il s'agisse d'un capital financier ou affectif.

Si l'on considère son entourage, on remarquera que la plupart des jaloux et des envieux se trouvent dans le cercle des amis, de la famille, des collègues. Il s'agit parfois du ou de la partenaire.

Un paragraphe à part est à consacrer aux personnes handicapées. Je suis bien placée pour connaître ce sujet, puisque je suis moi-même une personne handicapée. Il faut savoir que la plupart d'entre elles sont angoissées et dépressives : le fait d'être constamment confrontées à leur sort objectivement difficile les pousse parfois à devenir envieux du sort des autres. Par exemple, j'ai longtemps envié les personnes entendantes en train de téléphoner. Porteuse de prothèses auditives, j'ai été longtemps dans l'impossibilité de prendre des appels, ma surdité profonde ne me le permettait pas. Je suis consciente que mon immense frustration a pu à certains moments exaspérer mes proches voire leur causer des épisodes de dépression passagère, simplement parce que j'avais jeté un œil mauvais sur eux, notamment quand on me refusait un service – un appel téléphonique, en l'occurrence.

Fort heureusement, les progrès technologiques m'ont permis de compenser mon handicap. Aujourd'hui, dans la société, on écrit de plus en plus de SMS au lieu de téléphoner ; de plus, il existe une application conçue pour les sourds, transcrivant instantanément les paroles de l'interlocuteur.

Inversement, une personne souffrant d'un handicap non visible immédiatement, comme c'est mon cas, est forcément sujette aux mauvais regards des personnes dites « normales ». Un exemple : une file d'attente. Il m'est arrivé maintes fois d'être foudroyée du regard parce que je passais avant les autres – qui pouvaient éventuellement souffrir de douleurs ou autres problématiques sans forcément être handicapés – et de devoir présenter ma carte attestant mon handicap… Cette situation crée en moi un véritable tabou, une honte, et mes filles ont parfois tendance à me supplier de ne pas passer devant les autres, sentant tous les regards braqués sur nous. Il y a bien là une injustice, sans compter que les mauvais regards sont impulsifs et sont lancés sans même que la personne prenne le temps de comprendre la situation. Si, jadis, beaucoup de personnes, à la vue de la physionomie repoussante du sorcier, évitaient à tout prix de croiser son regard de peur d'être envoûtées, actuellement, les regards fuyants sont ceux qui vous portent l'œil le plus souvent. Beaucoup le font par inadvertance. Ainsi, que le regard soit volontairement utilisé pour envoûter une personne ou qu'il soit au contraire fuyant, dans les deux cas, le mauvais œil agit. Le regard fuyant est réputé généralement pour être le plus dangereux.

L'AVARE

Il vit dans l'angoisse perpétuelle et la crainte de perdre. Il doute beaucoup et réfléchit trop. Il manque de confiance autant en lui-même qu'en les autres. Il est dans la surveillance et le guet permanent. À la moindre supposition, il sursaute, part au quart de tour. Il observe étroitement chaque personne, même ses proches, il guette et ausculte leurs moindres faits et gestes avant de se faire une idée toute faite, vous accusant d'avoir tous les défauts du monde. Le vocable « confiance » le pétrifie et le fait fuir. Il est moins dangereux que l'envieux et le jaloux, mais reste un personnage relativement déplaisant au quotidien. L'avare est souvent un jaloux.

LE LÂCHE

Il s'agit d'un déserteur. Il manque de courage. Il fuit. Il ne prend pas sa responsabilité. La notion de la volonté ne rentre pas en ligne de compte, il fuit en vous faisant croire que vous êtes, vous seul, responsable, tout simplement parce que ça l'arrange. On peut le taxer de faible, car il n'a pas la prétention de foncer, de se retrousser les manches pour faire face à une situation déplaisante, il se dégonfle rapidement. Il peut lui arriver de se juger personnellement pour une faute commise, mais cela ne le changera pas pour autant. Car il préférera se dire très vite que la responsabilité ne vient pas de lui, mais de l'autre. Pour lui, c'est beaucoup plus simple, et c'est une autre personne qui recevra sa haine et fera office de tampon. Il va la maudire silencieusement dans ses pensées, et lorsqu'il revoit cette personne, il va la fuir tout en l'insultant intérieurement et insidieusement, le regard chargé de rancœur. Il vaut mieux s'en méfier comme de l'envieux…

LE CRAINTIF

On le confond parfois avec le lâche. Ces personnes-là refusent de prendre parti et d'accepter d'avoir une responsabilité dans les malheurs causés – ne serait-ce que par son inquiétude concernant une personne. Elles ne se rendent même pas compte qu'elles lancent le mauvais œil. Elles provoquent une situation négative qui, *a fortiori*, n'avait pas lieu d'être. Il vaut mieux éviter de nourrir des pensées négatives au sujet d'une personne, s'inquiéter pour elle, etc. Cette inquiétude envers la victime poussera celle-ci à perdre confiance en elle, à se sentir peu énergique. L'inquiétude attire de mauvaises conditions de réussite.

LES VAMPIRES OU VOLEURS D'ÉNERGIE

Les vampires sont similaires aux envieux. Dans un contexte de nature occulte et astrale, le vampire convoite insidieusement l'énergie de l'autre. Il lui vole non seulement son temps, mais aussi son énergie. Ces personnes ont une énergie faible mais cela ne se voit pas forcément, vous pouvez les reconnaître à leur volonté de rester le plus longtemps possible avec vous, pour prendre votre énergie. Le vampire est souvent entouré de monde pour pouvoir s'abreuver à droite et à gauche des énergies des autres. Dans le jargon occulte, on les appelle les vampires énergétiques. Si vous avez vraiment de l'énergie à revendre, il vous équilibrera, mais sinon, il est à fuir comme la peste au risque de vous sentir mal, très mal !

Cela m'arrive souvent, je vous expose un petit exemple : lorsque je vais chez le coiffeur, généralement j'ai sur moi un trop-plein d'énergie en arrivant, je suis gonflée à bloc à l'idée de me faire papouiller les cheveux. Il peut arriver que ce trop-plein provienne du fait qu'étant médium, je capte diverses énergies, qu'elles soient environnementales, humaines ou animales. Lorsque je ne me canalise pas, j'ai tellement de « carburant » que j'éprouve même du stress. Lorsque ma coiffeuse me fait un massage crânien, elle prend une petite part de mon énergie. Ainsi, je me retrouve non pas vidée, mais plutôt équilibrée, puisqu'elle prend 50 % de cette énergie excessive. En revanche, lorsque je rentre chez moi, j'ai faim, comme si j'avais fait du sport, alors qu'il ne s'agit que d'une manifestation énergétique dont j'ai été partiellement dépouillée.

Ceci devient un mauvais œil à partir du moment où la personne vampirise l'énergie d'une personne déjà faible. En suçant son réservoir d'énergie, elle dépose aussi ses formes-pensées (appelées aussi larves). Un échange énergétique ne se limite pas à la forme énergétique physique.

LES PERVERS NARCISSIQUES

Ce n'est pas de l'envoûtement à première vue. Mais ce genre de personnes vous poussent à l'auto-envoûtement, vous font croire que vous n'êtes pas assez bien. Ce sont des malades mentaux. Ils s'attaquent aux empathiques, aux personnes serviables et qui ont peu d'estime d'eux-mêmes et beaucoup d'empathie pour d'autres. Les pervers profitent de la bienveillance de leurs victimes, ils ne les aiment pas, ils les possèdent mentalement. Ils ne pratiquent pas de rituel de magie noire à proprement parler, mais utilisent l'art de la suggestion. Il s'agit d'une personne toxique ayant l'œil suffisamment mauvais pour pousser et suggérer l'auto-envoûtement à la personne. Le pervers envoûte la victime simplement en utilisant le procédé de la suggestion mentale, à des fins mauvaises. Actuellement, c'est un véritable fléau.

Comment reconnaître une personne toxique ?

- Elle utilise des paroles blessantes.
- Elle ne reconnaît jamais ses torts.
- Elle n'éprouve aucun regret concernant ses actions.
- Elle fait du chantage affectif.
- Elle est insensible à sa victime.
- Elle méprise, jalouse et rabaisse.
- Elle harcèle et manipule.
- Elle fait en sorte que sa victime perde toute estime d'elle-même.
- Elle s'arrange pour que sa victime devienne le « bouche-trou », afin de garder l'emprise.
- Elle ne souhaite pas que la victime réussisse ou soit épanouie.
- Elle sabote tous les efforts produits par sa victime pour mener à bien sa vie.

La plus grande crainte de ce genre de personne est de perdre son emprise sur sa victime. Le pervers refuse que cette dernière soit indépendante de lui, donc il a peur que vous lui teniez tête et que vous trouviez la parade pour lui renvoyer le sort.

Le pervers narcissique est une personne jalouse de la réussite des autres. Il se nourrit essentiellement de l'énergie et de la présence de la victime. Il craint surtout la solitude. Il exploite financièrement la victime, veut dominer, croit diriger. La victime peut devenir à son tour un pervers narcissique, simplement pour récupérer l'énergie qui lui a été volée par son bourreau. Seule la séparation (plus ou moins longue) ou une distance énergétique (détachement des liens fusionnels) peut permettre à la victime de se reconstruire intérieurement avant de se décider de revenir vers lui si elle le souhaite.

En cas de violence, la fuite est la seule solution.

Pourquoi une personne finit-elle victime d'un pervers narcissique ? Voici les éléments qui peuvent attirer un pervers narcissique :

- la crainte de se retrouver seul ;
- la crainte de se sentir abandonné ;
- la crainte qu'on vous prenne votre place ;
- le manque d'estime de soi ;
- la vulnérabilité face au monde ;
- un sentiment de culpabilité, une sensation de devoir quelque chose à l'autre.

Si le pervers narcissique n'est pas forcément un sorcier qui fait délibérément de la magie, par son intention, il peut dominer la victime, soit par la suggestion mentale, soit par la sorcellerie déposée, soit encore par l'intentionnalité ou par l'imagerie astrale ou la télépathie. Autrement dit, la victime obéit au doigt et à l'œil.

Quels sont les éléments potentiels que ressent la victime face au pervers narcissique (ou sorcier hypnotiseur) ? En voici quelques-uns :

- l'incapacité à lui tenir tête ;
- l'incapacité à lui exprimer un désaccord ;
- la peur de prendre des initiatives ;
- la recherche d'excuses pour le couvrir ;
- l'oubli de soi, de ses goûts personnels, de son existence (faire le « poisson-pilote »).

La bonne nouvelle, c'est que si vous êtes une personne au caractère fort et à la spiritualité dominante, que votre identité est solide et que vous avez déjà connu l'équilibre environnemental familial et amoureux, votre conscience vous alertera qu'une personne malsaine vous entoure. Vous avez, à ce moment-là, de fortes chances de pouvoir vous en sortir. N'hésitez pas à vous faire aider. Il existe des numéros d'urgence. Vous n'êtes jamais seul.

L'HYPOCRITE

Vous constaterez que bon nombre de personnes qui apportent l'œil mauvais sont celles qui semblent bien intentionnées à première vue. La plupart d'entre elles ont un fort pouvoir charismatique. Elles ont un physique plutôt angélique et leur sourire est trompeur. En réalité, leurs actions entrent en contradiction avec leur pensée et leur intention d'origine. Souvent, elles ont la capacité de « noyer le poisson », de vous empêcher de réfléchir par vous-même, et de prêcher la bonne parole, et dans la plupart des cas, l'hypocrite refuse de voir la réalité et les faits, notamment chez lui-même. De plus, ces personnes-là n'entrent pas dans votre vie pour vous aimer inconditionnellement, mais pour vous utiliser, elles sont rarement là pour vous apporter le meilleur, mais pour vous prendre quelque chose que vous apportez. Elles convoitent votre talent, votre argent, votre disponibilité, votre présence, votre prestance… mais rarement elles veulent entrer en communion honnête avec votre âme. Elles vous voient comme une opportunité clé pour leur bien-être. Si elles sont joyeuses et loyales, c'est rarement envers vous, mais vis-à-vis des bénéfices qu'elles peuvent tirer de vous. Ainsi, elles sont rarement présentes à des moments précis de votre vie. Elles sont justes envieuses.

Mieux vaut couper court à une relation de ce type, qui ne peut avoir pour résultat qu'un auto-envoûtement : vous ressentirez de la déception, de la tristesse, de la fatigue, et beaucoup de dépression, créant ainsi un grand manque de confiance en vous-même. Refusez catégoriquement d'être utilisé par ces personnes-là. N'oubliez pas que ce n'est pas parce qu'elles sont présentes et gravitent autour de vous, qu'elles veuillent le bien dans votre vie. Elles ne sont pas là pour vous soutenir, mais pour tirer bénéfice d'une partie de votre énergie. Ne vous mettez pas non plus à leur niveau en leur demandant du soutien. Il faut savoir que souvent, ces personnes sont des proches pour lesquels nous nourrissons beaucoup d'estime, il est donc très difficile de se détacher d'eux. Concentrez-vous sur les personnes qui vous aiment tel que vous êtes : celles qui rempliront votre verre, plutôt que de boire dedans, celles qui vont porteront vers le haut, plutôt que de vous tirer vers le bas, comme c'est parfois le cas de façon insidieuse. Les hypocrites sont des parasites, alors que des milliers de personnes sont réellement prêtes à vous tendre la main. Sachez que quand vous déciderez de quitter ces personnes toxiques, celles-ci chercheront à vous convaincre que vous avez tort de vous éloigner : ne vous sentez pas coupable de vos choix.

Je suis prête à parier qu'en lisant ces paragraphes, vous avez reconnu l'un de vos proches ou quelqu'un de votre entourage. Les critères évoqués ne sont que des profils standards ayant pour simple but de vous aider à les cibler, à les reconnaître à vue d'œil. Mais qu'on le veuille ou non, le mauvais œil fait partie de nos instincts primaires ancestraux : en définitive, tout le monde peut le porter. Et comme vous avez pu le découvrir, il existe une grande variété de situations (et de personnes) exerçant le mauvais œil.

L'altruisme ne fait pas partie de ses instincts. Son but n'est pas de se mettre à la place de l'autre, mais de penser à sa place. Ainsi, la considération et le respect pour l'autre sont minimes, voire absents.

PLAISANTERIES ET SOUS-ENTENDUS

Les lois naturelles de l'univers ne connaissent pas la négation, la plaisanterie, ni le second degré, mais uniquement des affirmations et des intentions issues d'une force-pensée. En somme, l'univers ne prend en compte que des actions intentionnelles, venant du souhait ou plutôt d'une volonté, souvent intuitive. Dans ce contexte, l'émotion joue un rôle prépondérant. Le mental n'y fait pas grand-chose. L'imagination, énormément. Ainsi, vu la vitesse de nos pensées et de nos intentions, nous ne nous rendons pas toujours compte de nos actes, ou plutôt de nos forces-pensées, souvent spontanées. Peu importe qu'on dise quelque chose « pour plaisanter » ou pas : l'univers nous prend au mot. D'ailleurs, ce sont ceux qui se moquent le plus qui utilisent le mauvais œil. Ce genre de procédé permet d'influencer la victime de façon exponentielle : même si le sorcier n'éprouve pas réellement ce souhait-là, l'intention de jeter la pierre est quand même émise. Il est facile de déclarer : « Ce n'était qu'une boutade ! » Certes, il suffit d'en rire, mais souvent, ce n'est pas si facile. Cette puissance technique de parole est monnaie courante chez les jaloux, les avares et les lâches.

Les paroles cruelles sonnant vrai comme une sentence irrévocable, suscitant cette impression que l'on vous met dans un étau. Elles sonnent parfois comme une menace ou une prophétie apocalyptique faisant trembler votre charpente émotionnelle. Prenons un exemple : « Tu n'y arriveras jamais. » La personne n'est pas forcément consciente d'employer des mots durs, et même si son intention à votre égard est « saine » et qu'elle souhaite vous « protéger », ses mots entrent en contradiction avec la perception réelle que vous avez de vous ! Cette personne, au lieu de vous aider réellement avec des solutions, est toxique avec ses mots. C'est une intention émise sur vous, et celle-ci est souvent en lien avec l'émotion qui lui appartient, la peur par exemple : elle projette sa peur sur vous. C'est ainsi que se manifeste la création d'un mauvais œil. Car c'est de par cette tactique que l'on peut parvenir à suggérer une intention inconsciente, par l'atteinte émotionnelle – dans ce cas précis, la peur de réussir. Et vous, vous devenez à votre tour, non pas peureux de réussir, mais incapable de réussir. Vous pourriez même renoncer à tenter votre chance. Soyons donc responsables de nos propres actions et de nos paroles, qui ont un certain pouvoir. Il est facile de rejeter la faute sur l'autre, et les lâches prennent rarement la responsabilité de leurs paroles. Apprenons à faire attention aux mots que nous employons.

Pour résumer ce que nous avons vu jusqu'ici, on peut dire que le mauvais œil peut être envoyé par trois biais :

- le regard ;
- la volonté ;
- la parole.

LES TABOUS

Les tabous se sont créés à partir d'événements naturels auxquels on attribuait un phénomène magique, car ils paraissaient inexplicables ; autrement dit, lorsqu'on n'a pas suffisamment d'informations à propos d'une situation, et on reste dans la méfiance. C'est toujours le cas aujourd'hui. Il s'agit d'un réflexe primaire, aussi naturel que légitime. Ensuite, le tabou se développe au sein d'un groupe de personnes, créant une sorte de légende. Ainsi, le tabou est posé à partir de suggestions, créant ainsi des formes-pensées (larves), voire un égrégore si le collectif prend le relais pendant un temps limité, conférant par la suite le pouvoir au mauvais œil. Seul celui qui crée cette information au stade de forme pensée a le pouvoir de détruire le mauvais œil. On y reviendra dans les prochaines pages, en expliquant la formation et le fonctionnement des formes-pensées et des égrégores dans le contexte du mauvais œil.

Là où il y a un sujet tabou, il y a forcément un mauvais œil qui demeure dans l'astral. Ce qui est tabou est évidemment un sujet dont on parle peu, et dont on évite la conversation. On se méfie grandement de ce que ce sujet pourrait apporter. On sent bien une chape de plomb au-dessus de la tête. Mais une fois que le tabou est levé, tout de suite, on sent une atmosphère plus légère et apaisante.

Le mauvais œil peut naître à partir de tabous concernant :

- l'environnement, l'espace (un lieu de crime, de décès, un lieu de culte religieux, un lieu de cérémonies et de rites occultes, etc.) ;
- des animaux (un lieu de chasse, de prédation) ;
- la religion (objets de rites religieux, cultes) ;
- l'humain (les femmes, les chefs, les étrangers, les groupes, etc.).

Certains attribuaient la possibilité d'un mauvais augure lorsqu'on rompait le tabou. Par exemple, à l'époque, il n'était pas acceptable de débattre du sort des animaux tués durant la chasse, sous peine d'être regardé d'un œil mauvais, ce qui pouvait entraîner des situations complexes. Dans ces cas, le mauvais œil était la conséquence directe de situations provocantes. Certes. Cependant, un mauvais augure n'est pas un mauvais œil. Un mauvais augure n'est qu'une superstition créée par une personne dont le collectif a accepté d'emblée l'idée pour en faire un augure. En revanche, l'augure peut agir et provoquer le mauvais œil, seulement si l'égrégore est encore nourri, et si la victime accepte cette forme d'augure. C'est pourquoi l'augure est capable d'agir encore, car il existe des personnes qui croient et qui nourrissent encore certaines superstitions.

LE MAUVAIS ŒIL ET LA NOURRITURE

Le stress des commerçants alimentaires est susceptible de provoquer des dépôts de parasites astraux sur la nourriture. Celle-ci devient malade, pourrit au bout de deux jours, bien avant la date de péremption.

À chaque drive, cela m'arrivait, j'ai donc voulu en avoir le cœur net et étudier si cela pouvait exister, si un simple regard ou stress pouvait être mauvais. J'ai donc fait le test avec le riz et le résultat est plus que surprenant.

Dans 90 % des cas, lorsqu'on a mangé une alimentation avariée par un envoûtement, les symptômes sont des troubles digestifs – de l'estomac et de l'intestin. La personne souffre en particulier de brûlures, d'aigreurs, de nausées, de douleurs atroces ou de gênes fréquentes et localisées, de vomissements, de gaz, et de nœud ou boule dans le ventre. Au niveau médical, les pathologies sont indéfinissables et inexplicables. Beaucoup vous diront que c'est dû au stress ou qu'il s'agit d'une indigestion. Mais, lorsqu'il s'agit d'un envoûtement, c'est plutôt une saleté énergétique que quelqu'un a déposée sur l'aliment, involontairement. Le commerçant a donc fait preuve d'un manque volontaire de respect à l'égard de son client. Quand on sert de la nourriture, il est important d'apprécier ce que l'on sert. Les brûlures d'estomac peuvent se calmer avec un traitement, mais pas une bactérie Escherichia-coli, qui risque de vous faire perdre un rein, voire pire. Il ne s'agit pas uniquement d'hygiène alimentaire, les enjeux sont importants.

Le mieux, pour éviter cela, est de faire ses propres courses voire de cultiver son propre potager. Sinon, choisissez la bonne personne qui fera vos courses et vous livrera sans risques. Optez pour des personnes qui ont une réelle envie d'aider les gens plutôt que des personnes qui le font par intérêt.

Cela peut paraître surprenant, mais la nourriture avariée dans les restaurants n'est pas due seulement à un manque d'hygiène. Si le propriétaire ou les salariés considèrent leur tâche comme une corvée, ils empoisonnent inconsciemment leurs clients, en déposant sur les mets une forme de sorcellerie.

Parfois, c'est même juste un mauvais regard sur le plat qui peut influencer la nourriture, qui devient alors immangeable. Il est important de ressentir chaque jour de la gratitude pour la nourriture qu'on s'apprête à déguster. Ainsi, un même plat peut rendre malade une personne, alors qu'une autre ne ressentira aucun symptôme.

Dans le même état d'esprit, combien de gens se baignent dans le Gange, en Inde, dans un intérêt spirituel, et n'ont pas été malades alors qu'on sait très bien que l'eau est fortement polluée par tous les détritus qui y sont déversés chaque jour ? Le résultat dépend de votre conscience et de votre intention.

LE MAUVAIS ŒIL ET L'ENVIRONNEMENT

Je suis sûre qu'il y a eu forcément des endroits ou des points stratégiques qui vous ont donné un fort sentiment d'angoisse. Cela peut être une forêt avec des arbres aux formes peu communes. Si le jour elle inspire confiance et admiration, la nuit, l'ambiance est moins sympathique. La zone géographique et le climat jouent donc aussi leur rôle. Certains se sentent parfois mal dans des endroits pollués énergétiquement. Ces lieux sont pollués par le stress des automobilistes sur les autoroutes, par un accident survenu quelques heures avant, provoquant chez vous une angoisse incompréhensible lorsque vous passez devant la zone. Cette contagion émotionnelle laisse des traces dans l'astral. Il ne s'agit pas là d'une sorcellerie à proprement parler, mais d'une sorte de mauvais œil, ou microbe énergétique poussiéreux : à votre passage, cette « poussière » touche votre aura. On l'appelle « sorcellerie piétinée ». C'est souvent accidentel. Parfois, un mal-être peut vous saisir lorsque vous passez sur un nœud Hartmann[12] ou tout autre courant tellurique. À la longue, ces petits microbes peuvent vous affecter grandement, provoquant ainsi des soucis physiques, jusqu'à détériorer votre santé, comme le fait d'habiter sur une maison dont une rivière coule en dessous des fondations.

Si la plupart du temps, on peut se défaire du mauvais œil avec des procédés très simples, parfois, il faut déménager pour se sauver, les solutions ne sont pas toujours aisées à entreprendre.

Sur un lieu infesté, il peut arriver des accidents, des disputes. C'est pourquoi il est nécessaire de nettoyer énergétiquement un lieu – comme une route qui a été le théâtre d'un accident –, pour éviter d'autres influences énergétiques.

LE MAUVAIS ŒIL ET LES PLANTES

Une plante mal arrosée ou posée au mauvais endroit peut vous ensorceler simplement en dégageant un gaz de putréfaction dans l'atmosphère. Il n'y a aucune odeur à proprement parler, mais la plante agit sur l'ambiance. On le ressent quand on rentre à la maison et que l'on respire son ambiance morne, qui en réalité est le « parfum » (aura) dégagé par votre plante. Beaucoup ne le savent pas et ressentent un mal-être chez eux sans savoir pourquoi, et en ignorant qu'en réalité, il suffit de déplacer ou de jeter une plante pour changer l'atmosphère d'une pièce.

En général, cette plante ne fleurit pas et ne resplendit pas. Une plante en bonne santé, avec ses belles feuilles vertes épaisses et ses

12. Le réseau Hartmann est un treillis de champs énergétiques recouvrant la Terre.

fleurs, vous portera vers le haut. La plante en bonne santé semble vous sourire. Beaucoup de jardiniers parlent à leurs plantes et à leurs légumes. Des scientifiques testant la communication végétale avec des appareils spécifiques ont remarqué que les plantes non seulement savent communiquer entre elles, mais qu'elles émettent aussi des ondes que nous percevons par notre aura, en ayant une douce pensée pour elle ou en la déplaçant, par exemple.

LE MAUVAIS ŒIL ET LES ENFANTS

Le stress, la fatigue et l'excitation des enfants nous amènent à nous confronter à eux. Certains enfants, par ennui par exemple, vont venir vers vous pour vous vampiriser afin de prendre inconsciemment votre énergie vitale, qu'ils convoitent en réalité simplement parce qu'ils sont fatigués et refusent de se reposer. Certains sont en mesure de vous envoyer l'œil dès que vous refusez de céder à leurs caprices, simplement en vous maudissant. En quelques secondes, leur parasite est déposé sur votre corps astral. L'adulte qui n'est pas conscient de cela n'aura pas le temps de se prémunir contre cette attaque du mauvais œil. Quel sera le résultat ? Ses nouvelles pensées entreront en contradiction avec ses pensées d'origine, créant ainsi une disharmonie avec son corps, et vice versa. La personne ne se sentira plus très bien, son esprit sera confus, et elle pourra ressentir un réel problème d'espace et de temps. Elle n'arrive plus à prendre du recul, ni à réfléchir objectivement, ni à se concentrer ou s'ancrer. En prenant le dessus sur vous, l'enfant parvient à vous faire perdre toute confiance et estime de vous-même, jusqu'à faire perdre votre crédibilité à ses yeux, pour mieux régner. Même si la confrontation avec l'enfant a duré dix minutes, il a suffi de dix secondes pour vider votre énergie. Et si sa pensée négative n'est pas rapidement compensée par une pensée positive, à la longue, la personne fait une dépression. Beaucoup d'adultes cèdent aux caprices des enfants pour éviter de faire une dépression, justement. Les enfants peuvent également être jaloux de la complicité conjugale, et ses crises répétées peuvent aller jusqu'à détruire un couple. Aucun enfant ne doit intervenir dans votre couple. Si la plupart des enfants sont le ciment d'un couple ou d'une famille, certains sont de véritables poisons, car les enfants sont sujets eux aussi aux traits de caractère dont nous avons parlé plus haut (jaloux, envieux, pervers, etc.). Nos chérubins si mignons que nous aimons tant peuvent être de parfaits petits démons sous leur visage angélique.

Cependant, il faut savoir également qu'un enfant reste une personne vulnérable et sensible, même s'il existe des enfants à fort caractère. Il peut donc inversement être facilement victime d'un mauvais œil. Les mots ont un impact important sur eux. Évidemment, l'âge est à prendre en compte. Autrement dit, un enfant sera beaucoup plus sensible aux mots à 6 ans qu'à 10 ans, en raison de sa maturité et de sa capacité de réfléchir par lui-même. Mais si l'enfant est un hypersensible, l'hypersensibilité ne changera pas, quel que soit l'âge. C'est pourquoi un enfant est fréquemment touché par le mauvais œil, que peut lui infliger un parent ou un ami.

LE MAUVAIS ŒIL ET LES ANIMAUX

Vous refusez de lui donner un morceau de viande ou de fromage ? Vous le laissez seul à la maison ? Vous pouvez être sûr qu'il vous lancera un regard mauvais. Un regard de chien battu, ou un regard malveillant, peu importe. Certains animaux parviennent à déposer des parasites sur votre aura. Ainsi, vous risquez de ne plus vous sentir très bien, parfois tout de suite, en ressentant une culpabilité soudaine de l'avoir laissé seul à la maison, vous laissant croire que vous êtes seul responsable de son mal-être. Bien entendu, ce mauvais œil partira dès que vous parviendrez à combler cette perte de confiance, par des câlins, de la nourriture, etc. Les animaux sont intelligents, et… sans pitié.

D'autre part, un animal, pour la plupart des cas, est un être naïf, car il porte toute sa confiance sur vous. Si vous lui faites croire qu'il a fait une bêtise alors que c'est faux, il vous croira même s'il sait pertinemment qu'il n'a fait aucune bêtise, il s'oubliera lui-même, se sentira coupable, gouverné par la peur de recevoir un châtiment, et ceci peut provoquer une dépression par la suite, car sa peur se cristallise.

Un animal ayant reçu dans sa vie beaucoup de gratitude sera beaucoup plus fort spirituellement qu'un animal ayant reçu des menaces permanentes. Chez l'homme, c'est pareil.

LE MAUVAIS ŒIL ET LES JEUX

Quand vous souhaitez jouer, évitez d'inviter des personnes négatives à se joindre à vous, elles sont susceptibles de vous apporter la guigne et d'influencer le déroulement de votre moment. Lorsque vous choisissez votre jeu, vous déposez des pensées sur votre jeu – positives ou négatives. Si quelqu'un est derrière vous, il va faire de même sur vous ou sur votre jeu. Résultat des courses : cette personne influence vous et vos jeux, et automatiquement, annule vos gains, ou vous conduit à la perte, au lieu de vous porter chance et de les augmenter. Méfiez-vous des personnes qui sont derrière vous, aussi. La plupart du temps, ce sont des curieux et des envieux, des inconnus ou des personnes proches, que vous connaissez, et qui vous font perdre. Mieux vaut jouer seul, loin du regard des autres. Fondez-vous dans la masse, ne vous faites jamais remarquer, n'attirez personne avec votre attirail vestimentaire. Faites-vous petit, habillez-vous sobrement. Le mieux est de fréquenter des gens généreux qui aiment donner, à coup sûr vous gagnerez car leurs pensées sont dans le don : ces personnes vont vous porter chance dans les jeux. Elles vibrent à une fréquence et une onde que les jaloux et les envieux n'ont pas. Partagez le jeu avec vos enfants, vos grands-parents ou une personne âgée qui sont généreux, partagez vos gains avec ces personnes. J'ai souvent remarqué ceci : lorsque ma mère m'emmenait pour jouer ou m'offrait un jeu à gratter, je gagnais ; au contraire, si c'est moi qui m'achetais un jeu, je perdais. Je me porte l'œil pour une raison très personnelle que je connais et qui peut être rapidement résolue par une anticipation autosuggestive. La peur de gagner peut provoquer ce désagrément, comme si vous ne méritiez pas de gagner une belle somme. À ce sujet, mieux ne vaut pas dire que vous n'avez pas de chance, cela équivaudrait à porter l'œil sur vous-même…

Nous savons pertinemment que lorsqu'on parle de mauvais œil, automatiquement nous avons ce dicton à la bouche : « Ce n'est pas moi, c'est l'autre. » Ce dicton enfantin vieux comme le monde nous empêche de nous responsabiliser. L'enfer, ce serait toujours les autres, l'étranger, ou ce « truc caché » dont il ne faut surtout pas parler de peur d'attirer l'œil…

Mais qu'en est-il de l'auto-envoûtement ?

L'AUTO-ENVOÛTEMENT

Comme nous l'avons vu, le principe du regard mauvais est de conduire à créer un envoûtement en premier lieu pour vous suggérer une intention, *a fortiori* très mauvaise puisqu'elle va à l'encontre de votre bien-être. Vous comprendrez ainsi qu'un envoûtement est en réalité un dépôt énergétique, un parasite ou une saleté, qui va venir se coller sur votre aura ; une fois déposée sur votre corps astral, cette saleté énergétique agira en fonction de l'intention et de la suggestion émise.

Prenons un exemple. Vous avez laissé votre chien à la maison, il vous lance un regard triste qui semble signifier : « Si tu me laisses, je ne vais pas y arriver sans toi » ou bien « si tu me laisses, tu ne vas pas y arriver sans moi », avant de chouiner. Ce regard et cette expression verbale servent de rampe de lancement à un dépôt de parasites, de larves (formes-pensées) pour vous suggérer que ce que vous faites est mal, vous laissant confus sur votre décision, en proie à une culpabilité et à un concept de pensée négatif : vous êtes un mauvais maître. Alors que le chien a en réalité tout ce qu'il lui faut – gamelle, jouets. Il a juste envie de venir avec vous, mais il ne lui manque rien.

À première vue, lorsqu'on évoque le terme « auto-envoûtement », il s'agit d'un envoûtement que l'on s'inflige à soi. Le mécanisme est le suivant : le mauvais œil pousse en réalité à l'auto-envoûtement ; autrement dit, vous seul êtes responsable de vous laisser influencer. Le regard mauvais de l'autre ou de soi lui confère cette spécificité. Que les attaques viennent de nous-mêmes ou des autres, elles donnent le même résultat, c'est-à-dire une dégradation du système énergétique (aura) finissant par affecter notre corps physique, l'ensemble de notre système immunitaire, voire créant une multitude de situations problématiques (blocages, pertes, etc.) qui se répètent et entraînent une vie misérable, dans laquelle bonheur et facilité ne sont plus une option.

Si le mauvais œil apporte de l'auto-envoûtement, dans la majorité des cas, c'est seulement la personne elle-même, et seulement elle, qui, sous l'emprise de ses « propres » pensées négatives, va s'envoûter toute seule en se convainquant d'être sous l'emprise d'une entité extérieure. Ce n'est pas forcément par un mauvais œil jeté de l'extérieur que l'on est envoûté : c'est possible, mais il est possible également que cela vienne directement de soi.

Il y a donc deux versions d'auto-envoûtement :

- une action influente que l'on s'inflige à soi-même ;
- une action influente que l'on nous soumet.

Dans ces deux versions, il faut de toute manière que l'action ait été acceptée par la victime, soit de manière consciente, soit de manière inconsciente. Ainsi, on comprend que, la plupart du temps, le mauvais œil s'enlève rapidement par le fait de ne pas lui donner d'intérêt, de le contrer par exemple par le rire ou un autre substitut lié au plaisir. Or, la joie aujourd'hui est devenue difficile à exprimer. Aujourd'hui, le stress englue cette émotion, et l'on oublie trop facilement son importance. Une répétition d'émotions négatives crée un automatisme interne : on devrait donc réapprendre à être joyeux pour un rien, pour être heureux tout le temps !

L'envoûtement de type mauvais œil s'enlève avec un esprit positif et rationaliste ou avec un bain de sel, une fumigation d'encens, un breuvage à base de plantes ou encore une lotion hoodoo[13] qui permettra de nettoyer votre aura brouillée. Le magnétisme est également une bonne alternative pour réaliser un nettoyage énergétique.

Dans le cas de l'auto-envoûtement (autosabotage), une psychothérapie est nécessaire.

L'envoûtement de type sorcellerie, quant à lui, ne s'enlève pas de la même façon et n'a donc rien à voir avec le mauvais œil. En effet, c'est souvent un support exercé par un sorcier qui en est à l'origine, et il faut user d'un peu plus d'imagination pour s'en défaire, en cherchant justement ce support : ceci relève d'une pratique minutieuse, mais dans tous les cas, on en guérit à condition de comprendre qu'il s'agit de sorcellerie et de trouver le support et/ou l'origine de cette sorcellerie.

On pourrait dire à première vue que le mauvais œil est le plus léger des maux, par rapport à la sorcellerie, mais il peut provoquer une sorte d'emprise que l'on va exercer sur nous-mêmes : à force de se convaincre qu'on a été envoûté, les problèmes empirent, et nous sommes effectivement face à nous-mêmes dans cette situation, car seuls nous-mêmes pouvons nous en sortir. Dans l'auto-envoûtement, on est pris dans un engrenage, et la descente peut être fatale pour

13. Le Hoodoo est la pratique de la spiritualité portée aux États-Unis par les Africains de l'ouest à la suite du commerce transatlantique des esclaves. C'est un mélange de pratiques de peuples du Congo, du Bénin, du Togo, du Nigeria et d'autres, notamment les peuples Fon.

les plus sensibles. Il faut vraiment avoir un moral d'acier pour s'en prémunir et s'en défaire, surtout. L'estime de soi est la clé.

En définitive, le mauvais œil va simplement parasiter votre antenne, ou votre corps astral, en vous déposant une mauvaise onde, pour brouiller votre code personnel ; cette onde sera son petit marqueur énergétique. En gros, c'est comme s'il émettait un autre petit codage dans votre clé USB. Avec un bain de sel, le parasite énergétique part, votre ordinateur interne est ainsi nettoyé, mais si vous n'êtes pas conscient de ce phénomène, vous pourrez commencer à utiliser inconsciemment ces codes qui ne vous appartiennent pas, à créer des pensées négatives, ruminer, et par là même, à nourrir le parasite déposé. Ces ondes peuvent impacter votre vie dans le domaine concerné, selon si l'onde concerne le domaine du travail, celui de l'amour, ou encore de la santé, etc.

Il existe trois types d'auto-envoûtement :

- **L'auto-envoûtement créé par sa propre pensée (autosuggestion).** Il s'agit des pensées négatives répétitives, des pensées obsessionnelles, des pensées obscures, des affirmations négatives.
- **L'auto-envoûtement qui absorbe les pensées d'autrui (télépathie).** Il s'agit des formes et concepts de pensées provenant d'une ou plusieurs personnes, alors qu'on croit à tort que ce sont les siennes propres.
- **L'auto-envoûtement qui accueille la suggestion de l'autre (hypnose).** Ici, le terme « accueillir » n'a pas le sens d'« accepter » puisqu'on parle d'auto-envoûtement, il s'agit en réalité d'accueillir la suggestion de l'autre comme sienne, se l'approprier, sans avoir donné son accord à l'autre d'exercer son pouvoir sur soi. Une pensée logée à l'intérieur de notre esprit ne signifie pas que la pensée nous appartient.

Les trois possibilités se complètent aisément et s'amplifient.

Il est indispensable d'avoir suffisamment de confiance en vous et en votre force existentielle pour parvenir à débusquer les pièges. Vous êtes avant tout une personne responsable, censée être autonome émotionnellement et mentalement. Nous devons veiller aux affirmations que nous utilisons, car elles sont comme des règles que nous mettons en place en nous inconsciemment. Autrement dit, nous portons la responsabilité de nous infliger du mal. Rien n'est fait pour nous punir, excepté nous-mêmes. C'est pourquoi il est intéressant de savoir surpasser la négativité et de ne pas charger les choses d'un sentiment négatif tout fait. Le négatif ne nous amène pas loin, le positif oui.

Le miroir

Les miroirs sont d'excellents supports occultes et ont été savamment utilisés en magie. En séance de coaching, on utilise souvent une pratique consistant à se regarder et se parler positivement face à un miroir. Certains refusent de s'y voir tellement ils se détestent au fond d'eux. Chaque matin, ils se regardent furtivement et s'envoient des pensées négatives. Ces affirmations sont à bannir. Apprenez à reconnaître vos qualités en vous regardant, quitte à utiliser la méthode Coué (voir page 197) et soyez-en convaincu pendant que vous le pensez et le dites.

Il faut absolument éviter de se dire, surtout en se regardant dans un miroir, des phrases telles que : « Je suis gros », « je suis nul », « j'ai peur de rater », « j'ai peur », etc.

N. B. : Les règles de l'emprise ne connaissent pas la négation. Par exemple, si vous affirmez « je ne suis pas maigre », cela revient à affirmer « je suis maigre ». Sachez aussi que c'est lorsque vous êtes certain d'avoir été envoûté, que vous avez cette ferme intention, que vous le devenez réellement (c'est une emprise psychologique).

Vous comprenez bien que le mauvais œil, de manière globale, peut entraîner une grave dépression. Il est donc extrêmement important d'être vigilant avec vos intentions émises sur vous-même ou sur les autres.

Les affirmations que nous posons sur nous jalonnent nos comportements et nos actes. Elles ne sont pas indépendamment de notre volonté : il en va de notre responsabilité d'assumer ce à quoi nous pensons quotidiennement. Si votre vie est désastreuse, ce n'est pas la faute de votre zodiaque, mais de vos affirmations mentales.

Non seulement vous êtes auto-envoûté par vos propos négatifs, mais en plus, par la loi d'attraction, vous laissez le champ libre aux situations négatives, aux vampires, aux pervers narcissiques, aux sorciers, de vous importuner et vous envoûter encore plus !

POURQUOI LE MAUVAIS ŒIL EST-IL DANGEREUX ?

Bien que le mauvais œil semble le plus léger des maux, il est judicieux de s'en méfier, car il reste dangereux. Un requin par nature n'est pas dangereux s'il n'a aucune raison de vous attaquer, mais il reste quand même un gros poisson aux longues dents bien tranchantes, et le moindre mouvement peut être fatal. Comme le requin, le mauvais œil est là, il reste inoffensif si vous n'êtes pas dans une situation compromise. Il possède son degré de dangerosité. Et pour se prémunir de la dangerosité, il faut du bon sens, il faut savoir comment agir et réagir face à un danger. Le degré d'échelle de dangerosité, pour la victime, va du simple bobo psychologique à une folie meurtrière.

Mais qu'est-ce qui fait, plus précisément, la dangerosité du mauvais œil ? C'est, d'une part, sa simplicité d'utilisation et, d'autre part, sa fréquence d'utilisation. Sa simplicité d'utilisation rend le mauvais œil dangereux en premier lieu : nul besoin de support concret, ni de magie abracadabrantesque pour que cela fonctionne, il faut juste notre organe de la vue et notre force intentionnelle de la pensée. Ce qui rend la problématique encore plus dangereuse que sa simplicité d'utilisation, c'est sa fréquence d'utilisation, car une action récurrente confère une action grandissante.

Nous sommes dans un monde où les pensées tournent souvent en boucle comme un disque rayé, certains vont donc jusqu'à lancer constamment le mauvais œil sur la même personne qu'ils croisent quotidiennement, tel un harcèlement subtil que personne ne verra... Si en plus, la personne s'automutile déjà avec ses propres pensées, le terrain est beaucoup plus fertile. Cela ne se voit pas sur le plan physique, mais dans l'astral, toutes les conditions sont réunies, tout se trame.

La gravité du sort du mauvais œil dépend aussi de la force et de la justesse émises, et tout dépend de celui qui le fait. Il contient à la fois le potentiel, la qualité et la quantité de cette énergie négative émise.

Le mauvais œil peut être :

- **involontaire**. Par définition, la personne agit involontairement. La personne agit à travers un regard et/ou une parole qui va au-delà de ce qu'elle pense, elle n'assume pas sa façon de faire, n'en prend pas la responsabilité. Cette technique est très souvent utilisée ;
- **volontaire**. Par définition, la personne agit volontairement. Ce geste est accompagné de trois actions :
  1. Utilisation de sortilège intentionnel (action menée à l'aide de support mental, non physique).
  2. Utilisation du verbe incantatoire avec un regard tranchant et une volonté déterminée de faire le mal. Ici, le geste ne dépasse pas le cadre de sa pensée, la personne a une définition précise de ce qu'elle pense.
  3. Utilisation de sa présence, car la personne fait en sorte qu'on puisse la remarquer, l'entendre et ou la voir.

Ici, l'aspect volontaire ne va pas jusqu'à la création d'un rituel proprement dit.

LES DIFFÉRENTES ACTIONS PHYSIQUES DU MAUVAIS ŒIL

Le mauvais œil se manifeste par :

- le regard ;
- la pensée (intention volontaire ou pensées contradictoires) ;
- le souffle ;
- le toucher ;
- le verbe (incantatoire ou énoncer des mensonges) ;
- des actions spontanées (plaisanterie à caractère ambigu, ou actions ne prenant pas sainement en considération la personne ou un membre de son entourage).

On voit donc bien qu'il y a un jet de sort, que le mauvais œil ne s'arrête pas au regard : la personne influence de manière très subtile et sournoise, comme dans une sorte de sorcellerie. Alors, certes, c'est une forme de sorcellerie, mais sans vraiment en être une ! À vrai dire, il s'agit d'un moyen d'action occulte, mais situé à cheval entre le sortilège et la malédiction. À ce stade, donc, il ne s'agit pas de magie noire, même si en apparence, le mauvais œil lui ressemble.

Voyons maintenant les possibilités pour accéder au mauvais œil.

LES CONDITIONS RÉUNIES FAVORISANT LE MAUVAIS ŒIL

À ce stade, nous allons voir que c'est en fait la victime, le plus souvent, qui réunit les conditions pour avoir l'œil sur elle. En effet, elle est plus hypnotisable qu'hypnotisée, à l'origine. Plus la cible est faible émotionnellement, plus le mauvais œil agit sur elle.

Pour qu'on puisse parler de mauvais œil, la victime doit être hypnotisable ou hypnotisée. Voyons dans le détail les deux possibilités.

Si elle est hypnotisable, elle sera :

- sensible à la fascination, à la beauté de toute chose ;
- empathique (elle aime tout et tout le monde) ;
- inconsciente, distraite, non éveillée (son esprit se laisse aller à la rêverie, elle est aveugle face au danger) ;
- naïve, dupe (par manque d'expérience) ;
- sujette au laxisme, influençable, fait preuve de manque de vigilance, se laisse embarquer ;
- sensible au décollement de l'ancrage (transe médiumnique) ;
- hypersensitive, hypersensible émotionnellement (voire bipolaire, souffre de problèmes hormonaux) ;
- sujette aux dépendances (alcools, médicaments, plantes hallucinogènes) ;
- dotée d'un mental faible (rumine les pensées négatives, triste à cause d'un deuil, vit un passage à vide, etc.) ;
- dépressive (gène héréditaire) ;
- dépassée par les événements (en manque de recul, stressée, souffre d'un manque d'anticipation).

Si elle est hypnotisée, elle sera :

- sous l'emprise des paroles du sorcier ;
- sous le charme du sorcier ;

- sous le regard soutenu du sorcier ;
- sous l'emprise du toucher du sorcier (toucher subtil et magnétique) ;
- sous le souffle du sorcier ;
- sous l'emprise émotionnelle ;
- sous l'emprise de la présence physique (présence envahissante et forte d'un leader, d'un gourou) ;
- sous l'emprise d'un esprit défunt ;
- sous l'emprise d'une « entité » (ex : larves, égrégore, etc.).

Mais heureusement, tout le monde n'est pas hypnotisable. Si vous avez un moral solide, une conscience éveillée, une spiritualité forte, un recul permanent et une concentration facile, il est quasi sûr que vous n'êtes pas hypnotisable. Effectivement, on voit que pour éviter de créer un terrain fertile pour le développement d'un mauvais œil, il y a pas mal de travail à faire en amont sur soi. Mais il peut arriver, au cours de sa vie, de se retrouver dans une période mouvementée : le moral tombe en berne, émotionnellement on se sent anxieux, et le terrain devient fertile. Ainsi, même les personnes les plus fortes peuvent tomber bas.

On remarque également que le mauvais œil, s'il revêt la même forme que la sorcellerie, reste un procédé différent, dans la mesure où il s'agit en réalité d'auto-envoûtement.

En conclusion, le sorcier ne s'attaque en définitive qu'à la faiblesse, s'attaquant à l'émotionnel, que la supercherie soit intentionnelle ou non. Cette conclusion paraît fataliste, mais le sorcier n'est pas mauvais par nature, car le geste peut être involontaire. Le sorcier a seulement les capacités innées d'utiliser l'induction hypnotique : seul le ton de l'intentionnalité fait la différence pour atteindre ou non émotionnellement une personne.

LE MAUVAIS ŒIL ET L'ENFANCE

Le mauvais œil peut se manifester dès la grossesse. Si la mère est atteinte d'un auto-envoûtement. L'enfant peut en ressentir les effets dans le ventre, car il est en lien étroit avec les émotions de la maman. Si le système immunitaire de la mère est atteint, le bébé risque de souffrir également de cette problématique, à travers une prise de médicaments, du stress, etc. Ce n'est pas tant le risque de mal se développer qui est en jeu, mais il risque de subir des dommages collatéraux. L'enfant risque de naître avec des problèmes psychologiques, comportant notamment une tendance à une sensibilité extrême. Généralement, il développera une faculté innée telle que la médiumnité, mais pas nécessairement.

Le mauvais œil est également présent notamment sur les bancs de l'école. Tout le monde a fait l'expérience d'un jet de sort verbal de la part d'un camarade de classe, d'un déversement de toutes sortes de calomnies amenant au malheur. Le harcèlement scolaire recèle énormément de jets de sort verbaux.

Des personnes m'ont également raconté avoir eu, dans l'enfance, des mots incantatoires, par colère ou par vengeance, et avoir vu avec stupeur par la suite ces malédictions s'avérer. Ces choses-là marquent beaucoup les enfants.

Les adolescents sont extrêmement exposés à cela, ils sont très portés sur le physique et la matérialité. Étant donné leur vulnérabilité face aux jugements physiques, ils se permettent aussi de poser un regard envieux, leurs mots sont également moqueurs, parfois d'une extrême violence.

Plus vous êtes en contact permanent avec un grand nombre de personnes, plus vous serez face à des personnes jalouses, notamment, en dehors du cadre familial, si vous tenez un poste important, un rang convoité, si vous êtes en couple, etc. Tout est objet de convoitise, de concurrence, lorsqu'il y a beauté, générosité, qualité caractérielle, talent, etc.

Concernant les enfants et les sorcières, celles-ci donnaient souvent des objets. Lorsqu'elles offraient un objet à quelqu'un, elles mentionnaient d'abord à la personne de choisir un objet qui attirait leur attention, elles charmaient ensuite l'objet choisi grâce à quelques rituels occultes ou autres petites formules incantatoires avant de le donner définitivement à la personne, en lui spécifiant que l'objet doit être gardé à l'abri du regard des autres. Hypnotisés, les enfants n'avaient pas d'autre choix que de croire au pouvoir de l'objet, ainsi ils se sentaient réellement envoûtés. Leur réceptivité et leur crédulité faisaient que leur croyance en leur malchance dictait leur destin.

Les sorcières charmaient le plus souvent les bonbons à donner aux enfants. Ainsi, l'intention négative émise sur le bonbon de manière énergétique permettait de conférer au bonbon une charge négative, et l'enfant se connectait énergétiquement à cette intention. Beaucoup de mères disaient à leurs enfants de ne pas justement manger des bonbons donnés par des inconnus de crainte que ce soit l'œuvre d'une sorcière. Fort heureusement, la plupart des enfants n'étaient pas entièrement réceptifs, et ceux-là avaient peu de chance d'être frappés par la sorcellerie. Comme pour tout adulte, cette réceptivité dépend du caractère de la personne. L'âge de la personne n'entre pas toujours en ligne de compte. Un enfant sensible sera plus réceptif qu'un enfant émotionnellement fort. Ceci est valable également pour un adulte.

QUE RESSENT-ON LORSQU'ON EST TOUCHÉ PAR L'ŒIL ?

Le ressenti du mauvais œil est comparable à toutes sortes de maux quotidiens. En effet, les maux sont physiques et évoquent tout simplement la réalité, sur notre plan physique. Ces maux sont assez variables : généralement, on ressent de la fatigue ou un manque d'entrain en premier lieu, même si on a bien dormi et que l'on n'a pas spécialement plus travaillé que d'habitude. Intérieurement, on se sent le cœur lourd, un coup de mou émotif, spirituel et mental sans raison apparente. La plupart du temps, ces symptômes disparaissent avec un simple bain de sel ou de mer. Mais ce n'est pas toujours le cas.

Les attaques auxquelles nous sommes confrontés ne proviennent pas seulement des humains ou de nous-mêmes. En effet, si nous prenons conscience qu'il existe une autre dimension, d'autres mondes subtils autour de nous, nous pouvons considérer que ce monde ne nous veut pas toujours du bien : nous pouvons avoir des amis, mais aussi des ennemis qui peuvent aussi nous attaquer puisque nous sommes présents dans ce champ dimensionnel dans lequel nous nous promenons. Et plus le champ est grand, plus nous avons de contacts.

Le mauvais œil peut provenir :

- du monde visible, physique ;
- du monde invisible, non physique.

Le mauvais œil se provoque sur plusieurs points de vue.

D'un point de vue énergétique, il est provoqué par :

- intention/suggestion ;
- pensées obscures et obsessionnelles.

D'un point de vue physique, il est provoqué par :

- regard ;
- toucher ;
- souffle ;
- voix ;
- parole.

D'un point de vue émotionnel, il est provoqué par :

- jalousie ;
- rancune ;
- avarice ;
- haine ;
- lâcheté ;
- crainte.

D'un point de vue environnemental, il est provoqué par :

- position géographique (cavité, grotte, etc.) ;
- situation environnementale (mentalité locale ou nationale, croyance, culture) ;
- position cardinale – le vent (le souffle), l'air (le son), l'eau (courant électrique), la terre (nœuds telluriques de Hartmann) ;
- position de l'espace végétal et du paysage végétal.

D'un point de vue social, il est provoqué par :

- rang (familial, sociétaire, financier, professionnel, etc.).

D'un point de vue ésotérique/occulte, il est provoqué par :

- sortilège/malédiction ;
- magie noire et rituels associés ;
- création d'égrégores collectifs, dans un but de nuire ou non (oubli de la mise à mort de l'égrégore[14]).

D'un point de vue astral, il est provoqué par :

- vampires, larves, incubes, succubes, entités du bas astral, égrégores (créés avec ou sans notre consentement).

14. Quand on crée un égrégore, il faut ensuite penser à le désactiver. Nous en parlerons plus loin.

D'un point de vue mystique, il est provoqué par :

- foi et croyance sur l'occulte, le divin, la magie.

Reconnaître le mauvais œil

Sur soi, la manifestation du mauvais œil est repérable par :
- une gêne, un inconfort (intérieur ou physique) ;
- une oppression (souvent thoracique) ;
- un stress, une nervosité soudaine et sans raison ;
- une angoisse/une crainte soudaine et sans raison.

LES SYMPTÔMES DU MAUVAIS ŒIL

Voici une liste de symptômes (poussés à l'extrême), que la victime perçoit lorsqu'il s'agit du mauvais œil. Celui-ci provoque quelques dérèglements sur la victime, il va se loger dans certaines parties du corps subtil, notamment astral d'abord, ensuite sur le corps mental avant de s'attarder sur l'ensemble du corps physique (tissus, muscles, organes, ossature compris). Certains dérèglements sont plus importants que d'autres.

Je précise que le mauvais œil agit parfois spontanément, mais les symptômes peuvent aussi survenir progressivement quelques jours après, le temps que le microbe installe ses racines.

AU NIVEAU PHYSIQUE

Le mauvais œil peut provoquer :

- des problèmes de peau (acné tenace, taches, points noirs inexpliqués, eczéma et psoriasis) ;
- une certaine précocité physique (vieillissement prématuré de la peau, pilosité, cheveux blancs) ;
- un corps mutilé et dégradé (bleus, plaies, accidents/chutes...) ;
- une chute des cheveux par poignées ;
- des griffures sur le corps, traces de ligatures, de bleus, sans raison ;
- des fausses couches, difficultés à tomber enceinte, grossesses à problèmes, avortements, règles très douloureuses ;
- des problèmes de santé à répétition (otites, gêne oculaire...) ;
- une précocité hormonale (puberté précoce), un détraquement hormonal ;
- une stérilité chez l'homme ou la femme ;
- des douleurs multiples sur le corps (gêne, contractures au niveau des épaules, du cou et du dos/colonne vertébrale) ;
- des nausées, vomissements, troubles du transit, pointes ou spasmes au ventre ;
- des vertiges, maux de tête ;
- des algies faciales (douleur à la mâchoire) ;
- un serrement de la gorge ;
- une sensation d'oppression dans la cage thoracique, des pointes ou une gêne respiratoire ;
- une apathie (fatigue, somnolence, manque d'énergie et d'entrain) ;
- un cycle du sommeil perturbé (problème à l'endormissement, ou réveil nocturne) ;
- une perte d'appétit, voire de l'anorexie ;
- un cancer ;
- une nécrose corticale rénale ;
- une mort des ovaires ;

- un problème aux poumons ;
- du diabète.

On reconnaît les signes d'envoûtements surtout par les maladies de poitrine et les affections nerveuses (crises d'angoisse et de panique, hystérie, paranoïa, idées suicidaires dans les cas extrêmes).

AU NIVEAU COMPORTEMENTAL ET ÉMOTIONNEL

Le regard jaloux sur autrui peut provoquer divers problèmes comportementaux. Le comportement devient quasi antisocial : peu de personne, en général, apprécient la présence d'une personne qui a subi un mauvais sort. Ce mal-être se matérialise par :

- un excès de nervosité, de colère, voire de l'hystérie ;
- un déséquilibre de la personnalité, un trouble identitaire (la personne change souvent d'avis ou de décision) ;
- des propos incohérents, des paroles agressives dépassant le cadre de la pensée, des crises de nerfs récurrentes ;
- une fatigue soudaine, un « coup de barre » qui dure ;
- des insomnies ;
- un inconfort intérieur permanent ;
- de la déprime, de la mélancolie, des idées noires voire suicidaires ;
- des idées perverses ;
- une impuissance sexuelle ;
- une tendance à la paranoïa ;
- des phobies, un emprisonnement (peur de sortir, difficulté à sortir d'une pièce, de la maison, d'une ville, d'un pays) ;
- une sensation de peur profonde, d'angoisse existentielle, accompagnée de tremblements ;

- la tendance à s'attirer des problèmes là où il ne devrait pas y en avoir ;
- un regard transformé (sombre, noir, dur, vide, loin d'être lumineux et pétillant) ;
- une difficulté de concentration (avec pour conséquence des accidents de la route, des cognements contre les meubles, des chutes, etc.).

Tous ces symptômes poussent la personne à « perdre les pédales ». Elle est sans arrêt sur la défensive. Elle doute de tout, jusqu'à devenir sauvage et agressive. Elle devient ultrasensible à tout ce qu'elle touche, mais sans avoir de raisonnement cohérent, elle s'enlise dans une sorte de folie, car n'a pas conscience de la cause et ne réagit pas d'une façon consciente et posée, elle n'a aucun recul sur la situation. Et si, en plus, elle parle seule avec l'entité, la conscience peut se casser à tout moment.

Dans les cas extrêmes, la personne devient suicidaire et se sent poussée par une force irrépressible à faire des actes irréversibles, comme prendre la totalité des médicaments dangereux, se jeter d'un pont ou sous une rame de métro, etc. Certains évitent de justesse des accidents qui auraient pu s'avérer très graves.

Le mauvais œil dépose des névroses pour vous empêcher d'avancer dans la vie, d'exister pleinement et d'évoluer spirituellement, mentalement, socialement. Ceux qui sortent d'une malédiction (ou d'une sorcellerie) en sortent rarement indemnes. Ils ont évolué spirituellement, puisqu'ils ont perçu et saisi toutes les subtilités de ces mécanismes qui demandent connaissance mais aussi intuition. Ils sont donc davantage sensibles. Mais les cicatrices sont omniprésentes. On ne les voit pas, mais elles sont bien là.

AU NIVEAU DE LA RELATION AMOUREUSE

Le mauvais œil peut provoquer des disputes au sein du couple jusqu'à atteindre un point de non-retour et mener à la séparation. C'est la conséquence la plus fréquente. Il est difficile de distinguer une simple difficulté passagère d'un sortilège. La seule façon de reconnaître un sort, c'est de voir que les choses se cassent spontanément ou ne s'arrangent pas et empirent au fil du temps, lorsqu'elles ne sont pas reconnues à temps.

Quelques symptômes du mauvais œil sur le couple

- Aversion pour son partenaire (voire la famille également et les amis)
- Disputes sans raison (conversations non raisonnées, non constructives et non objectives)
- Mauvaise ambiance au sein du foyer conjugal, relation conflictuelle (cri, tensions, etc.)
- Reproches et critiques intempestifs
- Perte brutale du désir sexuel, difficultés sexuelles (problèmes d'érection, difficultés à tomber enceinte…)
- Rupture

Les problèmes commencent fréquemment par la perte brutale des liens amoureux : la personne fait une fixation sur les défauts de son partenaire, alors qu'elle l'aime encore. Les actions sont souvent contradictoires. Parfois, les rapports sexuels se dégradent, l'homme ou la femme ne supporte plus sexuellement son ou sa partenaire, ou bien le plaisir n'est brutalement plus au rendez-vous. Ensuite, les disputes sont de plus en plus fréquentes, et non constructives, les provocations inutiles fusent et se soldent par des critiques et des reproches non constructifs. Les conversations négatives débouchent souvent sur un sujet qui n'a aucun lien ou sens avec le couple en soi, sur des propos contradictoires et confus provoquant une suite de disputes sans fin, et sans fil conducteur. Enfin, il peut y avoir une séparation alors que les deux personnes s'aiment encore, ou bien les partenaires font l'amour alors que chacun en veut à l'autre, parfois ils se détestent toujours lorsqu'ils se retrouvent. Certains se disputent avant même d'avoir commencé une liaison amoureuse ou une vie commune sous le même toit.

Les vraies disputes se différencient des disputes dues au mauvais œil par le fait qu'elles ont une base précise et une condition solide sur un sujet connu, et qu'elles peuvent être rapidement résolues, à travers un raisonnement clair, cohérent, et en prenant du recul, en faisant la part des choses. Dans le cas d'un mauvais œil, le partenaire change brutalement de comportement, l'entourage ne le reconnaît pas. Cette affliction doit rapidement être résolue car elle détruit l'amour. Si en plus, les familles et les copains s'en mêlent, cela ne donne rien de bon. Chacun risque d'apporter sa touche et de rendre la chose encore plus difficile. Certains même en profitent pour jouer et tenter leur chance du siècle.

De même, si vous souhaitez rester avec la personne et que les choses ne vont pas dans le sens désiré, ou les difficultés perdurent, l'origine peut être un mauvais œil. Ou encore si vous souhaitez rencontrer quelqu'un, et que les rencontres se soldent souvent par un échec, un désastre. À chaque fois, ce n'est pas la bonne personne. À chaque rencontre, ça tombe à l'eau.

Généralement, un couple qui se sépare finit par le faire d'un commun accord, sans parasites extérieurs, et dans le calme. Même si la tristesse et la déception peuvent être présentes. Ce n'est pas toujours un acte de joie, il faut bien le dire. Mais ce sont ces éléments-là précisément qui démontrent qu'une séparation est désirée, souhaitée, et non pas parasitée. L'amour n'est plus, tout simplement, il a évolué vers l'amitié ou d'autres sentiments. Elle est le fruit d'une évolution personnelle où chacun a atteint un but, a fait notamment le tour de la relation d'une manière neutre, intelligente et constructive.

De même, un vrai couple n'est pas celui qui obstrue les désirs de l'autre. Faire des sacrifices ou des concessions n'a jamais apporté du bon au couple, car tôt ou tard, on trouve le moyen de le reprocher. Les seules concessions sont celles qui ne dérangent pas le partenaire. Cela s'appelle le respect, le partage. Le partenaire doit être un compagnon, dont la présence est un plaisir, et non pas un accompagnant tel un robot susceptible de répondre à vos attentes à chaque fois que vous le voulez.

Celui qui provoque les conflits pour séparer un couple fait des allusions amoureuses, jusqu'à provoquer une mésentente amoureuse. D'autres situations peuvent se manifester, comme :

- un faux amour (la personne victime du mauvais œil fantasme, développe une liaison platonique, ou va jusqu'au mariage par intérêt) ;
- une obsession (la personne convoite une personne mariée, fait revenir un ex, est obsédée par le sexe, ou idéalise excessivement une personne qu'elle connaît peu) ;
- la folie (la personne se met à créer des embrouilles amoureuses).

Certaines victimes du mauvais œil ne peuvent pas s'empêcher de penser à l'autre, jusqu'à croire qu'elles sont amoureuses de la personne alors que non, car il n'y a aucune attirance physique, ni envie sexuelle, ni de raison valable ou d'objectif clair d'aller vers l'autre, car au fond ce n'était pas désiré. L'attirance devient une obsession. Certaines personnes essaient de se rassurer en se disant qu'elles sont passionnément amoureuses jusqu'à provoquer un jeu amoureux, pour éviter de se dire qu'elles sont folles. Elles ne se rendent pas compte qu'il y a eu envoûtement par séduction et que l'autre personne n'est qu'un parasite. La victime va jusqu'à perdre son conjoint ou sa conjointe, tout en sachant qu'elle l'aime. Une part d'elle-même refuse de quitter l'être aimé. Mais une vibration très forte l'empêche d'être maître de son destin, la victime est comme dirigée par une impulsivité et un manque de recul. Les pensées prennent le dessus, l'antidote serait de reprendre le contrôle de son mental. Simple à dire, mais difficile à faire au début, seule la coupure des liens serait salvatrice.

Le mauvais œil est créé fréquemment : ce que tout le monde appelle « coups de lune » et « illusions » ne sont en réalité que le résultat d'un mauvais œil. Tout est question de cerveau. Tout le monde sait qu'un coup de foudre peut devenir obsessionnel si l'on y pense tout le temps. Et tout le monde sait qu'un charme n'est qu'une énergie véhiculée et que la beauté n'est qu'un mythe. Tout le monde s'est réveillé un jour dans la réalité. Tout le monde peut être vulnérable face à une suggestion. Même les plus cartésiens. Et je parle en connaissance de cause.

AU NIVEAU PROFESSIONNEL

Le regard jaloux peut provoquer divers problèmes au sein de l'activité, voire avant son commencement, même lorsque les efforts sont là et qu'il n'y a aucune raison valable pour que cela se passe mal. Parfois, le poste qui nous était destiné n'est subitement plus disponible, ou chaque tentative tombe à l'eau.

Voici quelques symptômes qui peuvent cacher un mauvais œil dans le domaine professionnel :

- Sentiment d'absence d'émotion et d'amour pour son travail
- Perte d'énergie, procrastination, lassitude négative, manque d'entrain et de motivation
- Absence d'objectif ambitieux
- Baisse importante de l'activité, de la clientèle

- Accidents corporels, pannes de voiture qui empêchent d'aller au travail
- Tensions et disputes entre les collègues, mauvaise ambiance
- Retards, erreurs et fautes professionnelles à répétition
- Difficulté à trouver sa place
- Aversion pour ses collègues, ses clients et son supérieur
- La perte de son emploi sonne comme une sentence irrévocable
- Aucune offre d'emploi, refus intempestifs, ou emplois litigieux

Quant aux études chez les jeunes, les symptômes en cas de mauvais œil sont similaires à ceux du travail. Mais il existe quelques variantes :

- Troubles de la concentration
- Troubles de la compréhension
- Troubles du raisonnement
- Troubles de mémorisation
- Maux de tête, troubles oculaires, troubles de l'audition au moment d'étudier
- Problèmes durant les examens (maladies diverses, oublis, pertes du matériel de travail…)
- Les notes sont passables, justes, alors que l'étudiant a travaillé dur

AU NIVEAU FINANCIER

Le regard jaloux vers les personnes généreuses ou ayant de l'argent peut provoquer de grosses pertes financières. Le sort s'acharne, les factures (frais de réparation, etc.) dont les montants sont onéreux et souvent imprévus s'accumulent sur la table, ainsi que les amendes. C'est l'hécatombe.

Il peut y avoir eu un mauvais œil si vous souhaitez vendre votre bien, mais que vous essuyez de nombreux échecs, refus, ou bien si les demandes de prêt financier sont reportées, voire refusées. J'ai connu une personne qui souhaitait vendre sa maison, mais l'ex-mari lui portait la poisse, faisait fuir les clients potentiels par sa seule présence, lors des visites, rendait vaine toute démarche de vente. Quelque chose planait dans l'atmosphère, qui ne donnait aucunement envie de s'approprier la maison. Cette femme a dû faire preuve de perspicacité pour éviter sa présence lors de ces visites. En procédant ainsi, elle a pu vendre la maison, évidemment au grand dam du mari.

Parfois, il est difficile de comprendre si on traverse juste une difficulté passagère ou s'il y a mauvais œil. Lorsqu'on est mal physiquement, par exemple, on file chez le docteur, c'est le premier réflexe que nous avons tous.

Or parfois :

- il n'y a rien, le bilan (quel que soit le domaine) est normal, mais on souffre quand même ;
- il y a un souci, mais il s'agit d'une pathologie extrêmement rare, on ne sait pas comment la soigner ;
- c'est une question de stress, on vous prescrit des antidépresseurs, ce qui crée un second problème ;
- il y a tel souci, tel problème, telle maladie, mais quant à savoir comment c'est arrivé, cela reste un mystère ;
- il y a un souci, mais le traitement est inefficace et ne soigne pas.

Cette liste établie (non exhaustive) nous amène à nous tourner vers l'irrationnel, à nous demander s'il s'agit d'un mauvais œil ou d'une sorcellerie. C'est la question que l'on se pose en dernier recours.

ENLEVER LE MAUVAIS ŒIL, UN DON ?

Il est dit qu'enlever le mauvais œil est un don, et se transmet, génétiquement, de parent à enfant. Oui, potentiellement ! Cependant, une technique s'apprend ! Il faut acquérir un savoir-faire pour pouvoir entreprendre d'enlever un mauvais œil. En l'occurrence, il faut un mentor qui souhaite transmettre un savoir (théorie transmise, geste transmis, énergie transmise).

Il faut comprendre que tout dépend de ce qu'on appelle un « don » et de comment se fait la transmission. On peut transmettre un don héréditairement, mais celui qui l'a reçu peut ne pas savoir l'exploiter si le parent, le mentor ou le guide n'est point présent.

Tout le monde peut enlever le mal, cela s'apprend. L'intuition ne fait pas tout sans une bonne connaissance. Tout s'apprend dans la vie. Mais tout le monde n'est pas non plus disposé à le faire. La transmission peut être effectuée de parent à enfant, mais ce dernier peut ne pas avoir l'énergie ou l'envie nécessaires. Ainsi, le don se transmet de professeur à élève, à celui qui veut apprendre, en a l'énergie et surtout la capacité. Il est nécessaire de posséder de la force pour pouvoir bannir le mal. Si votre force est un feu de paille, le résultat ne sera pas à la hauteur espérée. Il faut aussi savoir déléguer, le mal peut atteindre un certain degré. On ne traite pas un bannissement du mauvais œil comme on traite un rhume ou une sinusite.

À partir du moment où vous effectuez un désenvoûtement, vous ouvrez une brèche. On peut considérer alors que vous êtes en capacité pour cela, il suffit de le faire une fois, l'expérience suit.

Enlever le mal est un don et une connaissance qu'on vous a transmis, et ce don doit se transmettre aux nouveaux arrivants pour continuer à perdurer. Mais à l'heure actuelle, peu le font réellement, sans contrepartie financière, sauf entre parents et enfants. Ce qui signifie que peu de monde transmet ce savoir en bonne et due forme, car il faut des années pour en saisir les mécanismes. Les gens n'apprennent que partiellement ce savoir. Et un enfant qui a un parent expérimenté va bénéficier d'études et d'approfondissements, par rapport à des personnes qui auraient suivi un week-end de stage intensif, qui restera bien insuffisant. Ces personnes devront continuer leur cheminement d'expérience pour atteindre le but fixé, celui d'être un guérisseur avéré et averti.

Une autre question épineuse : faut-il se faire payer pour enlever un mauvais œil ?

Enlever le mal est un don, il se transmet pour continuer à perdurer, sans échange financier, parce qu'il est une création divine. Il s'agit d'agir avec les forces divines et cosmiques… Vous pouvez faire payer votre temps, oui, mais pas votre « don ». Les clients donnent ce qu'ils veulent en échange de votre temps, de l'argent, un cadeau qui vous apportera un bien-être ou un objet utile pour votre travail. Sachez qu'il est important d'évaluer au préalable cet échange, ce que vous avez à y gagner, pour ne pas finir par vous sentir exploité. Malheureusement, communiquer là-dessus reste un peu tabou, et c'est pourtant si important !

Les techniques ancestrales ont plus d'impact qu'une technique récente. Pourquoi ?

Parce que les mots, les gestes ont une résonance particulière, et lorsqu'ils ont été psalmodiés pendant des décennies, ils sont marqués au fer dans la matière. Or, selon la loi de la création, une fois cet égrégore créé et nourri, il se développe pour devenir important. Mieux vaut faire partie d'une tribu de vrais autochtones qu'être guidé par un maître trouvé dans un coin de ville. Mais à vous de déterminer ce que vous attendez de son travail et de votre apprentissage, qui demande des années avant de devenir effectif.

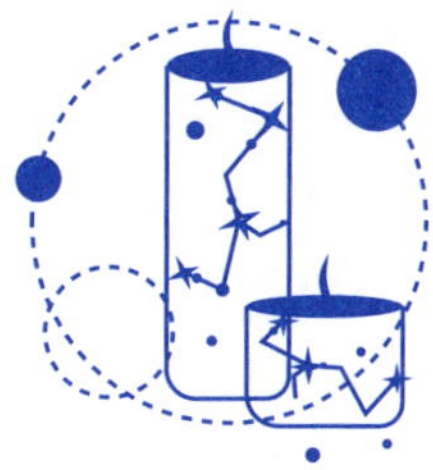

- CHAPITRE 5 -
LA SORCELLERIE

Dans ce chapitre, nous allons voir que le mauvais œil est différent de la sorcellerie dans le procédé, mais que les résultats sont similaires. J'ai donc réservé un chapitre à cette dernière, pour que vous puissiez comprendre clairement les distinctions subtiles et importantes entre les deux phénomènes, car la plupart des ouvrages sur ces sujets n'exposent pas, de mon point de vue, les informations nécessaires pour bien comprendre la différence.

SORCIER *VS* MAGICIEN

Avant d'entamer cette partie croustillante, je tiens à clarifier certains termes pour ne pas causer d'ambiguïté dans le vocabulaire utilisé. Ces vocables sont souvent utilisés comme s'ils étaient synonymes. Or ces deux termes n'ont aucun lien.

Le **magicien** est un personnage comme l'Hermite du tarot, en quête perpétuelle, sur son propre chemin d'évolution spirituel.

Il étudie, s'exerce, façonne ses connaissances par le biais d'expériences diverses dans le domaine occulte. Il a les capacités d'exercer des rituels de façon méticuleuse en prenant en compte l'astrologie. Le magicien peut également pratiquer la magie noire. Il a cette faculté parce qu'il a acquis une certaine aisance dans son corpus de connaissance sur le maniement des énergies et des fluides.

Quant au **sorcier**, ce terme nous est apparu seulement au VIIe siècle tel que l'on le connaît à l'heure actuelle. Il va faire des rituels sans avoir une quête spirituelle approfondie comme le magicien. La plupart de ses sorts ne sont pas méticuleux. Il va rarement se servir de l'astrologie, des positions des planètes, des heures et des jours pour finaliser un sort. Par rapport au magicien, le sorcier serait une sorte d'imitateur. Il appréciera la facilité, utilisant souvent le hoodoo, dont les éléments occultes sont facilement disponibles dans une cuisine. Il est aussi à la fois un jeteur de mauvais sort et un désenvoûteur. Le sorcier peut donc être un leveur de maux ou un conjurateur. Toutefois, ses connaissances sont plus élevées que celui d'un simple jeteur de mauvais œil.

« Le magicien est le souverain pontife de la nature.
Le sorcier n'en est que le profanateur. »
Éliphas Lévi, occultiste (1810-1875)

Et le **guérisseur/magnétiseur** ?

Il a la capacité de guérir, de mettre fin à une situation problématique. Comme le magicien, le guérisseur est un manieur d'énergie. Comme le sorcier, il a la capacité de désenvoûter avec ses mains, son regard, ses intentions, par le principe des fluides ou du magnétisme. Le magnétisme est une forme moderne de magie. L'officiant peut vouloir s'adresser à la maladie comme à une entité vivante capable d'obéissance. Certains, pour servir à la guérison, incorporent un esprit capable d'émettre la guérison dans leur corps, par le biais de leurs mains.

QU'EST-CE QUE LA SORCELLERIE ?

Nous avons vu précédemment que le mauvais œil est plus ou moins le plus « léger » des maux occultes, même s'il reste dangereux de par son influence et sa fréquence d'utilisation, mais aussi parce qu'il est parfois combiné à de la sorcellerie.

La sorcellerie comporte une notion bien semblable, elle modifie le cours d'un destin au même titre que le mauvais œil. Cette pratique contribue à un changement d'état sur une situation donnée, contre le gré d'une personne, ou sans son consentement. Le mauvais œil, quant à lui, reste plus flou, la mise en place d'un geste volontaire n'est pas toujours le cas, et pousse à un consentement modifié de la personne, alors que dans le cas de la sorcellerie, on a une réelle intention. Autrement dit, le sorcier va utiliser directement des procédés bien ficelés en vue d'obtenir un résultat, dans une réelle volonté de nuire. C'est cette intention qui fait toute la différence avec le mauvais œil, dont le but ou le résultat n'est pas réellement défini, ou plutôt partiellement défini, avec des méthodes plutôt grossières et abstraites.

On pourrait dire que le mauvais œil appartient à l'amateur, tandis que la sorcellerie appartient au professionnel.

Différence de mécanisme entre mauvais œil et sorcellerie

Mauvais œil : Celui dont l'intention est malsaine influence indirectement la victime par des actions plus ou moins dévoilées par le regard, le verbe, le geste, l'attitude.
Sorcellerie : Celui dont l'intention est malsaine influence directement la victime par le biais de supports (objet, élément biologique ou autre élément le rapportant à sa victime) ; ses actions sont voilées. Le regard, le verbe, le geste et l'attitude

ne sont pas mis en évidence. Mais dans la sorcellerie, on peut aussi influencer directement par le regard, l'attitude, le verbe et le geste, on parle alors de suggestion hypnotique.

Maintenant que nous connaissons les définitions de ces deux vocables, voyons comment fonctionne la sorcellerie, pour approfondir cette connaissance.

Si on cherche le mot « sorcellerie » dans Wikipédia, on lit : « La sorcellerie désigne, à proprement parler, l'art d'interroger le sort (hasard, destin), et par extension d'en modifier le cours. »

En sorcellerie, pour pouvoir modifier le cours des événements, le sorcier doit pouvoir réunir plusieurs conditions pour parvenir à ses fins. Et pour cela, il doit posséder des éléments physiques appartenant à la victime.

Ainsi, le sorcier doit avoir en sa possession :

- **un objet matériel** – *vêtement, photo, bijou (on parle de « charge énergétique ») ;*
- **un élément biologique** – cheveux, sang (on parle de « charge biologique ») ;
- **un endroit** – jardin, maison, plantes (on parle de « charge matérielle ») ;
- **un présent à offrir après l'avoir chargé** (on parle de « charge matérielle »).

Les quatre points se combinent aisément entre eux pour se compléter et donner davantage de charge.

Le sorcier doit pouvoir également :

- **Savoir utiliser le principe du rituel** – une forme de routine spécifique, à caractère occulte, basée sur une fréquence répétitive, régulière, afin que le cerveau de la personne accepte la suggestion (événement récurrent, phrase répétitive, etc.). Un peu comme une réclame publicitaire, ou encore un rituel de beauté, dans un autre contexte.
- **Savoir utiliser le principe du charme**, une forme suggestion hypnotique basée sur des insinuations subtiles, physiques ou verbales, négatives ou positives, et plus ou moins prolongées (yeux, regard, sourire, etc.). Il peut y avoir aussi des insinuations énergétiques à distance, par le biais de la projection mentale (pensées, images, concepts).
- **Savoir utiliser le principe du pouvoir de la pensée.** Chaque pensée est énergie. Peu de personne parviennent à être maître de leurs propres pensées, surtout lorsqu'on sait qu'on émet 60 000 pensées quotidiennes en moyenne : difficile de les maîtriser. La concentration ne fait pas tout, l'intention non plus. Il faudrait réunir plusieurs capacités intellectuelles pour parvenir à créer une symphonie cérébrale. L'émotion doit jouer également son rôle. Si son ego dicte au sorcier de faire un sort, mais que son cœur refuse, cela ne fonctionnera pas, car l'Univers écoute les vrais désirs. Il se doit d'être authentique envers lui-même, et non hypocrite. Dans la plupart des cas, c'est la peur qui l'arrête.
- **Savoir travailler avec les forces invisibles.** Tout ce qui est en haut est comme tout ce qui est en bas. Le sorcier a tout intérêt à comprendre d'abord les rouages des forces invisibles pour travailler avec elles et ne pas à devoir les subir.

PHYSIOLOGIE ORDINAIRE DU SORCIER

Pour relater rapidement la physionomie « idéale » du sorcier tel qu'il était à une certaine époque, selon la croyance populaire, on peut brosser un portrait d'une personne relativement maigre avec un visage osseux, les joues creusées et marquées, une peau mate, un regard noir et perçant, un nez un peu arqué et des cheveux noirs. Le blanc des yeux est un peu jaunâtre, avec une particularité dans l'œil, une tâche. Si c'était peut-être le cas avant, cette description ne correspond plus au sorcier à l'heure actuelle. Ou du moins pas dans nos contrées, mais l'image est peut-être plus fidèle dans les pays en voie de développement où la présence d'un vrai sorcier est aussi attirante qu'inquiétante.

Mais en Occident, c'est une autre histoire. J'ai constaté fréquemment le contraire. Il s'agit plutôt de personnes au visage assez angélique, faisant preuve de charisme, ou comportant une particularité physique, dans les yeux notamment. Toutefois, il est difficile de brosser un portrait standard et il ne faut pas limiter cette description à la partie physique. Ce qui signifie que la forme du visage n'est pas ou plus vraiment un indicateur, mais le charisme l'est déjà davantage. C'est surtout le comportement qui en dit long. L'attitude est parfois aussi un indicateur, encore faut-il s'y connaître en communication non verbale. Ce qui le caractérise, c'est sa pratique, l'utilisation d'un moyen subtil pour arriver à ses fins, qu'il choisit en fonction de sa culture et de sa mentalité.

Certains sont très forts et utilisent leur mental comme un support matériel, ce dont nous sommes encore loin d'avoir saisi les mécanismes… Cela nous amène à considérer que tout le monde n'a pas ce sombre pouvoir d'ensorceler.

LES DIFFÉRENTS TYPES DE SORCIER

Si le sorcier était facilement reconnaissable à une certaine époque par ses vêtements sombres également, à l'heure actuelle, le sorcier ne s'habille plus en public ainsi. Il serait sûr de se faire remarquer et de s'attirer des foudres dans la rue. Le sorcier pratiquant des rituels dissimulera donc bien souvent ses manigances devant son autel, chez lui, muni de son accoutrement sombre, ou sans accoutrement. C'est surtout que le vêtement du sorcier servait jadis d'appât aux crédules souhaitant qu'on leur lise les lignes de la main, puisque seul le vêtement permettait de définir la catégorie sociale. Maintenant ce n'est plus le cas, le vrai sorcier se promène dans la rue avec une tenue classique et se fond dans la masse.

À l'heure actuelle, même si peu de personnes se laissent berner par un accoutrement, certains restent attachés à ces traditions vestimentaires. Certes, l'habit ne fait pas le moine, mais nous savons tous que l'habit permet toutefois de nous mettre en condition et de rentrer dans un personnage que l'on souhaite représenter.

En dehors de l'habit qui n'est plus vraiment une indication, il existe différents types de sorciers dont les attitudes et comportements en disent long sur leur capacité. Ils dictent leur caractère et leur façon d'être.

LE SORCIER DES CAMPAGNES

C'est le plus commun de tous. La plupart de ces sorciers agissent le plus naturellement possible sur le concept du mauvais œil, basé sur de l'auto-envoûtement. La majorité sont des pseudo-sorciers, voire des hypnotiseurs, des charmeurs, des influenceurs…

Le pseudo-sorcier utilise sa réputation (pouvoir charismatique, prestance, statut) pour influencer la pensée d'une personne, provoquant l'auto-envoûtement sur autrui.

Le sorcier hypnotiseur utilise le procédé de l'hypnose et l'art de la suggestion mentale afin de manipuler les personnes. Il utilise également les phénomènes psychiques (image astrale, somnambulisme, allusions sous forme d'images, etc.) en étant dans un état hypnotique semblable à une conscience modifiée permettant à son esprit de voyager astralement dans le but de nuire. Ainsi, ni vu ni connu. Il ne fait pas usage et mention de la création d'égrégore. Aucun rituel de magie n'est effectué.

Le sorcier frustré utilise des rites grossiers pour parvenir à changer le cours des événements (utilisation des animaux comme appât par exemple, ou d'une personne empathique et crédule) dans le but d'influencer mentalement et physiquement une personne. Ici on pourrait évoquer la création d'un égrégore, mais sans rituel élaboré, sans passer par la déprogrammation de l'égrégore. Néanmoins, des saletés sont collées sur l'aura de la personne. L'égrégore créé va venir s'abreuver et atteindre l'état physique et psychique de la victime. Ainsi se forme un mauvais œil, directement « d'un esprit » créé par l'homme.

LE SORCIER BOHÉMIEN

Le sorcier bohémien utilise les arts divinatoires (tarot, chiromancie) et la suggestion hypnotique dans le but de suggérer et influencer la personne.

Il est plus aisé de se sortir d'une sorcellerie des campagnes que de se sortir d'une sorcellerie goétique[15] en raison justement de ses rites spéciaux. Seul le magiste[16] aurait la capacité de le faire en raison de cette connaissance complexe. Tout sorcier, chaman, prêtre n'ayant pas suivi cette instruction aura sans doute des difficultés à vous aider.

UN SORT PEUT-IL ÊTRE JETÉ PAR N'IMPORTE QUI ?

Dans ce contexte, lorsqu'on parle de « sort », il ne s'agit plus de mauvais œil, mais de sorcellerie basée sur une volonté farouche de nuire. Si on en croit le fait que nous sommes tous médiums à un certain degré d'éveil et de conscience, tout le monde peut, théoriquement,

15. La goétie est une magie incantatoire par laquelle les esprits malfaisants sont invoqués. Son opposé est la théurgie qui repose sur l'invocation des esprits bienfaisants.
16. Magicien pratiquant la magie ésotérique propre à son époque.

jeter un sort, si on a compris le mécanisme ou appris à le faire. Je souligne bien « théoriquement », car en réalité, il faut avoir acquis suffisamment quelques notions à ce propos (et pas seulement) pour en comprendre le sens primordial. En effet, beaucoup d'éléments entrent en jeu lorsqu'on parle d'énergies. Ces connaissances sont d'autant plus importantes que le fait d'être conscient de ce qui se passe autour de nous pour nous en prémunir. Il faut avoir compris comment fonctionne une sorcellerie pour justement l'anticiper.

Si tout le monde peut détenir cette capacité à avoir le regard mauvais, nous aurons donc sur la liste beaucoup de monde : les copains, les conjoints, les amants, les collègues, la famille… Nous pourrons en lister encore et encore. Cela touche toutes les catégories sociales, à commencer par soi-même. Pour la sorcellerie, nous aurons un peu moins de monde, donc quelques catégories de personne. En effet, pour qu'un sortilège fonctionne parfaitement, il doit être jeté par :

- un sorcier **inné** (médium, spirite, gourou, chaman) ;
- ou un sorcier **initié** (apprentissage initiatique, professionnel ou familial).

Les deux ont la capacité d'utiliser les forces subtiles, d'influencer et de se servir des esprits et des entités. Nous savons que nous sommes pratiquement tous médiums, donc bien souvent la personne ignore qu'elle possède un don occulte, beaucoup font un déni de leur potentiel de sorcellerie, et peuvent par conséquent malencontreusement provoquer un jet de sort de type mauvais œil avant même de passer par un quelconque rituel de sorcellerie. Mais une fois que la personne a compris qu'elle a jeté un mauvais œil, celle-ci peut vouloir continuer et ne plus s'arrêter. Cela reviendrait à comprendre la musique après en avoir saisi les mécanismes en théorie et en pratique, et pouvoir matérialiser un fait occulte volontairement. Cela s'appelle de la magie noire, si le but est de nuire. Dans le cas contraire (Dieu merci !), le but est de guérir votre entourage.

Le sorcier doit pouvoir accéder à quatre éléments pour influencer sa victime, pour pouvoir pénétrer son aura, c'est-à-dire obtenir un échange énergétique de son champ astral :

- toucher la personne physiquement (échange énergétique par le toucher, vampirisme) ;
- toucher la personne émotionnellement (échange énergétique émotionnel) ;
- toucher un objet lui appartenant (charge énergétique) tel que photo, vêtement, etc.

QUE PERMET LE JET DE SORT ET QUELS SONT SES PROCÉDÉS ?

La personne qui jette un sort a la capacité de :

- s'attaquer au mouvement de sa victime, à son équilibre interne, la paralyser ;
- altérer les sens d'une personne (surdité, perte de la vue, du goût, de l'odorat) ;
- contrôler les facultés mentales, ôter l'usage de la raison (coup de lune, crise d'angoisse, paranoïa, idées morbides, folie) ;
- provoquer des insomnies (perturbation du sommeil, cauchemars, terreur nocturne) ;
- inspirer des sentiments de haine ou d'envie à une personne contre une autre, susciter la passion amoureuse ;
- perturber le fonctionnement des appareils et des machines ;
- entraver la reproduction du genre humain (nécrose des ovaires, stérilité, problèmes de l'appareil reproductif) ;
- s'approprier le bien d'autrui (capital financier) ;
- déplacer, endommager les objets ;
- maîtriser l'eau et le feu ;
- introduire des objets dans le corps humain ;

- déclencher des maladies (maladie infantile, maladie dormante) ;
- changer les qualités du corps humain (vieillissement précoce, grossesse tardive) ;
- provoquer des accidents (chutes, coups, bleus) ;
- pousser à une passion criminelle (adultère, divorce, crime) ;
- effectuer des ligatures, griffures, bleus ;
- faire mourir les personnes (maladie, accident, crime) ;

Cela dit, il existe fort heureusement un côté positif. Une personne en mesure de jeter des sorts peut choisir de le faire dans le sens du bien-être des personnes autour d'elle, et ainsi, de :

- guérir les maux
- interpréter et décrypter les messages et les manifestations (géomancie, ornithomancie, cartomancie, oniromancie) ;
- détecter les manifestations médiumniques et paranormales (radar interne, sensibilité aux ondes négatives) ;
- trouver les choses cachées (objets, corps, maléfices) ;
- pressentir, deviner les faits à venir ;
- savoir les intentions et les sentiments d'autrui ;
- dialoguer avec les morts, invoquer les esprits ;
- modifier la nature, le contenu des choses (guérison).

En général, les procédés de la sorcellerie sont les suivants :

- visualisation et image astrale (de nature spontanée) ;
- sortilège magique (de nature occasionnelle) ;
- rituels occultes (de nature récurrente).

Ces procédés peuvent s'associer. Le dernier moyen, rare, demande énormément d'efforts et de concentration sur le long terme.

LES FORCES NATURELLES

On sait à présent que la sorcellerie, telle que l'on la connaît maintenant, est un rituel à but magique, intentionné, réalisé dans le but de nuire. Lorsque le sorcier travaille dans sa pratique, il travaille avec les énergies, des forces agissantes naturelles que l'on ne voit pas, mais qui sont bien là.

Les forces naturelles de l'invisible subtil appartiennent :

- au plan divin, avec les différentes hiérarchies (archanges, trônes, séraphins, chérubins) ;
- au plan du bas astral, avec les entités/esprits, les égrégores, les âmes errantes.

Les forces naturelles de l'invisible matériel appartiennent :

- au plan humain, avec les personnes (âme, potentiel) ;
- au plan tellurique, avec la nature, les plantes, la roche ;
- au plan céleste, avec les cycles lunaires, les cycles solaires, les signes du zodiaque ;
- au plan électromagnétique, avec les ondes telluriques ;
- au plan métallique, avec les objets chargés ;
- au plan psychologique, avec la suggestion mentale, l'intention et la conscience.

Tous les sorciers ne pratiquent pas la sorcellerie d'une manière protocolaire, même si certaines pratiques occultes exigent un minimum de règles à suivre, notamment la protection et d'autres consignes plus contraignantes, demandant un certain temps, une routine spécifique, en fonction des horaires planétaires. D'autres vont au contraire opter pour plusieurs façons d'exercer librement, selon leur instinct, et peaufiner leur savoir-faire. Car la sorcellerie est un art. On aura beau suivre un protocole magique, le résultat dépend du mode d'emploi mis en place en corrélation avec les forces. Vous n'êtes pas la Loi, ni Dieu. Et surtout, il faut avoir une intention, une conscience et une concentration exemplaires, ce qui n'est pas donné à tout le monde ici-bas. Un simple vagabondage peut faire échouer votre rituel et avoir des conséquences désastreuses pour vous. Recommencer ne servirait à rien. Tout doit être méticuleux. Pour réussir un rituel, il faut commencer par prendre son temps. Par exemple : lorsqu'un prête officie une cérémonie, tout est préparé, élaboré cérémonieusement et protocolairement. En cuisine, lorsque vous préparez votre gâteau, c'est pareil : vous mettez sur table les ingrédients correspondant à votre recette, vous lisez la recette pour parvenir au but recherché, et vous commencez l'élaboration de votre gâteau cérémonieusement et religieusement, dans une intention neutre, sans pensée parasite.

Sachez que vous ne maîtrisez par les forces divines, vous maîtrisez simplement votre propre force énergétique, car le résultat en dépend, mais il existe de multitudes de sources de loi, comme la loi du triple retour, de la protection divine[17]. Il faut avoir l'humilité de respecter ce qu'est la sorcellerie, mais aussi Dieu et ses lois.

LES PHASES LUNAIRES

Malheureusement, ce n'est pas un mythe. Les phases lunaires (pleine lune ou nouvelle lune) accentuent les influences. Les énergies environnementales et nous-mêmes sommes exposés à ce genre d'influences. Par exemple, la pleine lune nous rend influençables. Nous sommes en phase pleine intérieurement, comme une cocotte-minute, pour nous permettre de nous « ouvrir » dans le but de nettoyer nos énergies, de nous purifier, comme la fleur où la sève se régénère.

17. La « loi du triple retour » est un terme inventé par la Wicca, un mouvement religieux New Age fondé sur l'« ancienne religion païenne ». Cette loi rappelle qu'il y a une loi primaire à laquelle on ne déroge jamais : celle de la loi de l'équilibre. Sans cette loi de l'équilibre, il n'y a point de retour. Or, les lois naturelles sont justes. Elles répondent donc à un équilibre. Négatif ou positif, cette loi du triple retour repose sur une définition simple : tout ce que l'on fait nous sera rendu trois fois plus fort. Aussi, cette règle du triple retour avait été énoncée pour dissuader les novices de tenter un tour de magie démoniaque. Cette loi existe bel et bien, tout se paye. La vie est mathématique, cyclique. Un retour, il y en a forcément un. Reste à savoir quand.

Malheureusement, au moment de la pleine lune, en raison de cette ouverture pour expulser les énergies négatives, toutes les formes de parasites sont présentes dans l'astral (entités, sorcellerie, influences négatives concrètes en tout genre) et il est facile de « mordre à l'hameçon », provoquant ainsi des auto-envoûtements. Ce n'est pas la pleine lune qui nous porte l'œil, c'est le dégagement des énergies négatives qui en est la cause, dont on finit par être contaminé si la protection n'est pas effectuée.

La pleine lune est notamment la période idéale pour le sorcier, elle représente ce passage ultime où il est aisé de travailler avec les forces intenses présentes pour faire des rituels, afin d'obtenir ces influences énergétiques mauvaises beaucoup plus facilement. En effet, il est fréquent d'avoir des comportements un peu extrêmes en ces phases : excitation, nervosité, colère, cauchemars, insomnies, etc. Mieux vaut rester vigilant, conscient, alerte, bien ancré à la terre, bien détendu en cette période, surtout. C'est vital et nécessaire. Évitez d'aborder des conversations sensibles et des questions qui fâchent durant ces phases.

LA SORCELLERIE, UN BIEN OU UN MAL ?

La notion du bien et du mal n'a pas réellement de sens en sorcellerie. Je m'explique : tout est dans la manière d'exercer la pratique occulte. En fait, ces deux formes de magie se ressemblent à tous points de vue. Il s'agit d'influencer un fait, une situation, ou bien une personne, une plante, un animal. Par exemple, on va utiliser la sorcellerie aussi bien pour crever un abcès, guérir d'une maladie, attirer l'amour, que pour nuire, tuer, se venger, s'approprier une personne.

Quoi qu'il en soit, il s'agit de modifier le cours des choses. La notion du bien et du mal dans ce contexte est donc assez floue.

En revanche, c'est la manière d'exercer qui différencie la pratique. Clarifier nos intentions fait toute la différence dans le procédé. Aussi, nous n'invoquons pas les mêmes divinités, les mêmes égrégores, ni les mêmes entités lors de rituels, prières, etc. Les invocations peuvent être d'ordre divin ou satanique.

En fait, un dégagement est par définition un bannissement qui voue à détruire, peu importe le choix du bien ou du mal.

Certaines personnes n'hésitent pas à utiliser la sorcellerie à des fins de « réussite personnelle », au détriment d'autrui. Il n'y a rien de bon dans cette pratique. Les forces pourraient finir par se retourner contre ces personnes, qui auraient plutôt intérêt à travailler sur leur manque de confiance en elles, et à se tourner vers leur divinité pour obtenir ce qu'elles désirent – plutôt que ce qu'elles convoitent par jalousie. Par exemple, au lieu de convoiter le poste d'un collègue, il est préférable de travailler pour obtenir un poste qui nous convient mieux. Il faut savoir respecter autrui, les valeurs et principes qui nous guident. Personne ne voudrait être victime de sorcellerie, par conséquent il vaut mieux ne pas faire aux autres ce qu'on ne voudrait pas qu'on nous fasse.

Ne renvoyez pas le sort

Mieux vaut annuler ou supprimer le sort que de le renvoyer. Ne vous mettez pas au niveau vibratoire d'une personne qui vous jette un mauvais sort : la vengeance ne ferait que vous desservir encore plus, car elle est rotative, vous n'en finirez pas, inutile donc de vous fatiguer pour cette personne. Faites annuler le sort pour vous permettre d'aller mieux et de vous prémunir contre ces attaques. Ensuite, respirez un bon coup, marchez, tournez la page et avancez. Laissez les autres êtres en retard dans leur évolution : s'ils ont décidé de rester figés sur place avec leur rancune, c'est leur problème plus le vôtre. Le temps, ou Dieu, se chargera d'agir lui-même. Si vous êtes empathique ou si vous aimez néanmoins la personne, envoyez-lui de la lumière, de l'aide ou une pensée bienveillante.

LES DIFFÉRENTS TYPES DE SORCELLERIE

Les procédés sont fort nombreux, l'imagination des sorciers est immense et la bêtise humaine illimitée. Leurs particularités les font appartenir à des classifications précises.

LA SORCELLERIE À DISTANCE (PHOTO, MÈCHE DE CHEVEUX, SANG...)

C'est la plus commune de toutes les sorcelleries existantes. Elle est très utilisée par les sorciers du fait de la facilité de son utilisation. Il existe d'innombrables procédés pour nuire qui dépendent de la charge de l'objet (photo, mèche de cheveux, sang...) et de l'utilisation que l'on en fait. Si l'objet est enterré, la personne sera dépourvue de force et d'énergie, apathique et déprimée. Si l'objet est enterré dans une tombe, la personne va développer une apparence mortuaire, elle n'aura pas de projet, et se laissera errer et voguer, elle déprimera et aura des cauchemars en lien avec la mort. Si l'objet est entièrement enveloppé dans un tissu, elle aura du mal à voir clairement ou à réfléchir avec cohérence, elle aura notamment des difficultés à respirer, à se déplacer, elle fera fréquemment du surplace. Si l'objet est placé sur les organes génitaux d'une poupée consacrée, la personne aura des difficultés à enfanter ou des problèmes gynécologiques.

Il y a vraiment de multiples façons de faire. Par exemple, l'application Snapchat fonctionne très bien si on veut faire tomber quelqu'un dans la débauche. Il suffit intentionnellement de mettre un porc sur le visage de la personne. Tout ce que l'on pense ou fait crée une conséquence. Il m'est arrivé de remarquer des changements de comportement chez mon mari, après qu'un « ami » un peu pervers s'était amusé avec cette application et le visage de mon mari. De nombreux couples seraient tombés dans le piège de la jalousie et des disputes, dans un tel cas. Je me répète certainement mais l'Univers ne connaît pas la négation. Soyez vigilant.

LA SORCELLERIE DÉPOSÉE (ENTITÉ ENVOYÉE SUR UNE VICTIME)

Cela signifie que le sorcier vous a envoyé une entité pour faire le travail à sa place. Il dépose l'entité dans le corps de la victime ou de l'animal. L'entité fait son job, elle entre dans le corps de la victime, ainsi elle peut se nourrir et se loger jusqu'à trouver un autre corps à exploiter, et ainsi de suite. Le sorcier dépose l'entité où il veut dans le corps de la personne, cela peut être les organes génitaux dans le but de lui éviter de faire des enfants, cela peut être dans la tête dans le but de l'empêcher de raisonner, etc. Généralement, on ressent une douleur localisée permanente. Certaines entités sont déposées dans le corps pour rendre la personne malade et parfois pour compliquer son rétablissement. L'entité agit sur sa biologie profonde, sur ses failles, sur son ADN.

L'entité peut aussi être déposée dans un objet. L'objet chargé doit être placé dans un endroit précis, proche de la victime, afin que les ondes que l'objet émet, ou plutôt que l'entité émet, créent un brouillage. La victime détient alors la boîte de Pandore. Il faudra brûler cet objet ou utiliser un autre moyen qui pourrait en faire partir l'entité. Celle-ci peut réagir en décidant d'entamer une discussion entre elle et le médium pour négocier un arrangement afin de continuer à se nourrir pour vivre. Cependant, l'entité doit partir, et il faut être autoritaire et avoir du répondant pour la convaincre de s'en aller. Cela ne signifie pas la taper ou lui crier dessus, mais lui montrer qu'elle n'a pas sa place ici et qu'il est mieux pour elle d'aller du côté de la lumière pour continuer à évoluer ailleurs.

LA SORCELLERIE CONDITIONNELLE

Chaque fois que vous mettez une tenue vestimentaire à la mode, classe ou attrayante, ou encore si vous achetez une voiture flambant neuve, vous avez peut-être remarqué que vous ne récoltez que des ennuis en rapport avec l'objet en question. Cela peut être une chute détruisant votre nouvelle tenue, ou bien un accident amochant votre voiture. Il y a aussi l'exemple de l'homme qui a mal quelque part ou à qui il arrive des ennuis quand il voit sa femme. Ce n'est pas forcément sa femme qui lui cause du tort, mais une sorcière ou un sorcier qui cherche à se venger, à prendre la place de l'autre, ou à s'approprier mentalement la personne ou le bien en question. Je pourrais énumérer encore une bonne centaine de phénomènes étranges, comme celui où chaque fois que l'homme travaille, la femme ne travaille pas et perd sa clientèle.

LA SORCELLERIE TRANSGÉNÉRATIONNELLE

Le sort est lancé sur une personne en vie actuellement dans le but de la contaminer, elle et toute sa lignée familiale. Le sort touche donc la descendance. Cela se produit surtout en cas de familles recomposées ou de remariages. Par exemple, le sorcier peut s'attaquer à l'ex-partenaire et ses enfants, qui subiront ainsi des préjudices à répétition, les menant à vivre une malédiction permanente.

LA SORCELLERIE KARMIQUE

Le sort est lancé dans le présent pour contaminer la victime, toute sa vie actuelle, ainsi que les prochaines vies à venir. La personne est alors en permanence en échec dans sa vie sentimentale, professionnelle, etc., sans en comprendre le sens. Tous ses efforts restent vains. Pour venir à bout de cette sorcellerie karmique, il est important qu'un sorcier expérimenté défasse le nœud, par le biais d'un nettoyage karmique (annulation des mémoires karmiques et marqueurs étrangers). Le sorcier ayant lancé ce sort aura une dette karmique dans cette vie ou la prochaine. Il devra certainement faire un travail d'intérêt général, sans doute faire le bien là où il a fait le mal. N'oublions pas que tout est circulaire.

LA SORCELLERIE À LA MAISON

Les problèmes liés à la maison s'accumulent (travaux, etc.) alors qu'ils ne devraient *a priori* pas exister, les disputes sont fréquentes, et la maison est polluée par les larves. Si elle n'est pas nettoyée rapidement, elle contamine tout l'entourage, jusqu'à casser les liens familiaux. Si vous peinez à rentrer à la maison après le travail par exemple, consultez rapidement, n'attendez pas que l'irréversible apparaisse. Il est souvent judicieux de déménager pour changer d'atmosphère, pour casser les mauvaises habitudes, repartir sur de meilleures bases. Avant cela, il est important d'effectuer un grand nettoyage sur soi et l'entourage pour ne plus reproduire de larves.

Les symptômes sont :

- disputes avec l'entourage ;
- problèmes sur la maison (fissures des murs, problèmes de plomberie, fuites, humidité…) ;
- retard dans les travaux de la maison, arrêt brutal des travaux ;
- enfermement, peur de sortir, ou au contraire de rester chez soi ;
- vaisselle qui se casse sans arrêt ;
- chutes et accidents à la maison ;
- dépression dans la maison ;
- bruits et phénomènes bizarres tels que lumière allumée sans que personne n'ait touché l'interrupteur.

En sorcellerie, on utilise beaucoup les égrégores pour donner une formulation agissante. Ce ne sont donc pas des entités décédées qui cherchent à montrer leur présence en faisant des bruits, ou en allumant la lumière, comme certains s'efforcent de le croire pour éviter d'en avoir peur. Malheureusement, ce n'est pas toujours le cas ; cela dépend du contexte. Il y a parfois une recherche à faire en amont avant de se dire que c'est votre oncle qui vient vous rendre visite. À moins que celui-ci ne soit devenu un ange censé vous épauler durant une petite mission… c'est possible, mais rare. Je rappelle ce proverbe antique : ce qui est en haut est comme ce qui est en bas. En effet, dans la majorité des cas, nos proches, lorsqu'ils partent vraiment dans la lumière, vont vers une autre dimension, une autre vie, pour continuer leur évolution. Mais il peut arriver que des âmes défuntes fassent du bruit dans une maison ancienne. Certaines, coincées dans l'astral, cherchent à sortir. Ce n'est donc pas forcément de la sorcellerie. En cas de sorcellerie, d'autres variantes viendraient s'ajouter, telles qu'une pression sur le thorax la nuit, etc., ou une entité (incube ou succube[18]) qu'un sorcier vous a envoyée, par exemple. Il est donc important de prendre le temps de cerner le problème.

Chez les personnes dotées d'une imagination particulièrement fertile, il se peut qu'un égrégore se soit créé directement dans cette imagination. Les intentions et pensées nourrissent cet égrégore.

Attention également aux cadeaux empoisonnés ! Le plus souvent, ce sont des objets de sorcellerie souvent déposés devant la maison, où à l'intérieur de celle-ci.

18. Entités (on parle aussi de « vampires énergétiques ») désincarnées ou créées par des sorciers qui se nourrissent de l'énergie sexuelle. Présentes essentiellement dans notre sommeil, les entités incubes sont mâles et les entités succubes sont femelles. Physiquement, on peut ressentir une pression sur le thorax jusqu'à vivre une paralysie du sommeil. Les réveils nocturnes s'accompagnant d'angoisses, de sensations de vibrations ou bien les endormissements accompagnés de frissonnements intérieurs sont représentatifs de la présence de ces entités. Après le passage de ces entités, nous nous sentons léthargiques, avec l'impression de n'avoir dormir que deux heures.

Il existe beaucoup d'objets chargés nous portant l'œil quotidiennement, et ceux-là ne devraient même pas subsister chez nous. Parmi ceux-ci :

- les objets ayant été consacrés présentant une charge ou une présence d'une entité confinée (cadeau empoisonné, objet déposé, etc.) ;
- les objets ayant appartenu à un propriétaire décédé (bijoux, meubles, boîtes, etc.) ;
- les objets ayant appartenu à un rituel ou une cérémonie (charge d'un masque africain, d'une effigie, etc.).

À l'heure actuelle, beaucoup utilisent les cadeaux. Méfiez-vous des cadeaux offerts par une personne pas vraiment intéressée par vous, celle-ci pourrait avoir un but unique : influencer, par sa présence, à partir de l'objet en question. Difficile de connaître la véritable intention d'un cadeau. Souvent, on garde le cadeau chez soi. Dans le doute, mieux vaut le jeter.

Ne vous sentez pas coupable de vous débarrasser d'un cadeau douteux !

Pas de culpabilité à avoir. Deux solutions s'offrent à vous : jeter le cadeau après son arrivée, ou refuser gentiment le cadeau en prétextant une excuse, et oublier la réaction de la personne. Je sais que cela n'est pas aussi simple, car cela dépend du contexte, mais il n'y a que vous qui puissiez ressentir un mauvais œil, une situation qui vous procure un mal-être. Faites-vous confiance.

J'ai moi-même fait l'expérience d'un cadeau empoisonné à répétition. Une fleuriste que nous connaissions mon mari et moi nous offrait des fleurs à chacune de ses visites. J'ai fini par comprendre que son intention était de séduire mon mari. Inutile de vous dire que les fleurs ont fini à la poubelle…

LA SORCELLERIE EN VOITURE

Si votre voiture est passée tranquillement au contrôle technique mais que malgré tout, il y a des phénomènes bizarres, il se peut qu'il y ait sorcellerie. Le garagiste s'aperçoit d'un souci mais n'arrive pas à trouver d'où il provient, il l'arrange mais le problème persiste, demandez-vous qui peut bien vous en vouloir. Cela peut toucher n'importe quel moyen de transport : vélo, moto, trottinette, etc.

Les manifestations sont :

- accidents ;
- pannes fréquentes ;
- pneus fréquemment crevés ;
- système électrique brouillé ou défaillant ;
- volant qui bloque ;
- roue qui se bloque.

Attention, certains anges refusent de vous laisser prendre le volant, simplement en le bloquant ou en bloquant une roue au moment du démarrage. Ils vous protègent ainsi d'un accident. Nous comprenons rarement le sens des événements sur le moment. Pour la sorcellerie, c'est pareil, on comprend toujours après.

Sorcellerie multiple ou en série

Certaines des sorcelleries citées précédemment peuvent être combinées entre elles et en même temps, et ce sans aucune limite. Alors que certaines s'ajoutent au fur et à mesure. Le sorcier s'acharne sur vous. Il peut faire plusieurs sorts à la fois, puis en rajouter, et une fois que vous avez enlevé la sorcellerie, une autre arrive. Cela ne s'arrête jamais.
Tant que l'on ne soigne pas la personne, elle peut garder la sorcellerie à vie et les accumuler. Il y a donc un risque pour qu'elle perde sa conscience, son identité, le contrôle de sa vie. Certaines y laissent malheureusement leur vie, car elles n'en peuvent plus.
De plus, il est rare de savoir sur quel plan la sorcellerie va agir sur la personne d'une manière précise. La sorcellerie est souvent aléatoire, surtout lorsqu'elle est mal maîtrisée. Ce qui est sûr, c'est qu'il y aura réaction.

LES POUPÉES

Nous les appelons également « dagydes », un terme utilisé communément en occultisme, qui vient du grec *dagos* signifiant « poupée », ou encore « poupées vaudoues » ou « katins ». Ce sont donc tout simplement des poupées. À l'origine, ces poupées étaient censées représenter un Dieu ou un personnage hautement important, à qui on a donné le pouvoir de nous apporter la protection, par exemple. On sacralisait cette poupée par des rites cérémoniaux. Parfois, on la remerciait en la décorant d'offrandes. Ainsi, elle devenait une entité vivante à part entière. Chargée, elle avait donc le pouvoir que l'on lui accordait. Contrairement aux croyances répandues, dans le vaudou ces poupées ne sont pas forcément utilisées pour ensorceler, en réalité les fidèles les offrent sur les autels d'Erzulie (divinité du vaudou). En revanche, les wangas (ou ouangas) permettent de jeter des sorts provoquant perte financière, rupture amoureuse, maladie… La dagyde est faite souvent d'argile, de bois, mais aussi de cire ou de chiffons, accompagnée de clous, de fil de fer dans le but de faire du mal, comme la nkisi (pluriel minkisi), produite sous différentes intentions, par exemple. Ce ne sont pas toujours des poupées dodues comme on en voit en Occident, parfois on les rencontre sous forme de paquets ficelés contenant de nombreux ingrédients tels que cheveux, ongles, peau, sang, tissus vestimentaires, et sur une photo ou un bout de papier on ajoute un nom. Une poupée peut être faite d'un simple bâton de forme plus ou moins humaine, avec les moyens du bord, et clouée partout. On pratique alors divers rituels de magie noire tels que piqûres d'aiguilles, coupures et même brûlures. La victime de ces rituels de magie noire est supposée souffrir de ces actes, notamment sur les endroits stratégiques. Par exemple, si la victime se sent étouffer, la poupée a été mise dans un endroit enfermé (caveau, sous terre, etc.). On trouve les minkisi en collections dans les musées, bien évidemment celles-ci sont inoffensives, dépourvues de toute magie, les substances magiques ont été retirées afin que ces objets soient inactifs.

Contrairement aux croyances répandues, dans le vaudou ces poupées ne sont pas forcément utilisées pour ensorceler, en réalité les fidèles les offrent sur les autels d'Erzulie (divinité du vaudou). En revanche les wangas (ou ouangas) permettent de jeter des sorts provoquant perte financière, rupture amoureuse, maladie… Ce ne sont pas vraiment des poupées, mais simplement des paquets ficelés contenant de nombreux ingrédients tels que cheveux, ongles, peau, sang, tissus vestimentaires, et sur une photo ou un bout de papier on ajoute un nom. On pratique alors divers rituels de magie noire tels que piqûres d'aiguilles, coupures et même brûlures. La victime de ces rituels de magie noire est supposée souffrir de ces actes, notamment sur les endroits stratégiques. Par exemple, si la victime se sent étouffer, la poupée a été mise dans un endroit enfermé (caveau, sous terre, etc.).

Les yeux des poupées

Certaines poupées sont plus effrayantes que d'autres en raison de leurs yeux. Elles ont été chargées pour nous porter la guigne, pour réveiller la peur en nous, pour faire venir des larves et des entités potentielles venant prendre siège dans notre corps. C'est pourquoi certains enlèvent les yeux des poupées pour enlever l'œil…

Les poupées protectrices

Les poupées sont simplement des supports ; sans intention, elles n'ont aucune valeur. Si vous croyez en l'existence d'une créature protectrice spirituelle, vous pouvez la créer physiquement sous forme d'une très jolie et gentille poupée magique, en feutrine par exemple, ou toute autre matière de votre choix. Elle pourra remplacer les amulettes et autres grigris, comme les pierres. Vos enfants adoreront parler avec leur poupée protectrice la nuit pour se rassurer. Attention toutefois lors de la confection à ne pas laisser vagabonder votre esprit, c'est l'ennemi numéro un du rituel. La concentration est primordiale, soyez ancré.

– CHAPITRE 6 –
ÉNERGIE, CONSCIENCE ET INTENTION

« Toute intention met l'énergie en mouvement,
que vous en soyez conscient ou pas. »

Gary Zucav

Après avoir distingué le mauvais œil de la sorcellerie, nous allons comprendre davantage pourquoi il y a un réel paradoxe dans ces deux termes. Comme je l'ai expliqué précédemment, ces deux termes peuvent parfois être utilisés comme des synonymes alors qu'ils ne le sont pas. Nous avons également précisé que la conscience est le condensateur, c'est-à-dire ce qui permet d'accélérer le processus du mauvais œil. J'évoque dans mon précédent ouvrage[19] ce que sont la conscience et l'intention, mais je vais faire un rapide résumé en rappel ici pour que vous me compreniez bien.

19. Cécile Dalet, *Le Pouvoir de la médiumnité*, éd. Trajectoire, 2019.

L'ÉNERGIE

J'ai déjà expliqué l'énergie dans mon premier ouvrage, mais cette information me paraît importante pour vous faire bien comprendre comment fonctionne une énergie et ce qu'elle vient faire dans le mauvais œil.

« Le hasard, c'est Dieu qui se promène incognito. »
Albert Einstein

À son origine, la Terre a été conçue par une source multiple d'énergie. L'homme est aussi fait de sources d'énergie : si on regarde au microscope notre main, on n'y verra que des énergies vibratoires. La nature, les animaux également. De cette multitude de sources d'énergie s'est créé ce que l'on appelle une matière physique. Chacun possède ainsi un corps, avec ses propres composants, potentiels et vibrations, donnant ainsi un corps humain, une plante, une roche, un animal. Cette matière physique est ce qui permet à l'œil de voir des formes, mais aussi d'établir une communication physique. On peut donc dire que l'énergie est partout, aussi astrale que physique. Tout fonctionne à partir d'une énergie, même les objets créés par l'homme proviennent de sources d'énergie. Si nous enlevons toutes les compositions d'une matière physique, nous sommes dans un réseau électrique et magnétique exponentiel de l'infiniment petit dans cet infiniment grand qu'est l'Univers.

Une énergie est composée de particules de lumière lui conférant un taux vibratoire. Plus le taux de vibration énergétique d'une matière est élevé, plus sa masse sera faible. Prenons l'exemple d'un gros caillou, celui-ci est une matière dont la masse est plutôt lourde, car en réalité, sa vibration énergétique est faible, sa vitesse atomique est nulle. Prenons à présent la lumière, celle-ci a une masse très faible, en revanche, elle est dotée d'une vibration énergétique très élevée. Mais cette dernière n'est plus considérée comme une matière, car bien trop subtile pour en être une. Au vu de sa faible masse, sa vibration sera donc rapide. Pour en revenir au caillou, si on commençait à s'amuser à faire bouger les particules de celui-ci, on serait dans l'incapacité de saisir cette roche dans les mains…

Dans l'énergie, il n'existe aucune notion de bien ou de mal. Aucune polarité de ce type n'existe. Cette polarité a été définie par l'homme par son cerveau analytique droit pour lui permettre d'analyser ce qu'il voit et perçoit afin de survivre dans la matière. À dire vrai, dans l'énergie, il y a simplement une possibilité de création et une possibilité de destruction, vouées à votre service ; ces substances énergétiques sont en dualité permanente, à la fois opposées et complémentaires. Ces deux notions peuvent tuer autant que sauver. Si je dis que l'énergie de ma pensée émise influencera le contenu d'un support de façon mauvaise, celui-ci en sera modifié énergétiquement, chimiquement, potentiellement de manière mauvaise. Mais si j'ai un support dont le contenu est un peu mauvais, mais que la force de ma concentration est de me dire que ce contenu est pur, alors il s'ensuivra également une modification de son contenu jusqu'à ce qu'il soit pur dans sa forme réelle. Ceci explique bien l'intérêt de l'énergie de la pensée intentionnelle véhiculée dans l'astral. Pensons au symbole du yin et du yang, que nous connaissons tous. Ce symbole a la particularité de définir véritablement les phénomènes de la vie et du cosmos par ces deux catégories, à la manière d'une étiquette. Dans la création naît une destruction et dans la destruction naît une création, et ceci dans un cercle, symbolisant l'infini. Telle une loi impossible à déroger.

L'AURA

D'un point de vue physique, nous sommes tous dotés d'une peau qui nous protège des variations de températures, des coups et des chocs que nous pourrions recevoir. Les pores qui lui permettent de rejeter les toxines. Ces pores peuvent être obstrués par différentes saletés. En cas d'agression de la peau, celle-ci peut comporter des plaies visibles où les microbes peuvent pénétrer.

D'un point de vue énergétique, une aura est tout simplement une sorte de peau énergétique, l'équivalent de notre peau physique. Elle a la particularité d'avoir aussi des trous comme les pores, ce qui signifie par la même occasion qu'elle peut être obstruée. Elle peut aussi présenter des plaies dues à des agressions énergétiques invisibles. Les microbes énergétiques peuvent pénétrer et atteindre le système immunitaire, de la même manière que la peau physique.

Cette barrière protectrice agit telle une énergie vibratoire, enveloppant l'homme de manière magnétique. Elle est en quelque sorte une membrane énergétique couvrant le corps physique, et elle est en communication avec d'autres énergies, telles que des ondes énergétiques telluriques et cosmiques et d'autres variations. Un peu comme la Terre avec sa couche d'ozone, par exemple. Cette comparaison est assez imagée et simplifiée, mais permet de se faire une idée.

Cette aura émet un rayon plus ou moins dense autour de la personne, qui se compose de plusieurs couches de corps subtils. C'est ce que nous appelons « champ aurique ». Ce champ aurique est composé de douze corps au total, mais nous allons nous concentrer sur les sept corps subtils principaux : corps physique (l'enveloppe la plus proche du corps), corps éthérique, corps astral (émotionnel, affectif), corps mental, corps causal, corps bouddhique et corps spirituel (céleste, divin).

Vous l'aurez compris, on ne soigne pas le corps physique sans soigner le corps énergétique. Bien que les deux travaillent différemment, ils sont liés.

LE CORPS PHYSIQUE

Bien que celui-ci fasse partie du domaine physique, il reste un corps énergétique à part entière, puisque la science considère désormais le corps physique comme un corps d'énergie. Ce corps physique a la capacité de nous permettre d'exister physiquement sur Terre et de cheminer ici-bas. Il est donc le plus matériel de nos corps subtils, et également le plus proche de notre corps.

Étant donné que sa masse est la plus dense, l'aura est plus rapide que le corps et moins visible à l'œil nu. Étant quasi invisible, l'aura est dépendante de la matière physique.

LE CORPS ÉTHÉRIQUE

Celui-ci englobe l'ensemble du corps physique, on l'appelle également « corps vital » car il sert de colle ou de liant entre le corps physique et le corps astral. Il est l'aimant entre ces deux corps opposés. Sans cette énergie de liaison, ou sans cette « colle énergétique », il serait impossible d'associer les corps physique et astral, dont les particules ne parviendraient même pas à se solidifier entre elles dans la matière. C'est ainsi qu'on le considère aussi comme le siège de la douleur physique, mais il est également responsable de la douleur fantôme[20], puisque le corps éthérique est lié à l'astral aussi. Ce corps éthérique est facile à distinguer à l'œil nu : si une personne se met contre un mur blanc, vous apercevrez son halo à quelques centimètres du corps physique.

LE CORPS ASTRAL

Celui-ci est l'attelage de la conscience, englobant le conscient et le subconscient. Il sert de véhicule à celle-ci. La conscience est une « matière » subtile, légère et rapide. Elle a cette faculté de permettre à l'esprit de « voyager » autant dans la matière physique (rêve éveillé, imagination) que dans l'astral (rêves). Selon Paracelse, il s'appellerait également « corps émotionnel ». Il est assimilé à l'affectif, il est donc soumis à nos émotions (envies, désirs, etc.). Cette intelligence émotionnelle permet cette faculté de connaître et de comprendre, mais surtout de parfaire nos expériences autant dans la matière que

20. Une douleur fantôme est une douleur occasionnelle perçue sur un membre ou une partie du corps qui n'existe plus sur le plan physique, mais qui persiste encore sur le plan subtil éthérique. Les amputés rapportent cette sensation, souvent douloureuse, au début de leur changement de vie.

dans l'astral. Il est possible d'expérimenter un voyage astral par le biais de l'hypnose. Avec ce support, il est plus aisé d'accéder à la porte des mondes parallèles et supérieurs. Ceci demande tout de même un certain entraînement pour ceux qui sont dans le contrôle permanent. Ceux qui sont un peu « dans la lune » sont dans l'astral en réalité, et n'auront donc aucun problème durant les séances d'hypnose.

C'est pourquoi l'esprit doit pouvoir harmoniser ses voyages, l'esprit doit s'ancrer dans la matière pour éviter des désagréments. La conscience seule peut le lui permettre. Par exemple, simplement en étant conscient de bien lire les lettres et les mots orthographiés dans ce texte, et en prenant conscience de leur sens, vous êtes un peu plus présent dans la matière. Cela s'appelle l'ancrage. En partant dans l'astral, vous n'êtes plus vraiment et réellement maître de votre corps physique, votre capacité physique s'en retrouve amoindrie puisque votre conscience est modifiée et dirige en grande partie votre corps astral, dans l'astral. Mais votre corps physique peut ressentir les effets physiques de votre voyage. Le fait de rencontrer des personnes dans l'astral peut affecter aussi votre corps physique, en bien comme en mal. À travers le corps éthérique qui joue le rôle de liant, si le corps astral a été touché, le corps physique peut être ébranlé également. Il est important à ce stade de s'y pencher puisque le corps astral sert de rampe de lancement dans la compréhension de l'esprit et, par conséquent, du mauvais œil, dont on va en comprendre bientôt l'essence.

LE CORPS MENTAL

Celui-ci est l'attelage de l'ego, englobant l'esprit de réflexion. L'ego est ce qui nous permet d'interpréter ce qui est ressenti et perçu par le corps astral, d'en comprendre le message, et d'évoluer au gré de nos incarnations. Il classe nos expériences comme acquises ou pas pour la prochaine réincarnation – un peu comme une carte mémoire. Autrement dit, une expérience non acquise ou reportée est une expérience qui sera renouvelée jusqu'à ce que la personne ait compris et tire un enseignement sur l'expérience afin de pouvoir évoluer.

En définitive, le corps mental est directement responsable de notre évolution. Les formes-pensées se créent à partir du corps mental. L'esprit critique et l'esprit de jugement font croître ces énergies en partant du corps mental, avant d'atteindre le corps astral.

Un voyage mental est beaucoup plus simple à réaliser qu'un voyage astral. Le voyage mental ne dépend aucunement de nos émotions. Le corps mental s'occupe essentiellement de recréer le lieu où vous vous projetez, directement dans votre écran mental, sous toutes les coutures possibles, dans les moindres détails, selon votre mémoire et votre réalité objective. Le corps astral ou émotionnel, lui, investit consciemment ou inconsciemment une partie du travail seulement si le corps mental a ce besoin de se projeter ou de voyager. Ainsi, il servirait donc de transport pour pouvoir extérioriser le corps mental, mais aussi le corps causal.

LE CORPS CAUSAL

Celui-ci est le réceptacle de la carte mémoire avec ce qu'elle y contient, autrement dit son ADN. On y verra donc son caractère, ses qualités, ses défauts… Bref, l'Être qui le compose. Intimement lié au corps mental, il classera et archivera toutes les expériences acquises, pour pouvoir évoluer dans une prochaine réincarnation. Il recèle donc toute la mémoire de son monde antérieur, il contient tous les événements passés et vécus. On appelle ces événements « mémoires akashiques », et certains thérapeutes peuvent aider leurs patients à débloquer les dysfonctionnements en travaillant sur le contenu dans ces mémoires empêchant toute évolution de la personne durant leur incarnation.

Vous remarquerez que le corps émotionnel (ou astral), le corps mental et le corps causal sont d'une importance capitale dans le fonctionnement d'un mauvais œil.

LE CORPS BOUDDHIQUE

Ici, je m'exprimerai au conditionnel, car nous n'avons pas encore suffisamment la preuve tacite de son existence. Cependant, les personnes ayant vécu une EMI[21] témoignent de la présence de ce corps bouddhique aux portes de l'au-delà, sans pouvoir toutefois nous en donner une preuve scientifique. Mais des expériences par le biais de l'hypnose permettent de parvenir aussi à ce stade-là. Il semble que pour accéder à ce corps, il faille une spiritualité élevée ou un voyage astral avec conscience modifiée. Sinon, la plupart des personnes ayant fait l'expérience du corps bouddhique sont des êtres éveillés tels que les saints, les grands maîtres spirituels comme Amma. Donc on supposera sa présence comme étant aussi un corps subtil. Celui-ci serait donc le siège de la conscience spirituelle, et la porte vers les mondes divins et vers l'au-delà (ange, archanges, guides, etc.). Les médiums ont cette faculté de servir de pont sur le palier de cette porte communicante. Certains médiums angoissent énormément lorsqu'ils se sentent projeter violemment, tel dans un ascenseur rapide (sortie de corps involontaire), dans les hautes sphères de l'astral, touchant de près le corps bouddhique, car celui-ci touche un autre monde, celui de l'au-delà.

LE CORPS ATMIQUE

Il n'existe pas de preuve tangible de son existence. En tant que médium, je peux dire que j'en suis le témoin. On l'appelle également corps céleste ou corps divin. Après la mort, c'est le siège où nous retournons : dans la lumière. De mes expériences, ceux qui sont entrés dans la lumière sont rarement revenus pour en discuter avec moi… sauf lorsqu'ils étaient sur le palier. Certains voient leurs êtres chers, mais ce n'est pas toujours le cas. D'autres ont des guides inconnus. C'est tout ce que je peux en dire. Car une fois entrés, je pense qu'une autre vie commence pour eux, mais c'est une supposition. Donc lorsqu'il y a

21. Expérience de mort imminente, c'est-à-dire une expérience de visions et sensations pendant quelques minutes de mort clinique ou de coma avancé.

naissance ailleurs, la porte est close définitivement. Plus de communication possible. Les personnes décédées errantes sont celles qui sont bloquées sur le plan astral, mental et physique, et qui n'ont pas réussi à s'élever suffisamment pour atteindre leur corps bouddhique, puis leur corps atmique. La plupart d'entre elles ont vécu des morts plutôt violentes et n'ont pas eu le temps de prendre conscience de leur cas. Ou bien elles veulent faire passer un message avant de partir définitivement. Les passeurs d'âme les aident à s'élever spirituellement pour leur permettre de passer à autre chose et d'atteindre la porte de sortie vers un autre monde parallèle. Dans certains cas difficiles (alcooliques, drogués, etc.), ces personnes doivent passer par une série d'étapes pour grandir spirituellement et parvenir à atteindre le corps atmique.

LES CHAKRAS

Le vocable *chakra* signifie en sanskrit « roue ». Ces vortex sont les centres vitaux liés aux différents corps subtils que nous avons énumérés. Ils sont logés le long de la colonne vertébrale, attachés en maillons par des canaux énergétiques. Les énergies négatives extérieures, comme le mauvais œil par exemple, peuvent se coller sur notre aura, le brouiller et amoindrir sa vitalité, et par conséquent contaminer l'ensemble de ces centres d'énergie qui ont un lien plus direct avec le corps physique. Ainsi nous tombons malades.

Vous trouverez dans mon précédent ouvrage la liste des chakras avec leur position sur le corps physique, leur couleur associée au type de corps subtil, et leurs actions lorsque celles-ci sont équilibrées ou déséquilibrées. Je vous rappelle juste quelques bases ici :

- Le chakra de base est associé au corps physique.
- Le chakra sacré est associé au corps éthérique.
- Le chakra du plexus solaire est associé au corps astral.
- Le chakra du cœur est associé au corps mental.

- Le chakra de la gorge est associé au corps causal.
- Le chakra du troisième œil est associé au corps bouddhique.
- Le chakra couronne est associé au corps atmique.

Chacun de ces vortex vibre dans une intensité graduelle. La circulation des canaux, d'un vortex à un autre, ne se fait pas de façon saccadée, mais graduelle. Un peu comme une onde dont l'intensité varie également.

LA CONSCIENCE

« Toute conscience est conscience de quelque chose. Tout état de conscience en général est, en lui-même, conscience de quelque chose, quoi qu'il en soit de l'existence réelle de cet objet et quelque abstention que je fasse, dans l'attitude transcendantale qui est mienne, de la position de cette existence et de tous les actes de l'attitude naturelle. »

H. Husserl

« C'est la description du phénomène. C'est le passage du phénomène de la conscience voilée à la conscience dévoilée. »

A. Caycedo

« La conscience est la capacité de se percevoir (…), de penser et de se comporter de manière adaptée. (…) En ce sens, elle englobe (…) la perception objective de la réalité. »

Wikipédia

Notre cerveau est sélectif. Notre mode de réception et d'émission dépend de notre sujet d'attention. Il est impossible de parler d'intention sans évoquer la conscience, et vice versa – ces deux concepts sont différents.

La conscience est elle-même consciente de quelque chose. Cette conscience se manifeste chez toute personne consciente. Être conscient inclut la notion de voir et de percevoir l'existence d'un objet, ou la réalité, d'une manière réelle et objective. La conscience permet de dévoiler une réalité et une existence selon la perception de l'être qui l'expérimente – cette perception est ce qui définit l'être, également.

La conscience se manifeste par des actions intentionnelles telles que :

- Acte de percevoir par l'organe de l'œil
- Acte de perception par la conscience
- La corrélation perception/perçu par l'œil et la conscience

L'INTENTION

L'intention est ce qui apparaît à la conscience au travers de ce que Husserl appelle « intentionnalité ». Celle-ci anticipe la perception et l'idée objective que l'on se fait. Toute perception est dirigée, sélective, intentionnelle, mais aussi intuitive et immédiate.

> « L'intentionnalité anticipe la perception du phénomène. L'intentionnalité est à la base du processus de "la conscience qui va devenir conscience de quelque chose au plus profond de l'Être". Avec la réduction phénoménologique, l'intentionnalité va aboutir à l'intuition des essences. »
>
> A. Caycedo

En conclusion, chaque phénomène a toujours une intention, consciente ou non, activant les structures de l'Être physique. Nous ne pouvons pas émettre un phénomène sans intention.

Et sans intention, pas de magie…

Voyons plus précisément ce qu'est le vouloir. Prenons deux catégories de personnes dans le vouloir. La première catégorie sait ce qu'elle ne veut pas. La seconde sait ce qu'elle veut. Nous nous apercevons qu'il y a énormément de monde dans la première catégorie, par rapport à celle qui sait ce qu'elle veut. Pourquoi est-ce ainsi ? Parce que le vouloir est une notion qui est placée après avoir bénéficié d'une expérience. Or le vouloir devrait normalement se situer avant la formation d'une expérience. Aussi, les personnes qui savent ce qu'elles veulent avanceront bien plus vite que celles qui ne savent pas ce qu'elles veulent. Pourquoi ? Parce qu'elles ont su exercer ce pouvoir du vouloir. Certains parviennent à exercer le vouloir en ayant une intention bien précise, en se disant simplement, par exemple : « Je veux que cette personne soit malade. » Cependant, ceci n'est que la formation d'une pensée à l'état fertile, familièrement parlant on appellerait ça un petit feu de paille, et sous le jargon occulte, une forme pensée non intelligente, restée au stade de larve, car non nourrie et non préparée. Elle n'influencera donc nullement la personne en question. En effet, il en faudrait bien davantage pour que ceci prenne effet si la personne n'est pas asservie. Autrement dit, il faudrait un condensateur pour parvenir à suggérer d'emblée cette intention. C'est comme pour faire un gâteau, il faudrait assez d'éléments réunis pour en former un. Si on n'a pas la recette, ni la dextérité, le gâteau pourra certes être préparé, mais risque fort d'être grossier. S'il est mal fait, il n'aura pas l'allure professionnelle de la création de quelqu'un d'expérimenté qui travaille dans les moindres détails. Il aura tout de même une saveur particulière, sera doté d'une empreinte énergétique (ou plutôt gustative) qui est la vôtre, lui conférant cette note gustative. Cela n'inclut pas forcément qu'il sera moins bon gustativement, et cela dépendra des palais.

LE CERVEAU

Sur le cerveau, nous avons tant à apprendre, surtout dans un domaine touchant la parapsychologie, et notamment quand il s'agit de membre fantôme, par exemple.

Durant ma formation de sophrologue, j'ai appris que le cerveau gouverne nos perceptions. Ce qui est perçu par l'œil (ou par d'autres sens) est rapidement traité en information. De plus, nous avons un cerveau façonné de différentes couches bien particulières, auquel il est important de s'intéresser en même temps que les corps subtils énergétiques. En effet, cette étude nous permet de comprendre nos comportements. Et en comprenant nos comportements, nous pouvons « revoir notre copie », notre engagement, notre responsabilité face aux problèmes que nous pourrions rencontrer, comme le mauvais œil.

Pour résumer, voici les différentes parties du cerveau qui nous intéressent pour notre étude.

La **couche reptilienne** fait référence aux structures primitives que possèdent les reptiles (tronc cérébral, bulbe rachidien et mésencéphale). Ce cerveau est *grosso modo* le responsable des instincts et des réflexes innés. Par exemple, si vous sursautez, c'est le cerveau reptilien qui est à l'œuvre.

La **couche limbique** fait référence à l'émotionnel, un sentiment d'affection que possède tout mammifère. Si vous avez peur, c'est l'amygdale (complexe de noyaux dits neurones) qui est impliquée dans la reconnaissance et l'évaluation des émotions. Par exemple, si vous éprouvez une émotion comme la peur, c'est le cerveau limbique est à l'œuvre, mais votre réaction sera la réponse de la couche reptilienne (sursaut, fuite, combat, immobilité, etc.).

La **couche néocorticale** fait référence à l'intellect. C'est une capacité d'analyse que possède tout primate. Si vous réfléchissez, les structures du néocortex sont en effervescence. Par exemple, quand vous réfléchissez à comment procéder pour vous sentir mieux, afin de ne plus vous sentir traqué, c'est la couche néocorticale qui est à l'œuvre.

Le **subconscient** est la zone de l'intuition et des instincts englobant la partie inconsciente logée dans la couche reptilienne. À la différence de l'inconscient qui est plutôt passif, le subconscient est actif. Il garantit donc le passage entre le conscient et l'inconscient.

L'**inconscient** est la zone de stockage de données dans la couche reptilienne. Tel un disque dur, il récupère toutes les informations reçues et perçues. Il est la carte mémoire par excellence. Il a la capacité de conserver ou de ne pas conserver les données de son expérience, en fonction de son interprétation transmise par le conscient. Il gère tous les mécanismes physiques inconscients comme la respiration, les battements du cœur, les réflexes, l'équilibre, et les automatismes tels que les habitudes et les rituels quotidiens. Il est le pilote, et notre corps le véhicule. Il a également une fonction protectrice. On sait que sa fonction de stockage de mémoire d'expérience lui permet aussi de traiter les expériences : l'inconscient va tirer des conclusions de ces expériences. Si cette dernière a été positive, il va vouloir la renouveler, et, dans le cas contraire, si l'expérience s'est avérée négative, il va refuser et éviter de la renouveler.

Une situation générant une émotion adverse comme la peur est considérée par l'inconscient comme une alerte, un danger. Ainsi, il va pratiquer un automatisme basique et archaïque, utilisant comme mode de survie la protection, en mettant simplement en place un système de fuite. Cette fonction de base permet d'éviter de se retrouver confronté de nouveau à cette situation. Pourtant, certains événements difficiles nous permettent d'évoluer. Nous devrions tous tirer profit des situations pénibles pour justement ne pas les reproduire. La plupart du temps, lorsque le mauvais œil agit sur nous, on est dans la peur, parce que l'on n'a pas assimilé ni compris le sujet. En réalité, c'est l'inconscient qui en est la cause lorsqu'il s'agit de phénomènes subtils. Le subconscient va agir sur le corps physique, mais la conscience n'est pas toujours avertie parce que l'inconscient a classé l'affaire plutôt que d'en tirer un enseignement. Du coup, s'installe une problématique qu'il serait judicieux de résoudre. Malheureusement, nous sommes formatés à réagir ainsi, nos instincts automatiques nous gouvernent : ce n'est pas par fainéantise, mais par manque de bon sens. Il est facile de rejeter la faute sur l'autre concernant nos propres erreurs, plutôt que les assumer et en faire une expérience enrichissante. Lorsqu'on rejette la faute sur l'autre sans en faire une expérience, on commet une erreur stratégique. Il est donc essentiel de « revoir cette copie » pour permettre à l'inconscient de classer correctement le sujet. En effet, lorsqu'on ignore ces expériences, on cause des dommages inconscients dans notre mémoire, provoquant des épisodes nerveux comme les crises d'angoisse qui s'enclenchent au moindre renouvellement de la situation, et que seules la sophrologie ou l'hypnose peuvent pallier. En revoyant notre copie d'une manière positive, en relevant l'enseignement, nous changeons notre façon de procéder pour justement ne plus renouveler cette situation traumatisante. Le conscient va lire la leçon, l'inconscient acceptera de classer la leçon.

Le conscient est la zone d'activation des données, il est la mémoire active, il analyse, réfléchit, calcule et réagit sur l'instant présent. Le conscient formule nos demandes et oriente nos objectifs. On dit que le conscient est le siège de la volonté : oui et non, c'est plutôt l'imagination qui en est le précurseur, car sans imagination, la volonté n'agit pas. L'imagination est logée dans l'inconscient, et c'est elle qui va donner l'accord par la visualisation imagée. En imaginant la situation, on va montrer au conscient un résultat pour lequel il sera d'accord et dont il devra mettre en place des éléments pour que cela se produise.

Il est important d'être conscient à tout moment. Malheureusement, notre mode de vie en « zapping » veut que l'on soit facilement et davantage distrait qu'auparavant : on passe à autre chose sans rien classer, gouverné par de nombreuses sollicitations de part et d'autre. On est aussi dans une époque où la communication est facilitée, donnant le droit et l'accès à la critique facile, alors que jadis, on écrivait un courrier en prenant le temps, et cela mettait trois jours à venir. L'autre avait le temps de faire autre chose avant de recevoir ce courrier. Tout ceci est terminé. Si on a quelque chose à dire, on le dit instantanément sans se concentrer, sans recul. Or la concentration est primordiale pour dire à l'inconscient de classer les choses que l'on fait, d'emmagasiner ce que l'on perçoit, ressent, vit…

LA CONCENTRATION

La plupart des personnes qui ont un problème de concentration ont un problème d'ancrage également, puisqu'elles oublient qu'elles sont dans la matière physique. Le chakra racine est un peu bloqué.

Symptômes d'un problème d'ancrage

- Énervement, tension
- Anxiété
- Concentration faible, oublis
- Procrastination
- Distraction
- Équilibre physique faible (vertiges, chutes, coups, trébuchements, etc.)
- Maladresse (faire tout tomber)
- Peurs exacerbées, paranoïa (sur l'argent, les biens matériels, l'environnement, la nature, etc.)
- Fatigue morale ou physique facile

Même si les problèmes d'ancrage ressemblent aux symptômes du mauvais œil, il s'agit de deux phénomènes différents. En réalité, les problèmes d'ancrage ne font qu'attirer les événements et les entités potentielles, répondant à la vibration dans laquelle nous sommes. Travailler son ancrage (ou le chakra racine) est le meilleur moyen de faire barrage à cela. Très souvent, lorsque le chakra racine est brouillé, les autres chakras tournent également au ralenti, semblables à des roues mal huilées. Il est logique d'avoir une conscience pathologique lorsque l'ancrage est altéré. En revanche, si la personne s'en aperçoit rapidement, avant que le chakra couronne ne soit touché, elle peut y remédier promptement. La conscience est très importante, elle sauve.

Le chakra racine est en lien avec tout ce qui est physique. Il comprend l'argent, les biens matériels, le corps, l'environnement, le monde humain, animalier, végétal – tout ce que nous possédons sur le plan physique, y compris la santé (vitalité).

Travailler sa concentration est un des moyens de se prémunir contre les symptômes du mauvais œil. Pas de concentration signifie pas d'ancrage, donc pas de protection. Se concentrer sur un événement positif, un souvenir positif, un avenir positif, ou un présent positif, son corps, son travail, etc., permet de faire abstraction de tous les éléments susceptibles d'interférer dans notre vie. Sinon, vous allez faire preuve de procrastination, de réflexion sans lucidité, d'émotion sans retenue, etc. La concentration permet de vous focaliser sur des choses essentielles, sur le présent notamment et les actions que vous souhaitez mener, afin d'avancer malgré les obstacles sur votre chemin, en conscience. En faisant ainsi, les symptômes d'envoûtement n'auront que peu d'effet sur vous et se dissiperont progressivement, avant même que vous ne vous en rendiez compte.

LE SOMMEIL

Lorsque nous dormons, notre conscience est modifiée. Notre conscience voyage dans l'astral. Et dans l'astral, nous pouvons faire quelques rencontres désagréables qui peuvent nous affecter. Dans ce cas, le réveil est souvent difficile, avec cette impression d'avoir dormi seulement quelques heures. Le mauvais œil se traduit généralement par un manque de sommeil réparateur. Il faut savoir que la plupart des envoûtements se révèlent par le rêve.

- **Les cauchemars :** Les causes sont multiples – événement difficile, stress, poussée de fièvre, digestion difficile, maladie, etc. Mais ce genre de rêve peut vous annoncer l'arrivée d'un mauvais œil ou d'une sorcellerie. Il peut se présenter sous forme d'image symbolique, par une attaque (guerre) ou par la morsure d'un animal féroce, ou encore par une personne qui vous frappe. Les rêves sont porteurs de messages. Le cauchemar est parfois symbolique, lucide, voire prémonitoire. Dans le cauchemar, vous pouvez voir le visage de votre sorcier ou d'une entité venue vous importuner. Ou bien vous pouvez carrément voir le visage de celui qui vous a envoûté. Aussi, un rêve désagréable permet de vous alerter ou de résoudre quelque chose.
- **Les terreurs nocturnes :** Ces crises courtes et brutales interviennent en milieu de nuit. Elles se manifestent par des soubresauts suivis d'une frayeur. On sent une présence.
- **La paralysie corporelle :** C'est cette sensation d'avoir le corps figé. Souvent, la poitrine est oppressée.

Quelques exemples de symboles dans les rêves

- **Serpent :** sorcellerie par des nœuds.
- **Eau, mare, rivière :** sorcellerie par ou dans l'eau.
- **Feu ou braises :** sorcellerie par le feu.

Il n'existe pas de déchiffrage « standard » des symboles. Ce déchiffrage reste personnel. La plupart sont assez simples, il suffit de faire appel à la logique. Parfois, il est nécessaire de faire une projection mentale et de juxtaposer les images d'événements provenant du rêve et les événements provenant de la réalité, et d'en faire une synthèse. Ainsi, on parvient à donner un sens à ses symboles personnels. Il est recommandé de les écrire sur un cahier, afin d'en faire un registre personnel, pour pouvoir se les rappeler par la suite.

Voici un exemple.

- **Rêve :** Vous arrivez à une soirée organisée par des copains, et vous vous apercevez qu'il y a eu une guerre entre eux et que tout le monde est mort, vous constatez rapidement les dégâts matériels et essayez de recoller les morceaux.
- **Réalité :** Vous avez appris qu'il y a eu une dispute au sein d'un groupe d'amis, et que depuis cela, le groupe s'est dissous et n'existe plus ; vous essayez d'arranger ce qui est possible afin de détendre l'atmosphère. Mais le mal est fait.

À présent, quelques mots sur le rêve éveillé, ou visualisation. Lorsqu'il s'agit d'un rêve éveillé, en temps normal, nous ne dormons pas. Notre conscience est juste modifiée par le processus d'une méditation et la visualisation a pris le pas sur la réalité. Ce rêve éveillé est synonyme de voyage astral, ce qui signifie que le sorcier peut se projeter par le biais de la visualisation, faire une projection astrale et venir faire le mal directement chez vous. Pour y parvenir, il se met en état d'hypnose ou en état de conscience modifiée, pour créer une transe et se projeter astralement. Et nous, nous pouvons entendre réellement des bruits durant la nuit à notre domicile, parfois jusqu'à nous lever pour aller voir ce qui se passe. Même s'il n'y a rien concrètement, il ne passe un « truc », vous le ressentez, et à un endroit précis, même s'il n'y a rien.

Si cela vous arrive – ce que je ne vous souhaite pas –, je vous suggère de vous procurer un objet dur (pas tranchant car la sorcière ou le sorcier pourrait être votre parent), et de frapper un coup à l'endroit où vous entendez le bruit, même s'il semble ne rien y avoir. Cela calmera l'esprit du sorcier et celui-ci ne reviendra pas, il aura été démasqué. Le sorcier se sent mal peu après, il pourrait avoir mal à la tête s'il a été frappé à la tête, etc. La seule manière de savoir si votre intervention a fait effet, c'est de vous sentir mieux après le coup, et de ne plus entendre de bruit. Le sorcier pourrait vous contacter le lendemain, si c'est quelqu'un que vous connaissez. Et il pourrait être malade, se réveiller avec un mal de tête atroce, ou avec une bosse ou un bleu, par exemple. Les plus fourbes feront semblant d'aller bien en voilant une partie d'un membre touché, ou en vous évitant, tout simplement. Les archives des cas de sorcellerie regorgent de cas de ce type.

En ce qui concerne le rêve prémonitoire, on y découvre tous les agissements du sorcier. On devient le témoin d'une situation dans laquelle nous ne sommes pas censés être. On est donc capable de raconter une vérité, certes indémontrable, par faute de preuve, mais trop précise pour être inventée, et très souvent le sorcier change de comportement lorsque cette vérité éclate. Le rêve éveillé ou la visualisation peut rejoindre ce type de situation.

Si un sorcier vous envoie une entité démoniaque dans votre rêve, par le biais d'un appel invocatoire et d'un rituel bien ficelé, ceci est fait pour vous mener la vie dure, à travers des insomnies à répétition ou des cauchemars. Vous pouvez également éprouver des difficultés au réveil, une grande fatigue, des douleurs localisées. C'est fait pour que vous ne puissiez pas aller au travail par exemple, ou que vous perdiez la santé.

L'entité se met soit à l'intérieur de vous, soit à l'extérieur. Cela dépend de l'intention émise du sorcier, de la cible, il peut viser le corps causal, le corps astral ou le corps physique.

LE KARMA

Dans la pensée populaire occidentale d'aujourd'hui, le terme « karma » a perdu sa véritable définition. Il a été utilisé à tort et à travers, lui faisant perdre son sens. Véritable dogme central de la religion hindouiste, le terme *karma*, en sanskrit, signifie « action ». La destinée d'une personne consciente est déterminée par la totalité des actions qu'elle a pu mener au cours de ses vies antérieures. Autrement dit, le fait de penser est une action, aussi bien que parler, écouter, agir. Ces actions, qu'elles soient bonnes ou moins bonnes, sont quand même des actions. Et toutes ces petites actions créent une sorte de force qui va interagir en conséquence. En effet, le vocable « karma » veut que chaque action émise, qu'elle soit positive ou négative, découle automatiquement d'une conséquence sur l'action menée dans le passé. Lorsque je pose un acte, je dois assumer la conséquence de cet acte. Et si la conséquence ne se manifeste pas dans cette vie, elle le fera dans la prochaine. *Grosso modo*, si vous jetez un œil mauvais sur quelqu'un et que vous partez aussitôt dans une autre vie, vous risquez d'en récolter la conséquence dans l'autre vie, même si vous ne vous souvenez pas de la cause. D'où le fameux dicton dont j'aime me souvenir parfois : « Ne fais pas à l'autre ce que tu n'aimerais pas qu'on te fasse. »

Le karma est lié aux réincarnations, il nous rappelle que notre âme traverse plusieurs vies, avec des actions faites. Chaque action émise est censée nous mener vers l'épanouissement et l'éveil spirituel en vue de s'améliorer. Lorsqu'on parle de « mauvais karma », il s'agit en réalité d'une succession d'actions négatives engendrant des conséquences elles-mêmes négatives.

KARMA *VS* TRIPLE RETOUR

La loi du triple retour a été inventée par la Wicca, un mouvement religieux New Age fondé sur l'« ancienne religion païenne ». Cette loi rappelle qu'il y a une loi primaire à laquelle on ne déroge jamais : celle de la loi de l'équilibre. Sans cette loi de l'équilibre, il n'y a point de retour. Or, les lois naturelles sont justes. Elles répondent donc à un équilibre. Négative ou positive, cette loi du triple retour repose sur une définition simple : tout ce que l'on fait nous sera rendu trois fois plus fort. Un peu comme un boomerang. La définition est différente pour le karma, dans la mesure où le karma est basé sur un concept religieux, il s'agit d'œuvrer dans la bienveillance par des actions bienveillantes, souvent dans le but de se nettoyer de ses torts (afin de suivre le dharma, devoir moral) et d'en tirer des conséquences bénéfiques. On peut retrouver ce type d'action dans la magie blanche, dans le but de protéger ou de guérir, ainsi on bénéficie de guérison et protection. Cette règle du triple retour était utilisée surtout pour dissuader les novices de tenter un tour de magie démoniaque. Mais cette loi existe bel et bien, tout se paye. La vie est mathématique, cyclique. Un retour, il y en a forcément un. Reste à savoir quand.

Le triple retour, dans son jargon occulte New Age, est une conséquence directe de deux lois : la loi de l'empreinte et la loi de l'attraction. La loi de l'empreinte, c'est l'action émise. La loi de l'attraction, c'est le résultat suite à l'action émise.

Voici un petit exemple concret. Je chauffe l'eau (empreinte), celle-ci va être chaude (attraction). L'eau est à présent chaude (attraction), je trempe sans attendre ma main (empreinte) puis je me brûle (attraction).

Un autre exemple : je veux de l'eau (empreinte), l'univers conspire à ce que j'en trouve, je finis donc par avoir une idée (attraction) de l'endroit où trouver de l'eau, ou bien l'univers m'amène à l'endroit où je suis censé en trouver (attraction).

Un dernier exemple : je veux guérir une personne souffrant d'un zona (empreinte), l'univers conspire à ce que je puisse guérir cette personne par l'imposition de mes mains (attraction) en m'apportant l'énergie curative nécessaire.

Je vous laisse imaginer, pour toutes les actions malfaisantes, quelle serait alors la loi d'attraction…

Nous sommes responsables de toutes les actions que nous allons produire en liant le geste à la pensée, ou que nous avons l'intention de mettre en œuvre. L'univers possède une loi, celle de l'évolution constante, il n'y a pas de suppression. L'univers s'occupe de transformation. Il n'existe pas de fin. Rappelons-nous que l'énergie a horreur du vide : elle vient combler ce que l'on veut produire. C'est ce que l'on appelle la relation de cause à effet. L'effet est une conséquence directe de la cause. Comme le stipule Spinoza : « D'une cause déterminée résulte nécessairement un effet ; et inversement, si aucune cause déterminée n'est donnée, il est impossible qu'un effet se produise. »

Pour illustrer ces propos, voici un petit « scénario catastrophe ».

Admettons que je manipule des énergies psychiques sous une influence néfaste lors d'un rituel. C'est parti, voyons les étapes.

- Selon la loi de l'empreinte, je crée mon égrégore (support) qui me sert d'employé pour aller nuire à la personne, je lui donne ensuite une offrande pour le remercier.
- La loi de l'attraction commence son œuvre ; jusque-là, tout va bien pour moi. L'employé fait son job.
- J'oublie de déprogrammer mon égrégore.
- J'attire à moi les sollicitations de mon égrégore. Et vu que c'est mon employé, il revient à moi comme un petit chien. Quoi de plus normal ? Sauf que moi, j'ai oublié de le déprogrammer, de faire mourir l'égrégore. Je ne me rends pas compte de sa présence.
- L'employé est présent avec moi, me suit comme un petit toutou. Il commence à s'impatienter, il réclame à manger pour survivre, il a faim. Puis il commence à déranger un peu la maison, en la contaminant par sa présence négative.
- Toute personne chez moi est contaminée à son tour par les émotions de l'égrégore : mes proches sont impatients, se sentent mal sans savoir pourquoi.
- De mon côté, je me sens agacé et dérangé sans savoir pourquoi non plus (je n'ai toujours pas déprogrammé l'égrégore). J'enchaîne ensuite les échecs dans ce que j'entreprends. L'égrégore est toujours là, mais je ne le sais toujours pas. Et qui plus est, il ne m'aide pas, il n'a plus de mission confiée, il se nourrit juste de ma présence. Et je finis par fatiguer psychologiquement, car l'égrégore a atteint mon aura. Je souffre du mauvais œil de mon propre égrégore, que j'ai créé moi-même.
- Des larves astrales issues de mes sombres pensées s'installent, puis des entités s'invitent chez moi, correspondant à la vibration dans laquelle je baigne.
- Je perds rapidement le sommeil, le moral, la santé, le travail, etc.
- Ma famille souffre aussi.
- Une dépression s'installe.

- Ma famille s'éloigne de moi, ainsi que mes copains, collègues, etc.
- Il peut alors survenir un accident, une maladie, un suicide ou un autre type de mort.

Évidemment, dans cet exemple, l'issue est poussée à l'extrême, mais c'est ainsi que les choses peuvent se produire, si tout n'est pas clarifié rapidement. Donc oui, c'est dangereux. Ceci m'est arrivé. Dans mon entourage, une personne décédée des suites d'un suicide est venue se nourrir à travers moi assez rapidement, sans que j'en sache la cause. La connaissant depuis peu, je n'étais pas touchée moralement. Pourtant, je me sentais pistée et suivie. Cette personne m'a poussée dans un auto-envoûtement profond, une dépression profonde, en me contaminant par sa présence et par ses pensées influençables. Je sentais sa présence, mais j'étais loin de me douter qu'il en était l'origine, je pensais que c'était moi qui étais folle et qui tournais en rond avec mes pensées morbides. Ces pensées, je les avais identifiées comme étant les miennes. C'était une période où je ne savais pas encore que j'étais médium. J'ai échappé au pire.

Pourquoi le terme « triple retour » ? On pourrait dire en toute logique qu'il s'agit d'une manifestation scientifique où chaque action émise revient comme un boomerang avec une force décuplée, où la force émise du retour peut nous être fatale. Eh bien non. Ce n'est pas le cas. C'est parce qu'il touche par trois fois : le corps, l'esprit et l'âme.

Le triple retour nous dit qu'il est quasi impossible d'échapper aux conséquences de ses actes. La personne, elle seule, est donc responsable de l'action émise. On est d'accord. Si elle a volé une somme d'argent colossale, elle ira en prison, car aux yeux de la loi, c'est illégal. Il y a son monde à elle, mais aussi le monde sociétaire qui n'est pas d'accord avec son état d'esprit. Si elle est amenée à souffrir de son acte, en fait, c'est si elle-même permet de réunir les conditions nécessaires à sa souffrance. Autrement dit, si elle commence à avoir peur de la prison après son vol, elle risque fort de contracter une maladie psychosomatique, par exemple des spasmes intestinaux chroniques – un auto-envoûtement du mauvais œil qu'elle contractera donc toute seule.

On pourrait considérer le triple retour comme une sorte de punition divine ou de vengeance de l'univers, or ce n'est pas le cas puisqu'il s'agit de notre propre énergie que nous utilisons, et il est de notre responsabilité d'émettre des actions.

Bien qu'il existe encore des sorciers utilisant la magie noire à l'heure actuelle, la majorité d'entre eux se penchent davantage sur la magie blanche, compte tenu de la première loi fondamentale du « triple retour ». Ils savent assez ce qu'est une sentence irrévocable pour se contenter de jouer avec.

Souvent, les « sorciers du dimanche » se prennent pour des rois cosmiques, pour de vrais sorciers exerçant ce genre de sorcellerie pour faire essentiellement revenir leur ancien partenaire, faire du mal à la maîtresse de leur conjoint, faire du mal à la personne qui leur a causé du tort, etc. En se faisant justice tout seuls de cette manière, ils s'attirent en réalité de nombreux problèmes. La réalité finit par les rattraper avec le temps, l'univers se charge de faire en sorte que la vérité finisse par éclater au grand jour.

Les amateurs ne prennent pas consciencieusement cette précaution de se documenter, aucun ne prend en compte les conséquences que peut engendrer dans leur vie le simple fait de sauter cette étape. Un peu de bon sens, un peu pédagogie est indispensable. La pédagogie fait beaucoup dans l'intuition. Pour ma part, je me documente beaucoup et j'exerce peu.

RÉTROSPECTION ET INTROSPECTION

L'**introspection** est l'acte d'observer ou d'examiner ses propres états mentaux. L'introspection est une pratique clé pour résoudre des schémas récurrents et problématiques.

L'influence du mauvais œil est plus forte lorsque la personne n'est pas conscience de la situation, celle-ci finit par croire que les problèmes viennent d'elle-même dans sa tête, or ce n'est pas toujours exactement le cas. Mais l'introspection permet de pallier l'influence du mauvais œil.

La **rétrospection** est l'acte d'observer en arrière, dans le passé. La rétrospection est une pratique clé pour résoudre un problème antérieur. En faisant cela, très souvent, on découvre ainsi avec surprise que l'on a été influencé et qu'on est tombé dans le panneau, n'ayant pas su définir ce qui se tramait.

Beaucoup refusent de se porter responsables de la prolifération de certains de leurs problèmes, ils préfèrent trouver un bouc émissaire. Bien sûr, les autres peuvent être les déclencheurs et les vecteurs. Mais beaucoup sont inconscients de leur propre manifestation et responsabilité.

Les actions faciles telles que la fuite ou la lâcheté sont typiques des personnes malveillantes du mauvais œil. On peut faire exactement ce type de chose à soi-même. Peu connaissent la responsabilité, l'authenticité et le courage dans ces actions-là – c'était peut-être plus répandu à une certaine époque, mais plus maintenant.

Généralement, lorsqu'on fait remarquer ses responsabilités à quelqu'un, et lorsque le masque a été ôté, la personne se sent profondément nue, perd ses moyens, et n'a aucun mot pour justifier ses mensonges et son acte : elle nie tout en bloc. Elle se sent bêtement prise la main dans le sac. Certains utilisent la colère, les larmes, font du cinéma (certains mériteraient la palme d'or !) pour refuser toute responsabilité. D'autres ont la capacité de rebondir en restant calmes et en utilisant l'art de la manipulation verbale (en jouant sur les mots) inlassablement pour parvenir à leurs fins, jusqu'à croire leurs propres mensonges. Mais peu importent leurs agissements, ces personnes-là sont loin de se douter qu'elles ralentissent leur propre processus d'évolution…

ICHNOGÈNE ET ENTÉLÉCHIÉ

En cas de mauvais œil, de sorcellerie ou de possession, la traque est le moyen de trouver d'où vient la problématique pour la contourner d'une manière efficace. Les médiums qui se passionnent pour la traque parviennent à connaître l'origine des charges, qu'elles soient négatives ou non, simplement par clairvoyance. Ils détectent les marqueurs énergétiques sur le corps de la victime, l'emplacement de la charge, mais aussi sa composition, autrement dit ils peuvent apercevoir l'empreinte de l'entité et son image, un peu comme sa carte identité.

C'est l'« **ichnogène** », un terme spécifique inventé par OrsT, un groupe d'initiés très fermé, qui est utilisé pour décrire la charge primordiale d'une matière. Le terme grec *ichnos* signifie « empreinte », éventuellement « suivre la piste », et *genos* signifie « origine ». En somme, il s'agit d'une signature énergétique. Tout ce qui évolue dans l'Univers, pas seulement les humains ou les entités, possède un ichnogène, une carte d'identité, une signature, un ADN. Ainsi, si on veut associer un objet à une personne, on regardera sa signature pour la tracer et faire un lien avec autre chose, une poupée par exemple.

« **Entéléchie** » est un terme spécifique créé par Aristote pour désigner l'essence de l'âme, le principe vital, l'énergie agissante et efficace (par opposition à la matière inerte). L'âme permet que chacun se tienne dans ses propres limites ou conserve ce qu'il possède.

L'**ichnogène** est l'empreinte de l'âme, sa signature énergétique. L'**entéléchie** est le potentiel vivant de l'âme, tout ce qui la compose.

Le mauvais œil, la sorcellerie ou la possession laissent donc sur le corps de la victime une signature, un marqueur énergétique. Un peu comme l'empreinte d'un doigt sur un verre. Et le mauvais œil répond surtout sur la même base de potentialité de la victime. Par exemple, si vous avez un « gène dépressif », alors le mauvais œil ou la sorcellerie devront agir sur ce gène-là précisément, c'est un peu le même principe que les groupes sanguins comme A+, A-, etc. Ce qui signifie en résumé que le mauvais œil ou la sorcellerie doivent être de la même nature que nous pour être efficaces sur nous. Autrement dit, le mauvais œil ou la sorcellerie vont agir sur la personne ayant des prédispositions pour que cela fonctionne.

Il faut savoir que, lors d'une magie noire, nous ne pouvons pas d'une manière systématique provoquer la maladie que nous voulons, mais seulement, et surtout, la maladie qui correspond à la nature de la victime. Il s'agit plutôt de réveiller la maladie qui sommeille au plus profond de sa biologie.

MANENCE ET RÉTROMANENCE

Lors de ma formation de sophrologue, j'ai appris que notre corps est doté de deux types de cristaux distincts, ou plutôt de mémoires cristallisées par des actions et des émotions vécues ; ces cristaux comportent chacun un potentiel énergétique, positif et négatif. Les cristaux négatifs sont plus éveillés que les cristaux positifs, bien qu'ils soient constamment présents en nous. Quant aux cristaux positifs, ils ne sont pas suffisamment en éveil et sont positionnés sous la couche de cristaux négatifs. Ces cristaux sont partout dans notre corps (os, muscles, peau, organes, nerfs, sang, cellules, etc.). La sophrologie est là pour faire remonter les cristaux positifs à la surface. Il faut endormir les cristaux négatifs pour faire émerger les positifs, mais aussi faire entrer en nous les cristaux positifs pour nous en nourrir (paix, joie, amour, compassion, félicité et l'extase) – pour briser le cercle vicieux que peut apporter le mauvais œil par exemple. L'hypnose permet d'influencer la personne négativement, mais permet également de réveiller les cristaux positifs. La respiration, la visualisation, l'intention, la pensée positive, inversent le processus du mauvais œil.

La **manence** est ce qui sort de l'intérieur, par exemple le négatif ; la **rétromanence** est ce qui entre après être sorti (l'entrée du positif, après le vide du négatif).

La manence et la rétromanence sont des manifestations qui se produisent lorsque nous effectuons le vide mental, pour tenter par exemple d'accéder à la transformation des cristaux.

LE TEST DE LA PENSÉE

Le test des pots de riz

Dans deux pots identiques en verre, mettez du riz préalablement cuit puis une intention positive dans l'un et une intention négative dans l'autre, sans oublier de les marquer pour les reconnaître. Placez ces pots à l'abri de votre regard et de celui des autres. Attendez une quinzaine de jours.
On constate dans le riz du pot à intention négative la présence d'humidité, une prolifération bactérienne de moisissure à

l'aspect gris, un vieillissement précoce. Dans le riz du pot à intention positive, il y a absence d'humidité, présence naturelle d'un champignon de couleur blanche, l'aspect est jaunâtre et le vieillissement est naturel.

Lorsque j'ai souhaité m'essayer au fameux test du riz pour savoir si la pensée avait une incidence sur le monde du vivant, j'ai été stupéfaite du résultat. Ce n'est donc pas une blague. Je me suis aperçue que la pensée a un réel pouvoir dans la matière.

Cette expérience montre qu'il est extrêmement important de faire attention à quoi et à qui vous pensez, comment et pourquoi. L'énergie va où l'attention va. Nous avons 60 000 pensées quotidiennes en moyenne, difficile de tout répertorier, mais une solution simple est de se fier à l'émotion. Si vous vous sentez subitement mal, mais que vous ne savez plus à quoi vous avez pensé, il n'est pas nécessaire de savoir quelle était la pensée négative, mais de prendre conscience que cela indique que nos pensées ont été potentiellement négatives et qu'il est urgent de se ressaisir, de penser autrement et positivement, en se voyant autrement et en mieux, en regardant de belles images qui nous apaisent, en écoutant de la musique et bien d'autres choses qui sont susceptible de réveiller notre mémoire et, par conséquent, notre émotion reliée à celle-ci, et ce, même si nous avons été envoûtés. Notre défense passe par le cerveau. Penser positif permet de créer, d'avancer, de vivre, de s'auto-immuniser, de se nettoyer, de guérir. Il s'agit d'un travail à faire quotidiennement.

Avec notre pensée, nous pouvons tout créer, nos désirs comme nos peines. La loi de l'attraction est une des lois de l'Univers, comme la loi de la gravité.

« Et tout ce que vous demanderez dans une prière de foi,
vous l'obtiendrez. »

Matthieu, XXI, 22

C'est un peu comme si nous composions avec le Ciel, tel un astrologue, captant une fréquence afin de matérialiser son désir.

HYPNOSE *VS* SUGGESTION

Les magiciens possédaient le pouvoir d'ensorceler. Cet art dit « magique » était en réalité une pratique connue sous le nom d'« hypnose » ou de « suggestion », termes apparus seulement au XIXe siècle après des expérimentations. Le sorcier utilisait en réalité des gestes dérivant de l'hypnose de spectacle et de l'hypnose occulte. Cependant, l'hypnose et la suggestion sont en fait deux méthodes différentes. Cette association a créé une confusion dans l'interprétation des mots et notamment dans l'explication de la méthode. Mais dans tous les cas, ces deux méthodes interfèrent chacun dans l'aura et le subconscient de l'homme. Si on ne fait rien contre une suggestion affirmative négative, elle agira à notre insu. C'est pourquoi l'esprit est le seul à pouvoir agir à sa guise et contourner les mauvais phénomènes, permettant à la suggestion ou à l'hypnose de ne pas fonctionner. S'il s'agit d'une magie positive, mieux vaut dans ce cas éviter de penser et laisser la magie agir et nous influencer à notre insu, sans effort. C'est le sens propre de la magie moderne. Avec l'esprit, on peut tout manifester si on le permet.

L'**hypnose** requiert un certain stade de modification de conscience pouvant aller jusqu'à l'endormissement et au somnambulisme. C'est un état d'être, entre l'éveil et le sommeil, voire jusqu'au sommeil. Le sujet est conscient de ce qui lui arrive, mais la conscience est modifiée par le principe de la méditation ou de la relaxation, elle est annihilée. La vigilance est amoindrie. Si le sommeil est atteint, le sujet n'est plus conscient. Les médecins peuvent, par exemple, parvenir à guider le patient à ce stade-là pour le guérir sans avoir recours à une anesthésie.

L'hypnose est connue dans l'occultisme pour son pouvoir et sa faculté à permettre les voyages astraux (visualisation) et les transes hypnotiques pour converser avec les défunts, les entités, les archanges, les maîtres ascensionnés, etc. Les sorciers utilisent les voyages astraux la nuit pour rendre visite à la victime par téléportation dans le but de l'influencer par la seule force de leur conscience.

L'hypnose permet aussi d'effectuer du magnétisme à distance, on utilise les voyages astraux pour se projeter près de la victime pour la soigner. L'énergie est illimitée, la conscience également…

« La **suggestion** désigne en premier lieu l'influence d'une idée sur le comportement, la pensée, la perception, le jugement ou la mémoire » (Wikipédia). Certains l'appellent aussi « induction hypnotique ». La personne est en état d'éveil, il n'y a pas de technique de méditation, mais la vigilance est basse du fait de l'influence énergétique et physique (charme) et de l'écoute attentive (concentration sur la personne). L'hypnotiseur utilise l'émotion, notamment la peur ou le bien-être, pour influencer. La suggestion se réfère davantage à la psychologie que la méditation à proprement parler. Tout le monde emploie cette méthode, les médias par exemple. Nous sommes constamment bombardés de suggestions, qu'elles soient télépathiques (pensées à distance), énergétiques (traces environnementales, charges d'un objet, énergies à distance) ou physiques (toucher). Une suggestion envoyée n'est qu'un noyau d'atome énergétique qui a pour but d'influencer la personne. Plus familièrement, c'est un missile propulsé par un émetteur pour atteindre une cible.

La victime se sent pousser à faire ce qu'elle ne veut pas, elle sent qu'il y a un déséquilibre. À partir du moment où la personne se rend compte de ce déséquilibre et de cette situation, elle reprend ses esprits. Le mauvais œil se manifeste dans cet état de veille et de sommeil nerveux, un état réceptif et ouvert de manière constante, qui rend la personne influençable. Cette autorité naturelle que nous avons en nous s'acquiert par la pratique et l'expérience, sur la base d'une ouverture et d'une fermeture de cette réceptivité.

La psychothérapie suggestive

Il s'agit de suggérer une idée, un concept nouveau, pour soigner. La personne est influençable à la base ou a à cet instant un manque de vigilance ou d'autorité. Une personne souffrant du syndrome du poisson-pilote est incapable d'être aux commandes de sa vie, elle se fait inconsciemment diriger ou prendre en charge par une personne qu'elle juge plus puissante qu'elle. Ce syndrome est souvent dû à une enfance bercée par diverses situations anxiogènes ; l'enfant n'a pas pu acquérir une confiance suffisante pour s'autogérer. Le **coaching** sert à accompagner la personne dans l'accomplissement de ses objectifs alors que la **thérapie suggestive** est la présentation d'un nouveau projet à suivre. Ces formes d'accompagnement sont totalement différentes, mais peuvent se corréler.

« La suggestion consiste à faire dans l'esprit des autres une petite incision où l'on met une idée à soi. »

Victor Hugo

La « suggestion » désigne donc l'acte d'influencer une personne. Dans le cadre du mauvais œil (ou de la sorcellerie), le sorcier hypnotiseur introduit simplement une idée anxiogène ou une idée malveillante dans le cerveau de la victime ; ainsi, cette idée est acceptée par celle-ci. Et, puisque la victime croit que l'idée vient d'elle-même, il n'y a aucune trace de l'hypnotiseur dans son cerveau. Du moins la victime n'en est pas consciente sur le moment, elle ne s'en aperçoit pas. Cette suggestion psychologique est tellement subtile qu'elle passe inaperçue sur l'instant. Or, la trace est bien présente, aussi énergétique que physique. On parvient à se rendre compte qu'il se passe quelque chose en se remémorant des faits et des événements survenus. On constate les conséquences, telles qu'une mutation du comportement, un changement physique, ou un état biologique.

En réalité, la suggestion ne propose pas, elle fait croire qu'elle est proposée, mais elle est déjà intégrée par le principe du charme qui l'accompagne (la voix, le regard, la gestuelle, la présence, l'idée, le concept, une musique, etc.), permettant au sujet de perdre toute vigilance et d'être influencé par l'envoûteur ou par des phénomènes. En sophrologie, une voix berçante permet d'accompagner le sujet vers un mieux-être. Dans ce cadre, la voix est un instrument de travail.

Finalement, l'hypnose (ou la sophrologie) n'est rien sans le principe de la suggestion, et la suggestion sans le principe du charme. Chacun rentre en complémentarité avec la méditation dans le but d'annihiler la conscience ou d'intégrer et dévoiler la conscience.

Un exercice de suggestion hypnotique en trois temps

1. Entamez une discussion avec quelqu'un jusqu'à le sentir *ouvert*, puis préparez-le en lui annonçant que vous allez lui faire un tour de magie ou d'hypnose. Charmé, il entrera dans le jeu, et vous aurez obtenu sa réelle attention et son écoute. Envoyez-lui au même moment par la pensée une couleur précise sans l'en informer.
2. Demandez-lui de choisir une couleur précise, sans nuance (peu importe si c'est un vert pomme ou un vert bouteille, c'est juste vert, point). Pendant ce temps-là, envoyez-lui à nouveau votre couleur.
3. Demandez-lui la couleur à laquelle il pense en lui envoyant à nouveau votre couleur.

4. Énoncez à voix haute la couleur choisie – que vous lui avez en réalité transmise… !

Le résultat est souvent étonnant et prouve que la suggestion hypnotique fonctionne.

L'écoute attentive et le regard

Lorsque je regarde quelqu'un dans les yeux et que je lui parle, son regard change et on dirait qu'il boit mes paroles. Or je n'ai pas l'impression de l'envoûter, mais il est tout de même charmé, il se laisse bercer. Ma place est dominante. Dès que je baisse les yeux, il revient à lui-même, et c'est à son tour d'être dominant. *L'écoute attentive, l'attention portée sur un objet ou une personne, provoquent l'effet hypnotique.* Il faut être dans l'abandon de soi pour porter une attention toute particulière à quelqu'un. Si vous devez le regarder par politesse, rappelez-vous d'être présent en vous, prenez conscience de votre corps et de votre présence constamment. Ainsi vous serez ancré.

Ainsi, hypnose et suggestion comportent deux parties, une positive et une négative. Utilisées de manière positive, elles peuvent permettre de réécrire son histoire, utilisées de manière négative, elles peuvent avoir des conséquences désastreuses, à travers le mauvais œil notamment. L'important est d'avoir conscience que ces techniques peuvent être utilisées par des personnes pour leur propre intérêt.

LA PROPHÉTIE AUTORÉALISATRICE

« L'imagination est tout ce qui compte.
C'est l'avant-première des attractions de votre vie future. »

Albert Einstein

Il s'agit là de modifier votre comportement pour qu'une chose puisse se réaliser, afin de rendre possible ce que vous imaginez, de provoquer la réalité. Ce qui n'était qu'une probabilité devient en quelque sorte une réalité. C'est une **prophétie dite « prévisionniste »**.

Pour que quelque chose fonctionne, il faut se l'imaginer et y croire.

Par exemple, une personne célibataire souhaite partager sa vie avec quelqu'un. Elle va alors provoquer la chance en faisant de la place dans sa penderie. Elle va créer un vide énergétique pour faire à nouveau venir l'amour dans sa vie. Elle pourra également dormir d'un seul côté de son lit. Bien évidemment, elle devra également sortir pour faire des rencontres.

Son antithèse, **la prophétie autodestructrice**, appelée également « paradoxe du prophète », est une prévision qui détruit toutes ses propres possibilités de réalisation. Annoncer quelque chose à quelqu'un entraîne une modification de son comportement subtil, et donc de la prophétie. Le fait de la mentionner à d'autres peut également annuler une prophétie. Par exemple, une voyante annonce à sa cliente qu'elle va obtenir son diplôme. La cliente, ravie, y croit, en considérant la prophétie comme étant statique ; elle va alors modifier son comportement et, par exemple, se reposer, ce qui entre alors en contradiction avec la prophétie. Ainsi, il faudrait simplement laisser le cours de la prophétie se réaliser comme prévu, sans rien changer à ses habitudes. La voyante aurait donc tout intérêt à la mettre en garde et à lui conseiller de continuer à vivre comme elle le faisait, sans rien changer à ses habitudes. Tout cela permet finalement de montrer que les prophéties ne sont valables que si, en plus de l'action, il y a croyance.

Un sorcier, grâce à la suggestion, peut annoncer une prophétie de façon qu'elle devienne autoréalisatrice. La victime envoûtée, souvent suite à de la manipulation émotionnelle (la peur, le chantage), va mettre en pratique des actes qui vont permettre de réaliser la prophétie. Par exemple : « Puisque c'est comme ça, vous aurez des soucis avec votre maison ! » suivi d'un comportement de la part de la victime à laisser sa maison en mauvais état, voire à créer des accidents domestiques.

Ainsi, au lieu de vous sous-estimer et d'accepter la prophétie, renforcez-vous émotionnellement, protégez-vous mentalement, psychiquement et physiquement pour ne pas tomber dans le piège de l'influence. Puis nettoyez votre maison à l'aide d'encens d'oliban ou de gomme d'ammoniaque pour détruire les éventuels égrégores qui auraient pu s'y loger. Si vous êtes habituellement ou ponctuellement influençable ou sensible, visualisez votre maison comme étant protégée de toutes attaques. Par un effet miroir, il y aura un retour à l'envoyeur. Cela fonctionne très bien.

Ainsi, ces prophéties autoréalisatrices et autodestructrices ne sont pas négatives par nature. Leur finalité dépend du contexte. Le réel problème, ce sont juste et simplement les attentes, qui ont un effet sur la victime. Si la victime s'attend à voir s'abattre sur elle une terrible prophétie énoncée par un voyant, un médium, un sorcier, c'est ce qui lui arrivera. En d'autres termes, si elle accorde sa croyance à cette prophétie, elle lui donne du pouvoir, elle déclenche la réalisation de la prophétie.

LA MÉTHODE COUÉ

« Chacune de nos pensées, bonne ou mauvaise,
se concrétise, se matérialise, devient, en un mot,
une réalité, dans le domaine de la possibilité. »

Émile Coué

« Nous sommes ce que nous faisons,
pas ce que le sort nous fait. »

Émile Coué

Pour rappel, la méthode Coué est une méthode d'autosuggestion et d'autohypnose créée par Émile Coué, psychologue et pharmacien, en 1926. La méthode Coué repose sur deux postulats de base : « Toute pensée que nous avons en tête devient réalité (dans la limite du raisonnable). Toute pensée occupant uniquement notre esprit devient vraie pour nous et a tendance à se transformer en acte. » et « Contrairement à ce que l'on enseigne, ce n'est pas notre volonté qui nous fait agir, mais notre imagination (être inconscient). S'il nous arrive souvent de faire ce que nous voulons, c'est que nous pensons en même temps que nous le pouvons[22]. Cette méthode a longtemps été la cible de railleries de toute part. Elle a mondialement fait ses preuves et il serait dommage de ne pas l'utiliser, surtout à l'heure actuelle où l'être humain rencontre des difficultés à être maître de son esprit. Cette méthode fonctionne parfaitement dans la mesure où nous acceptons d'emblée l'idée de l'intégrer dans notre vie, d'y croire. Le moindre dégoût ressenti face à cette méthode l'empêchera de fonctionner, les résultats tarderont. Croire, c'est avoir foi en ce qui est. Il suffit parfois intuitivement, parfois même à voix basse, d'y croire pour que cela devienne un miracle.

La méthode Coué est basée uniquement sur une série de suggestions que l'on se fait à soi (autosuggestion) afin de corriger ce qui ne va pas, une pensée par exemple, ou bien une forte douleur. Si on accepte

22. www.methodecoue.com/la-methode

la suggestion d'abord que la douleur passe, ensuite qu'elle passe au bout de vingt secondes, au bout de ces vingt secondes la douleur passe. Parce que l'esprit est l'orchestre du corps, il exige du corps que la douleur disparaisse. La concentration sur la respiration provoque une modification de la conscience, ce qui en plus permet d'aider efficacement.

J'ai fait moi-même appel à cette méthode contre mes hantises et mes angoisses. Elle répond efficacement dans l'urgence, elle permet de donner une autre trajectoire pour calmer d'emblée une émotion. Croire en quelque chose de mauvais – faux ou pas – amplifie la souffrance, au contraire croire en quelque chose de positif – faux ou pas – amplifie l'apaisement.

La sophrologie ne permet pas d'amoindrir la vigilance de l'esprit par le moyen de la détente, mais de renforcer sa concentration sur un événement positif, pour lui suggérer d'accepter toute forme de changement, en l'occurrence la guérison. Avec la méthode Coué, la sophrologie peut s'avérer un apport intéressant, pour accompagner la personne dans son changement de vie.

Dans le cas du mauvais œil, l'autohypnose serait un moyen intéressant comme recours à la guérison.

Le docteur Coué affirmait que l'imagination gagnait toujours face à la volonté, puisque l'imagination favorise une réaction qui se manifeste avant même notre volonté. Forcer ne sert à rien parce que l'inconscient a le pouvoir de contredire la volonté. Désirez réellement une chose et elle se réalisera, sans effort. Ne soyez pas convaincu du résultat tel que vous l'avez imaginé dans tous ses détails, mais soyez convaincu que, dans l'ensemble, la chose se réalisera, point. Tout est question d'imagination et d'intention. La volonté, elle, suit le mouvement créateur de la conscience, toute seule, naturellement, sans le moindre effort. Sans imagination, sans intention, il n'existe pas de volonté. Soyons donc responsables et acteurs de nos actions et projections mentales.

Il y a acte involontaire lorsque l'émotion contrôle l'imagination, lorsque la conscience est floutée, l'analyse mentale absente. Cette amnésie mentale entraîne des actions négatives, disproportionnées. Il n'y a plus ni lucidité ni rationalité. La conscience est pathologique lorsqu'elle empêche d'agir de façon cohérente.

En définitive, la suggestion mentale pourrait être considérée comme une forme de sorcellerie moderne. À l'heure où beaucoup de gens sont fragiles psychologiquement, du fait qu'il y a un manque d'ordre et de discipline mentale, et se laissent manger par l'émotionnel, se laissent influencer par les émotions des autres et les leurs, cet état induit beaucoup de souffrance. Et qui dit souffrance dit faiblesse, c'est à ce moment clé que la suggestion mentale est un moyen pour prendre le dessus sur une personne. Sa force, c'est qu'elle est adaptable.

- CHAPITRE 7 - LES FORMES PSYCHIQUES, FORMES-PENSÉES ET ENTITÉS

Si le mauvais œil se manifeste par le regard (on parle alors d'induction hypnotique), il se forme en grande partie par la psyché (télépathie).

Les personnes pernicieuses sont des personnes nuisibles moralement, autant envers soi qu'envers l'autre. Ceci n'ayant rien à voir avec la charge mentale, dont on peut se défaire simplement par un bon repos ou une nuit de sommeil. Alors que le mauvais œil est fait de suggestion négative que l'on s'inflige à soi-même et que l'on accepte, que la suggestion soit non-intentionnée ou voulue. Souvent obsessionnelle, cette suggestion ne peut pas être éliminée par une bonne nuit de sommeil ne pouvant pas l'enlever. Toutefois, mauvais œil et charge mentale peuvent être complémentaires : lorsque la charge est récurrente et trop importante, elle finit par toucher le mental.

Pour comprendre les rouages d'un envoûtement, il est intéressant de connaître les différentes modes et formes de pensées, car c'est à travers ces formes de pensées que l'envoûtement passe.

LES FORMES-PENSÉES

Une forme-pensée est une larve, au stade primitif (ou égrégat[23]) ; elle disparaît aussitôt qu'elle est apparue. Créée par une seule et même personne, à l'origine, elle est d'abord individualiste ; ce n'est que par la création d'autres formes-pensées, en l'alimentant, que sa nature change. Par des mues successives, elle devient alors nécessairement un égrégore. On peut comparer la larve à une graine plantée, avec son eau pour l'alimentation. Et on peut comparer l'égrégore à la plante devenue adulte, après une série de soins alimentaires. Donc chaque forme-pensée est une graine plantée dans l'astral. Ne sous-estimons jamais une graine plantée, car même si nous ne l'arrosons pas nous-mêmes, d'autres peuvent le faire, de la même manière que la pluie qui arrose les plantes sans notre intervention. Souvenons-nous du proverbe : « Ce qui est en bas est comme ce qui est en haut. » Une forme-pensée individuelle, lorsqu'elle est reprise par quelqu'un d'autre (par la parole, par la télépathie, etc.) devient automatiquement une forme-pensée collective. Ainsi, ces formes-pensées deviennent intelligentes et autonomes, nourries par un collectif sociétaire. Généralement, il est difficile de se débarrasser de ces formes-pensées collectives. Il est plus facile d'enlever une plante qu'un arbre…

Il existe trois formes-pensées :

- **les formes-pensées psychiques individuelles non intelligentes** (larves au stade primitif) ;

23. Un égrégat est une forme-pensée générant une larve. Une larve est le résultat d'une forme-pensée se transformant en une entité, en un esprit non intelligent. Autrement dit, cette entité, particulièrement collante et contagieuse, vient se nourrir avidement des pensées de la personne ou des personnes qui l'entourent.

- **les formes-pensées psychiques sociétaires** (de masse, ou de groupe de type amical, familial, ou bien de type religieux, politique ou mystique – des entités collectives) ;
- **les formes-pensées intelligentes** (génies familiers et esprits servants).

Ces trois formes-pensées sont créées par l'être humain. La forme-pensée au stade de larve est le socle sur lequel peut ensuite se construire l'égrégore, à plus ou moins grande échelle, atteignant parfois une mesure déconcertante, une pensée commune planétaire.

Le développement se fait souvent de cette manière :

1. Individualité (pensée au stade primitif)
2. Groupe, société (pensée au stade collectif)
3. Humanité, universalité (pensée au stade universel)
4. Déité (pensée au stade déitaire)

Voyons de plus près ce que sont les formes-pensées (ou larves).

Les larves sont issues d'une forme-pensée au stade primitif provenant d'une seule et même personne. Autrement dit, à chaque pensée que nous créons, nous pondons énergétiquement une larve. Nous générons une larve au potentiel soit positif, soit négatif. Plus nous pensons, plus nous éjectons des groupes de larves, sur nous-mêmes et partout autour de nous. Elles n'ont pas de caractère ni d'identité propre, mais elles sont bien présentes. Elles sont seulement gourmandes, elles vont se coller, telles des sangsues, sur l'esprit de la personne qui les a émises, pour se nourrir, mais aussi sur l'esprit des autres personnes pour continuer à vivre et perdurer, elles sont donc très contagieuses. Elles sont également divisibles, ce qui leur donne ce côté contagieux, et sont également adaptatives, tout comme un virus.

Ces formes psychiques, ou larves, sont créées lors de nos soucis quotidiens, elles sont mobiles et peuvent donc être changées à chaque moment de la journée. On peut les considérer comme des entités non intelligentes, dépourvues de réflexion, puisqu'elles sont dans l'incapacité de communiquer, contrairement à une entité décédée, par exemple. En revanche, elles se nourrissent essentiellement de pensées obsédantes et rituéliques ; lorsqu'elles sont nourries, elles grossissent et prennent de l'ampleur, provoquant un auto-envoûtement, en l'occurrence des névroses psychiques (dépression, paranoïa, etc.). La méditation, le recul et la pensée positive (larves positives) permettent d'enrayer cette problématique, lorsque ces techniques sont utilisées quotidiennement. Malheureusement, certaines personnes se complaisent à penser négativement, jusqu'à créer des situations qui n'ont pas lieu d'exister, juste par besoin de se sentir vivre, ou ont besoin de raconter des choses dans le seul but de se rendre intéressantes, de s'inventer une vie palpitante.

Toute forme de pensée négative d'une personne génère automatiquement une atmosphère stressante dans une pièce mal aérée, et sans que l'on en sache les raisons. Ces larves sont semblables à des cristaux, ou de simples poussières, qui viennent se déposer par terre ou dans les coins de vos murs. Jusqu'à provoquer une saturation. Nous devenons à notre tour moins bien, susceptibles d'être contaminés par ces formes de pensées psychiques. Ces formes sont parasitaires et voraces. Nous ressentons et percevons une ou plusieurs larves par l'entremise de nos sens subtils comme la télépathie (pensée) ou la clairsentience (émotion). Les larves ne meurent que si on arrête de les nourrir, donc si on y fait abstraction. Sans cela, on risque de tomber dans la peur, la hantise, la dépression, voire la folie dans les cas extrêmes. En définitive, si nous changeons nos pensées, nous pouvons venir à bout du problème.

En réalité, une larve bien nourrie est un égrégore, et celui-ci a pour attribut la peur.

Ainsi, nous avons vu que les larves sont extrêmement contagieuses. Elles contaminent la personne même, mais aussi son entourage à faible vibration. La contamination dure un laps de temps, généralement court, car chacun un corps mental qui lui est propre, et donc une conscience qui vient reprendre le contrôle. Heureusement. Cependant, le problème se pose lorsque le corps mental est touché. Il s'agit de personnes influençables, vulnérables et hypersensibles, qui peuvent facilement être contaminées. Celles-ci auront du mal à se détacher des pensées négatives, et sur long terme, le virus peut trouver foyer… jusqu'à entraîner un trait de caractère chez la personne vulnérable à ce type de contamination et lui donner une vie misérable. C'est ce que l'on retrouve typiquement dans un mauvais œil, par ce biais de l'auto-envoûtement.

Une larve est à l'origine individualiste, mais celle-ci est souvent influencée par un égrégore extérieur, souvent de masse, ou sociétaire. Ainsi, à partir de là, nous alimentons, ou pas, notre larve.

LES ÉGRÉGORES

Je sais que chacun vit avec sa propre réalité objective. Prenons mon cas. Je suis sourde depuis l'âge de quatre ans. Seule ma mémoire auditive est capable de me dire ce dont je me souviens, j'ai obtenu l'acquisition de certains sons du temps de mon jeune âge, mais pas tous. Mes appareils auditifs ont sauvé les meubles, mais c'est tout. Imiter des voix me serait extrêmement difficile. Je peux percevoir des sons, mais mon cerveau ne captera pas toujours leur provenance, ni leur nature, si mon cerveau ne les a pas acquis. Si je ne perçois pas forcément la précision du son émis, en revanche, je perçois les vibrations émises par le son, à travers mes sens, que mon cerveau a appris à décoder à partir du son perçu de mes contours auditifs. Dans mon monde, j'entends des bruits généraux, essentiels, comme le bruit d'un moteur. Mais, vous, vous entendrez certainement le moteur spécifique d'une moto ou d'une voiture, précisément. En revanche, ce que vous ne pouvez pas entendre, je le perçois. Autrement dit, par exemple, je sais entendre avec les yeux. Dans le monde qui est le mien, l'écoute se passe par la vue et l'odorat. J'utilise donc d'autres sens qui me sont donnés spontanément pour pouvoir comprendre autrement. Mon monde est très différent du monde d'un entendant. Et je sais que mon monde est également différent d'un sourd-aveugle, qui aura un toucher beaucoup plus expansé que le mien, le bout de ses doigts sera d'une extrême sensibilité et finesse. Voici donc une toute petite facette d'un monde parmi une large gamme de facettes existantes, donnant des mondes multiples et internes.

Prenons un autre exemple, celui d'un médium. Lorsqu'il n'a pas conscience de l'être, il va croire au début que son monde est le même que n'importe qui, puisqu'il le perçoit de façon normale. Or ce n'est pas le même monde. Certes, il risque de s'inquiéter de sa santé mentale par la suite, avant de se rendre compte que chacun a son propre monde. Mais voilà, son monde est différent d'une personne qui est ancrée dans le plan physique, et qui ne connaît que ce monde. Celle-ci n'a aucunement conscience de ce qu'est une manifestation énergétique d'un corps astral. Si l'un ressent les fluides et l'énergie, l'autre ne sentira que la matière dans laquelle il baigne. Ce sont deux mondes différents. La personne ne connaît pas le monde d'un médium, n'a nullement conscience de ce monde, pas plus que la manifestation des corps subtils et les mondes parallèles qu'un médium peut « toucher ». Mais plus la personne lâchera prise, plus elle expérimentera sa spiritualité et entrera dans ce monde totalement différent, qui pourtant a toujours été présent. Ce qui signifie que ce monde inconnu était déjà en elle, puisque son corps astral est une partie énergétique existante de son corps physique. Et plus elle fera l'expérience de sa spiritualité, plus sa conscience dans ce nouveau monde s'étendra. De même qu'avec un peu d'entraînement d'ancrage, le médium parvient à s'ancrer dans la matière de façon exponentielle. Tout est question d'apprentissage, de découverte d'un monde à l'autre, d'un corps subtil à l'autre.

Il est, selon moi, important de mentionner cette explication parce qu'elle vous servira à mieux percevoir les choses, notamment dans l'astral, car c'est précisément là où tout se passe. Tout ce que vous imaginez vient de ce plan, avant de se répandre dans le monde physique. Ainsi, ce que vous pensez a des répercussions sur le plan matériel.

Prenons l'exemple d'une relation de couple qui date, et que vous rêvez d'avoir mieux en voyant un jeune couple. Vous serez confronté, tôt ou tard, à coup sûr, à une situation qui vous y mènera, c'est-à-dire : à trouver quelqu'un d'autre vous faisant vivre votre désir inavoué ! Et sans savoir que vous étiez à l'état de fantasme cinq ans plus tôt ! Il est donc important d'avoir conscience de ce que l'on pense. Même si, je le conçois, les pensées sont rapides et parfois nombreuses. Mais plus vous ferez l'expérience du vide mental, plus vous saurez faire le tri et choisirez vos pensées comme si vous choisissiez vos vêtements. Car, soyons honnêtes, nos pensées à l'heure actuelle sont nombreuses, brouillonnes et souvent, tout sauf positives ! La conséquence de ces pensées, c'est que vous aurez une vie remplie et brouillonne.

Prenons un autre exemple : si aujourd'hui il y a un réchauffement climatique, ne vous étonnez pas d'avoir pensé quand vous étiez petit « je déteste la pluie », « je déteste le froid », « je déteste la neige » ou encore « je déteste les chiens, les canards, les poissons, etc. » Du coup, on se retrouve à ne plus avoir ni pluie, ni neige, et 60 % de faune en moins. Ce que vous avez pensé a créé une pensée populaire où tout le monde a fini par penser mondialement la même chose que vous, puisque vous l'avez partagé. Étant adultes, ces personnes qui ont partagé ces pensées ont fini par détruire l'écosystème à travers la chaîne industrielle. La pensée a donc été à la base de création de la réalité.

Maintenant, c'est en prenant conscience de la gravité de la situation que les phénomènes difficiles (crises, pandémies…) se manifestent sur le plan matériel, pour aller vers le changement drastique que nous souhaitons, même si les moyens qui nous sont imposés sont loin d'être jolis, donnant notamment cette impression d'être broyés dans un presse-agrumes. Tout se paie. C'est pourquoi lorsque vous envisagez de créer une pensée et un égrégore, pensez aux conséquences que vous aurez ! C'est la base fondamentale de la pensée magique, ceci permet d'éviter un retour, un mauvais œil, etc.

Voyons plus précisément, maintenant, la nature d'un égrégore. Qu'est-ce qu'un égrégore ?

Le terme « égrégore » vient du grec *égrègora* signifiant « faire lever », « éveiller » ou encore « réveiller ». Il est souvent défini comme un être invisible chargé d'accompagner et de surveiller. Il veille dans un silence absolu à l'accomplissement d'une formulation ou d'une demande formulée par un demandeur. Selon Éliphas Lévi, l'égrégore est une sorte d'officier responsable de l'utilisation des énergies psychiques ou astrales. Selon la tradition kabbalistique, et selon Virya, kabbaliste érudit, un égrégore est un *Malakh*. Voici ses dires :

« La tradition enseigne que lorsque dix personnes se réunissent pour prier, elles créent un ange (Malakh). Les dix personnes réunies s'appellent un "Minyan", c'est le nombre minimum de personnes nécessaires pour accomplir certains rites et réciter certaines prières (Kaddish). Ainsi, la prière d'un Minyan forme un Malakh, dont la vocation et l'énergie sont motivées par la Kawanah (intention) du groupe.

Si ce Malakh est régulièrement dynamisé, il grandira en énergie et deviendra de plus en plus puissant. Dans le cas contraire, il s'épuisera. Les qualités du Malakh formé seront scellées par un nom, un sceau magique, des couleurs, des parfums, et des invocations, que les membres du groupe utiliseront pour mettre en action la force de leur Malakh. »

L'égrégore serait donc par définition une entité psychique à part entière créée sur la base d'un collectif. Tout rassemblement animé par un objectif ou projet commun provoque d'emblée un assemblage d'énergies psychiques, élaboré par chacun, ensemble, permettant ainsi d'élever le groupe vers une même voie.

Ainsi, par exemple, un égrégore peut prendre la forme d'un parti politique, d'un club, d'une association, d'un groupe religieux, de cercles fanatiques, etc. Mais un égrégore peut également se créer par une seule personne, si elle nourrit cet égrégore quotidiennement par le biais de pensées, de quelques offrandes déposées (miel, lait, gâteau) mais aussi de l'énergie de son créateur, par l'échange communicatif.

En créant un lien fraternel et un climat de confiance avec votre égrégore, celui-ci deviendra indispensable, il sera alors une sorte de gardien qui se soumettra à vos demandes.

Lorsque vous créez un égrégore, il se manifeste dans le plan astral un plan de formation, où se manifestent toutes les lois de la création, puis l'égrégore se matérialise dans le plan physique. Toute graine semée est déposée dans ce plan astral. Ainsi, ce que vous semez sur ce plan astral a forcément des répercussions sur le plan physique. Donc si vous souhaitez expérimenter la création d'un « esprit » (ou égrégore), vous devez toujours envisager les effets secondaires possibles dus à votre création. C'est le propre de la magie. Il est nécessaire, voire vital, d'anticiper tout résultat de ses actes, afin de ne pas produire de situation compromettante qui pourrait s'avérer extrêmement négative pour toute personne qui vous entoure, ce qui deviendrait alors de la magie noire.

Dans le contexte d'une guérison pour vous-même, si vous souhaitez créer votre gardien qui agira pour vous dans le but de vous soigner, il faut le visualiser dans les moindres détails physiques et dans tous ses traits de caractère, tel que vous souhaiteriez qu'il soit dans la vraie vie. Cela peut-être un gardien grand, beau et fort comme toutes les femmes en rêvent, avec notamment des abdominaux en tablette de chocolat, des yeux verts bienveillants, un sourire qui calme vos peurs intérieures, et doté d'une force tranquille, d'une douceur incomparable, avec des ailes gigantesques touchant le plafond de votre maison, ayant toutes les connaissances pour pouvoir vous guérir, avec notamment la capacité d'extraire le mal qui vous ronge comme le ferait un vrai et bon chirurgien. Bref. Une fois votre égrégore de guérison créé, il vous faudra ensuite lui donner clairement les modalités de son service.

Vous pouvez également créer cet égrégore avec votre entourage susceptible d'être intéressé par l'action de guérison pour en décupler son effet. En fondant un groupe, vous créez un égrégore encore plus solide. C'est ce que l'on appelle une chaîne magique. Elle a davantage d'impact que si vous le faisiez seul.

L'**égrégore de type naturel** est souvent âgé. Ce type d'égrégore est présent pour participer à notre chemin d'évolution. Il est assimilable à un esprit de groupe sociétaire ou à une chaîne magique, mais il n'a aucune identité propre, ni d'intention, ni d'intelligence, comme toute larve.

Certaines formes-pensées sont inconscientes, ou non intelligentes : elles sont indépendantes de notre volonté et proviennent de notre lieu de naissance, de notre sexe, de notre culture. Ce sont toutes les idées que l'on reçoit de manière passive.

D'autres formes-pensées sont conscientes, ou intelligentes. Elles sont nourries par notre participation. Par exemple, c'est le cas des partis politiques, des associations, groupes, sectes, mais aussi de nos loisirs, de notre métier, de notre famille. Plus notre participation et notre implication à des mouvements seront importantes, plus l'égrégore se fera sentir sur nos vies – et pourra soit nous protéger, soit nous détruire.

Prenons par exemple les Restos du cœur, association sous le patronat d'une personnalité connue, mais décédée, qui est Coluche. L'esprit qui gouverne cette association n'est pas en réalité Coluche, mais son égrégore, ainsi l'entité supérieure que représente Coluche, ou plutôt le maillon de sa chaîne, participe à l'évolution d'une pensée émotive de solidarité, de bienveillance et de dons, et donc à l'évolution de l'activité et de ses représentants, et cette entité assure ainsi la pérennité dans le temps de façon inconsciente. Quand on regarde son portrait dans les bureaux de l'association, on sent surtout l'omniprésence de son égrégore. Ce n'est pas l'esprit de Coluche qui vous suit. L'égrégore se nourrit de votre solidarité, bienveillance et de votre don pour survivre. Si vous décidez de sortir de cette association pour diverses raisons, la tâche risque d'être compliquée, simplement par le fait de devoir se détacher en réalité de l'égrégore, donc du lien fraternel et pacifiste qui vous a uni à lui.

L'**égrégore de type national** exprime une identité propre. Autrement dit, lorsqu'on naît dans un pays, on adopte ses lois, sa culture, sa langue, façonnant ainsi une identité nationale. Il est possible de vivre toute notre vie sans que notre pays ne prenne une importance précise qui nous obligerait à changer nos habitudes. Toutefois, dans un contexte émotionnel comme une guerre, par exemple, nous serions prêts inconsciemment à nous battre pour le défendre en protégeant nos valeurs et notre façon de vivre. Il y a là une certaine appartenance sociétaire qui nous dicte nos comportements.

L'**égrégore de type mondial** se livre très souvent une lutte constante pour assurer sa « survie » ou sa domination. En étudiant de près ces égrégores, il est possible de prédire les événements géopolitiques du futur.

Nous savons qu'une pensée inconsciente se manifeste dans le plan astral en priorité. Il faut savoir que la création d'un égrégore de façon consciente se manifeste dans le plan mental d'abord. Pourquoi ? Parce que notre intention est régie par le plan mental.

Types de créations d'égrégores

Égrégore créé par l'homme intentionnellement sur le plan mental

- À but personnel – plan mental individuel
- À but commun – plan mental de groupe

Égrégore créé par l'homme intentionnellement sur le plan mental et causal, voire au-delà

- Religion, secte, chaîne magique, ordre initiatique, association, club
- Groupe à but personnel

Égrégore créé par des entités

- Médium, gourou, etc.

Le médium communique avec l'égrégore d'un esprit

Lorsque le médium souhaite collaborer avec une personne défunte, il est fort possible qu'il collabore en réalité avec son égrégore. Lorsque les esprits défunts viennent à nous, c'est parce qu'ils ont déjà été sur Terre et qu'ils « connaissent le numéro » pour nous laisser des messages. Nous n'avons pas malheureusement le numéro de l'après-vie. Nous n'avons pas encore l'autre chemin d'incarnation. Lorsqu'il s'agit des âmes errantes, c'est pareil : elles viennent à nous pour évoluer et passer à l'étape suivante, et aussi pour que le médium puisse les guider vers la sortie, ou bien vers la lumière qui ne leur a pas encore été présentée. En ce sens, le médium peut faire office de passeur d'âme.

Lorsque le médium souhaite communiquer avec des esprits célèbres, il sera en contact avec l'égrégore de ces esprits, car l'esprit en soi sera certainement déjà loin, aura continué son évolution. La plupart des médiums se méprennent en disant qu'ils ont parlé avec une star alors que ce n'est pas exact. J'ai longtemps songé que ma conversation avec Victor Hugo avait été réelle, or je me suis aperçue qu'il était question uniquement de son égrégore, il m'avait seulement partagé quelques informations le concernant, ni plus ni moins. L'égrégore est aussi là pour livrer une information. C'est grâce à un groupe de personnes (érudits, groupe d'écrivains, etc.) que cette mémoire et cette connaissance perdurent dans l'Univers. Ainsi, certains écrivains peuvent faire appel à l'égrégore de Victor Hugo pour bénéficier d'un bon travail d'écriture, par exemple. Le médium parvient à recevoir l'information véhiculée dans le plan astral. Il en va de même pour les anges, les archanges. Mais à ce stade, le médium semble être doté d'une conscience particulièrement élevée pour parvenir au corps bouddhique où commencent les intercommunications angéliques, des saints et autres castes divines, mais rien n'est sûr. Il pourrait s'agir simplement d'égrégores de type guides spirituels. Ils peuvent simplement faire office de transmission de communication par voie causale, et communiquer avec le médium par voie bouddhique.

Les formes-pensées sociétaires ou de masse ont lieu si un groupe de personnes se rejoignent pour envoyer des pensées négatives à une personne. Cela aura davantage d'impact et pourra être plus facilement ressenti par cette dernière, ou les phénomènes de sa vie en seront modifiés plus rapidement. Cette association humaine permet ainsi de multiplier les effets de l'égrégore. Cette action émise lui confère donc une certaine force agissante et aura des chances de se répandre davantage sur la personne, ou la victime. Une seule pensée unique aurait moins d'impact. Mais cela dépend de la force émise par l'expéditeur et de sa fréquence. Ce type d'action peut également avoir lieu en tant qu'égrégore positif si une poignée de personnes se regroupent pour envoyer des pensées positives à une personne, comme les groupes de prières : celle-ci ressentira des bénéfices issus de l'égrégore. Si la pensée commune n'est plus nourrie, l'égrégore n'existe plus. Et l'entité n'existe plus.

Comprenez bien que plus vous pensez que la Terre ira mal et partagez cette pensée avec d'autres personnes, plus vous créez un problème, puisque cette pensée sera acceptée par d'autres et peut conduire à une modification des phénomènes. Autant penser aux solutions et aux résultats plutôt qu'à une échéance.

LES ENTITÉS ET ÉGRÉGORES DU BAS ASTRAL

Les entités du bas astral viennent souvent suite à des sollicitations telles que les séances de Ouija, un « jeu » connu que beaucoup de jeunes s'amusent à tester sans mode opératoire de protection.

Une entité est soit une entité décédée, soit un égrégore. L'entité décédée est un esprit à part entière. L'égrégore est un « esprit » fabriqué par le psychisme de l'homme.

À la différence d'une larve, une entité a une identité propre dotée d'une conscience et d'une réflexion personnelle avec un certain objectif de la réalité. On lui confère le nom d'entité, car il n'est pas possible pour nous de l'identifier comme une personne physique, elle reste simplement et purement un esprit. Tout esprit, quel qu'il soit, voyage, rêve, vibre dans l'astral, et il est donc considéré comme vivant. Même s'il est silencieux, cela ne signifie pas qu'il n'existe pas.

Il y a plusieurs entités dans le bas astral.

L'**entité décédée** est un esprit ayant vécu sur Terre. Grâce à la clairvoyance, on peut la définir physiquement. L'entité se montre souvent telle qu'elle était sur Terre. Nous parvenons à entamer une conversation avec elle, sur un sujet précis. Des éléments et des détails nous sont rapportés. Elle est dotée d'un caractère, en plus d'un esprit et d'une conscience. Même si le corps n'est plus, l'entité reste un esprit vivant. Certains appareils peuvent capter la présence de ces fantômes. La plupart de ces appareils sont brouillés, car les entités parviennent à canaliser l'énergie de votre batterie jusqu'à la vider pour se nourrir en énergie. Ce n'est pas toujours pour vous faire peur. On ressent ces entités par des courants d'air froid, elles ont la capacité de se déplacer à côté de nous, comme toute personne. Même si on ne les voit pas à l'œil nu, elles sont bien présentes. Certains appareils spécialement conçus pour capter les énergies et les sons parviennent à capter la présence de ces entités. Si on réécoute l'enregistrement, avec un peu de patience, de concentration et d'écoute, notre oreille perçoit quelques mots émis par le fantôme, parmi les bruits de fond.

L'**égrégore du plan mental et causal** est un « esprit » qui n'a jamais vécu sur Terre. Cependant, il est possible de le définir physiquement. Certains groupes occultistes (ordres initiatiques, chaînes magiques, etc.), ou bien certains occultistes, de manière individuelle, créent un égrégore, en le visualisant mentalement sous toutes les coutures, quitte à le dessiner, en y apportant des éléments précis, des traits physiques particuliers, pour le reconnaître comme une personne à part entière, et pour lui conférer une mission spécifique. C'est pourquoi lorsque l'égrégore se présente dans l'astral, il a le physique d'une entité décédée ayant vécu sur Terre. Un égrégore, lorsqu'il est créé, agit selon la mission qui lui a été confiée, soit pour nous influencer, nous mener la vie dure, soit pour nous aider et nous protéger. Généralement, la mission de l'égrégore est d'être soit un génie familier, soit un gardien (de type ange gardien, archange, saint) ou un esprit servant dans le but de satisfaire une demande. La mission se fait généralement sur un laps de temps relativement court, allant de quelques jours à plusieurs mois. Cet égrégore est doté d'une conscience et d'une intelligence. Il comprend la mission que vous lui demandez. Il est capable d'entamer une conversation. Avec la clairvoyance, il est possible de voir ces « esprits ». Si son créateur ne nourrit plus son égrégore, ou s'il oublie de le déprogrammer, ce dernier risque fort de vouloir chercher à se nourrir ailleurs, comme un chien abandonné sur le bord de la route ; il cherchera alors à se nourrir de l'énergie des autres personnes, tel un vampire, pour rester en forme et survivre. À ce stade, on pourrait alors constater qu'il est juste capable de coller des saletés sur l'aura des personnes. Les victimes de ce mauvais œil risquent de se retrouver envoûtées sans même le savoir…

Cette liste n'est pas exhaustive, d'autres égrégores existent ; pour approfondir le sujet des égrégores, je vous suggère de vous référer à *La Magie des égrégores* de Vincent Lauvergne[24].

Qu'il s'agisse d'entités ou d'égrégores, il est extrêmement nécessaire de se protéger. Si ces derniers parviennent à se nourrir de l'énergie d'une batterie, ou encore de votre nourriture en offrande, ils peuvent se nourrir également des larves que vous pourriez évacuer de vos pensées, et ils peuvent s'identifier avec celui qui porte le même gène que lui pour se renforcer, voire survivre. L'entité à gène parasite brouille l'esprit et l'influence, tandis que l'entité à gène vampirique aspire l'esprit, le fatigue, le draine. Une entité à gène parasite peut devenir une entité à gène vampirique, sur le long terme.

On l'a vu, il ne faut pas nourrir nos pensées négatives. Il est normal d'avoir un coup de mou, un excès de colère, mais il est tout aussi important de savoir se ressaisir rapidement, car ces pensées risquent de nous porter la poisse ou de contaminer une ou plusieurs personnes, et même de créer une entité. Un médium sera alors obligé de la bannir de votre corps, ou de votre lieu de vie, ou de votre voiture.

24. Éditions Trajectoire, 2017.

Les entités du bas astral voyagent d'un lieu à un autre, d'une personne à l'autre pour tenter de se nourrir. Or si chacun se décidait à ne plus penser négativement, l'ambiance serait différente. On en ressentirait les effets. N'avez-vous pas remarqué lorsque vous prenez l'avion pour voyager, l'ambiance n'est pas la même, d'un pays à un autre ? Les formes et concepts de pensées sont totalement différents. Le fait de nourrir ces pensées négatives produit un effet de causalité, si tout le monde se met à faire pareil, par contamination, cela crée un nuage de pollution atmosphérique et donne un environnement d'énergie noire. Allez faire un séjour en Italie, dans les rues de Rome, voyagez en Inde, dans les temples bouddhistes, en pleine montagne, puis rendez-vous dans les villes en guerre : vous ne ressentirez pas la même ambiance, et vous n'entretiendrez pas les mêmes formes de pensées que celles émises chez vous.

Nous avons évoqué les entités du bas astral. Quant aux entités du haut astral (anges, archanges...), elles nous regardent également, et attendent l'occasion de nous assister en cas de prière. Il n'est pas nécessaire d'avoir un problème pour demander une assistance. Ces entités sont vraiment là pour nous aider, quelle que soit la demande.

LES ENTITÉS DANS LA MAISON

Les entités vivent partout autour de nous, elles sont très nombreuses. On les trouve plus particulièrement dans les endroits désaffectés, abandonnés par l'homme, mais aussi dans des endroits sombres, sales et humides, des endroits qui permettent aisément la création des larves par l'homme vivant. Elles trouvent refuge dans toutes les formes de déchets, les ordures ménagères, la nourriture, les restes de l'homme (que ce soit la vaisselle dans l'évier, la nourriture laissée sur la table, la poubelle ouverte...).

Lorsque la maison a une atmosphère légère, agréable, qu'elle est claire et propre, il se peut qu'il y existe des entités cherchant à évoluer dans la paix, mais c'est assez rare. On les trouve plutôt dans les temples de méditation et les bibliothèques… et encore, il faut vraiment que les humains soient animés essentiellement de paix dans ces espaces. Certains y viennent avec des pensées négatives pour se nettoyer, brouillant ainsi la paix de l'esprit. Cela explique qu'un endroit sans pollution énergétique est rare. Certaines maisons, ou pièces, sont beaucoup plus lourdes que d'autres.

L'INTÉRÊT DU VIDE MENTAL

Les larves, lorsqu'elles sont créées et renforcées, deviennent des entités. Elles attendent juste l'occasion pour venir aspirer l'énergie à laquelle elles adorent s'abreuver : énergie d'amour, énergie de haine, énergie de vengeance, énergie de peur, énergie d'orgueil, etc., en somme toutes les énergies d'ici-bas. Elles sont particulièrement collantes. Elles polluent davantage les pensées d'une personne par contamination et lui donnent cette impression d'avoir cinquante mille voix dans la tête (prolifération). Lorsque cela arrive, il faudrait faire le vide. Je vous recommande le zazen, où il s'agit de faire le vide dans votre mental pour éviter le burn-out et surtout de nourrir les larves. Plus vous pratiquerez cette discipline méditative chinoise, plus vous aurez les capacités à prendre du recul et à maintenir un certain ordre, et plus vous saurez acquérir une certaine autorité. Le simple fait d'accepter de subir des maux prédispose la personne à se soumettre aux entités ou à la sorcellerie.

Les pensées négatives sont-elles des sorts ?

Oui et non. Les pensées négatives, à leur origine, c'est-à-dire au stade de larves, ne sont pas des sorts. Même répétées, elles n'ont pas la même intensité que les sorts fabriqués par un sorcier, sous forme d'égrégore (entité). Cependant, elles ont la capacité de nuire plus ou moins gravement selon la force et la fréquence émises. Tant que l'effet n'a pas été annulé (suppression de la pensée négative), elles peuvent nuire, en dehors de cela, elles sont inoffensives.

Il faut retenir que les pensées sont mobiles, elles circulent partout, et même dans tout le corps, alors que les sorts sont statiques, ils se posent sur un endroit précis – un organe, par exemple, en tant qu'entité. À ce stade, le sort doit être détruit par l'intervention de quelqu'un ou de quelque chose de spécifique (magnétisme, dégagement par le feu, le plomb, l'œuf, etc.).

- CHAPITRE 8 -
ENVOÛTEMENT ET POSSESSION

Lorsqu'on parle d'« envoûtement », celui-ci a pour notion l'emprise. Ce terme définit donc une emprise générale, sans spécificité particulière. On sait que le terme « auto-envoûtement » renvoie à la définition d'emprise personnelle. Cette emprise personnelle est généralement mentale, autrement dit, on exerce sur soi un phénomène que l'on appelle autohypnose, et la conscience mentale s'en trouve modifiée. Le processus est que l'on s'autodétruit intérieurement. Il est possible aussi qu'une personne puisse nous pousser, de par son influence charismatique, à ce phénomène d'autohypnose. L'antidote pour empêcher ce phénomène d'auto-envoûtement serait donc de ne pas se rabaisser au niveau de la personne qui suggère l'auto-envoûtement. Dans l'envoûtement, puisqu'il est général, il existe plusieurs types d'emprise. La nature de l'emprise diffère du mauvais œil et de la sorcellerie. À titre d'exemple, concernant la sorcellerie amoureuse, l'« emprise » serait l'emprise de séduction, ou l'emprise sexuelle, ou encore l'envoûtement amoureux.

Qu'en est-il de la possession, est-ce aussi une sorte d'emprise ? Selon la pensée collective, l'envoûtement serait une sorte d'emprise comparable à la possession. Or, ce n'est pas exact, bien que le vocable « possession » puisse s'intégrer dans le contexte de l'emprise. Beaucoup confondent donc l'envoûtement avec la possession, mais ces deux vocables sont diamétralement opposés et ne comportent pas la même définition.

L'ENVOÛTEMENT

La définition qu'on trouve simplement dans Wikipédia est la suivante : « L'envoûtement (du latin *vultus*, visage, effigie, figure) désigne un ensemble de pratiques paranormales visant à faire subir des piqûres ou des coups à des figures (de cire, par exemple) représentant une personne qui serait atteinte par ces mauvais traitements, ou par le biais de philtres et d'autres rituels pour modifier son comportement. La victime désignée est alors dite "envoûtée". Le terme renvoie également la notion d'emprise ou de séduction. » On parle donc d'envoûtement en général, que l'origine soit une possession, une sorcellerie ou un mauvais œil.

LA POSSESSION

Toujours dans Wikipédia, on trouve : « La possession désigne, en anthropologie, une situation au cours de laquelle une personne est considérée comme étant habitée par une ou plusieurs entités (divinité, esprit, ancêtre, démon…). De nombreux types de possessions ont été décrits dans des sociétés diverses. Il s'agit le plus souvent d'un esprit d'une divinité qui choisit d'investir le corps d'un être humain lors d'une cérémonie. Le possédé adopte un comportement social différent d'ordinaire et reconnu par les dévots comme la manifestation de l'entité (…). C'est l'occasion pour celle-ci de prendre forme humaine et d'user de comportements, d'attitudes et d'expressions corporelles spécifiques (tremblement, peur, rires, etc.) auxquels nous attribuons le terme de “transe” dans le sens commun. Cependant, “transe” ou “conscience modifiée” ne permettent pas d’établir des catégories précises et formelles pour l’analyse comparative. Cela s’applique aussi à la possession, bien que son emploi soit utile pour désigner des phénomènes religieux distincts du chamanisme. »

Grosso modo, la personne est prise au piège par une entité/esprit qui a pris les commandes de son corps subtil. Le possédé ne se reconnaît plus et ne comprend pas non plus ce qui lui arrive. Tout est confus, il ne parvient pas à réfléchir par lui-même, et il est en proie à de terribles angoisses. Un gros travail d’ancrage est nécessaire pour parvenir à se dégager énergétiquement de la présence de l’entité qui s’est immiscée en lui, c’est même vital pour ne pas finir en hôpital psychiatrique. Cela arrive lorsque le possédé était déjà en état vibratoire négatif (peur, burn-out, ancrage décroché, hypersensibilité, tristesse profonde due à un deuil par exemple, etc.), ou possède un don de médiumnité.

Attention, même si une possession est souvent négative, lorsque celle-ci est maîtrisée, la possession peut apporter une aide salvatrice. Nous retrouvons ce type de procédé chez les chamans. Les chamans, dont les yeux sont voilés par leur costume, entrent en communication avec les esprits dans le but de guérir les malades. À moins d’être un chaman averti, peu d’entre eux se souviennent de leur travail durant la cérémonie, ils sont comme possédés, ce moment où le chaman accueille l’esprit à entrer en lui pour se manifester. Ils sont souvent accompagnés dans leur travail pour des raisons de sécurité. Durant la transe, certains chamans se « transforment » en loup, par exemple. Ils grognent sur le malade et effectuent des gestes, souvent les mains sont positionnées sur la zone douloureuse. Après la cérémonie, ils reviennent à eux-mêmes. Mais il peut arriver aussi que des chamans en mal d’ancrage parviennent difficilement à reprendre possession de leur corps physique. Parfois, il leur faut une semaine pour reprendre leur esprit.

La possession a des implications psychologiques (le plus souvent), mais aussi sociologiques, anthropologiques et religieuses. Seul le médium est appelé à résoudre un tel cas. Pour cela, un rituel spécifique de bannissement peut être nécessaire (magnétisme, magie blanche, prières), ou bien une communication médiumnique pour guider l'entité dans la lumière. Parfois, il peut s'ensuivre trois heures de discussion et de « négociation » afin de parvenir à faire fuir une entité. Celle-ci peut revenir en raison de la faiblesse psychologique de la victime, ainsi cette dernière doit réapprendre à avoir confiance en elle, à s'ancrer et créer des pensées résolument positives. C'est tout un travail psychologique à effectuer, telle est la meilleure des protections. Cela demande des années pour y parvenir, mais ce n'est pas impossible.

Possession, transe médiumnique et mauvais œil

On ne doit pas confondre la possession avec la transe médiumnique (état de conscience modifiée). Une transe est un exercice permettant de transcender une information divine, un esprit, une entité, pour transmettre un message. Le médium accueille l'esprit sans que celui-ci prenne les commandes. Une musique répétitive, le son et la rythmique déclenchent le processus de la transe, comme ceux d'un tambour lors d'une cérémonie chamanique, ou d'une cloche, d'un gong tibétain.
Il ne faut pas confondre non plus la possession avec le mauvais œil, même si on ressent un regard posé sur soi ou en soi, une impression d'être épié. Ce regard laisse certes sur soi une trace énergétique, mais ce n'est pas une entité permanente comme dans le cas d'une possession, c'est simplement un marqueur énergétique qui pollue notre énergie et nous influence. Il faut alors l'enlever, le nettoyer, comme pour une possession, même si là le procédé est moins lourd, moins complexe.

Il existe trois types d'esprit présents dans une possession. Il peut s'agir d'un esprit que nous avons créé (un égrégore), d'un esprit décédé, ou bien d'un démon.

QU'EST-CE QUI PROVOQUE UNE POSSESSION ?

Une possession peut provenir de :

- chocs émotionnels (dus à un deuil, une maladie…) ;
- une anesthésie générale ;
- drogues, sédatifs, alcoolisme ;
- EMI, projection et sortie astrale ;
- perte de connaissance, coma ;
- maladie d'Alzheimer ;
- chocs psychologiques (peur intense, grave dépression…).

LES RÉACTIONS D'UN ENVOÛTÉ

Que cela soit à cause d'une possession, d'une sorcellerie ou d'un mauvais œil, un envoûté subit des maux physiques et psychologiques. Ces maux sont similaires à n'importe quels maux que nous rencontrons dans notre vie quotidienne. Toutefois, lorsqu'un envoûtement survient, l'envoûté perçoit inconsciemment l'énergie émise du détracteur, et donc par absorption, par contamination énergétique, il finit lui-même, par mécanisme d'énergie perçue, de s'auto-envoûter. Cependant, il finit par s'apercevoir que quelque chose ne tourne pas rond, et qu'il n'est pas totalement lui-même.

L'envoûté se sent donc très mal. Mais il pense que le problème ne vient pas de lui-même, mais de l'extérieur, il croit que ce sont les autres qui lui font du mal. Certes, le mauvais œil lui a été donné, mais il finit par se faire du mal tout seul, tout en rejetant la faute sur les autres. Il pense que le monde autour de lui a changé. En réalité, c'est surtout l'envoûté lui-même qui a changé.

Il lui appartient alors de se nettoyer entièrement, de se désenvoûter avec l'aide d'une tierce personne pour retrouver la quiétude et retrouver son identité. Sinon, les conséquences peuvent être difficiles.

Certains proches pensent vouloir bien faire en aidant la victime. Ils prennent à bout de bras la situation sans prendre en considération la victime, en faisant passer leurs propres intérêts avant celui de la victime. Ainsi, ils vont suggérer par exemple de prendre telle décision avec son conjoint ou sa conjointe ou au travail, d'aller voir un psychologue, etc. La conséquence est bien souvent un repli sur soi de la part de la victime, qui s'enfoncera encore davantage dans l'auto-envoûtement. Parfois, les proches peuvent même devenir violents pour « secouer » la victime. Ceci fait réagir l'entité, mais elle ne sort pas, et l'envoûté se débat contre lui-même (la personne devient hystérique). En réalité, la victime n'est pas ou plus elle-même et ne peut donc pas réagir en bonne conscience ! Cette idée d'aider seul la victime n'est pas recommandable.

Comment se comporter si on a l'impression d'être envoûté ?

Si vous avez l'impression de sombrer dans cet engrenage, que ce monde qui vous appartenait a changé, dites-vous bien que ce ne sont pas les autres qui ont changé en réalité, mais vous, à cause d'un mauvais œil. Notre monde ne change que lorsque nous cessons d'être celle/celui que nous étions. Prenez soin de vous. Essayez de vous nettoyer, de vous reposer, de vous ancrer, de vous faire plaisir pour aller mieux, faites-vous plaisir d'abord, puis faites plaisir ensuite à votre entourage après si l'envie est là, mais soyez vrai et honnête avec vous-même dans l'action de vous faire plaisir et de prendre soin de vous. Puis lorsque vous l'aurez décidé, faites-vous aider par des personnes compétentes en qui vous avez réellement confiance et qui vous pousseront positivement vers des actions concrètes. Elles vont vous aider à rester ouvert surtout, et vous éviteront tout repli sur vous-même. Entourez-vous de personnes solides émotionnellement et patientes.

LES DIFFÉRENTES FORMES D'ENVOÛTEMENT

L'envoûtement se fait soi directement sur la personne, soit à travers des objets. Le terme « charme » vient du latin *carmen*, qui signifie « chant » : il désigne donc une incantation psalmodiée. Le charme dépendra donc de la puissance de la chanson. Il existe plusieurs types d'envoûtement :

- Par la charge (cadeau, objet)
- Par l'entité (appel invocatoire d'un égrégore)
- Par l'auto-envoûtement (concept erroné de soi)
- Par la suggestion et l'hypnose (concept erroné suggéré)

Sur l'être humain

Envoûtement par le physique

Il provoque des problématiques communes comme l'acné, les cheveux blancs, etc. Ce type d'envoûtement était assez fréquent, mais il est maintenant peu utilisé, car avec les nouvelles technologies médicales, la mode, les mentalités modernes, il est plus facile de pallier ce genre d'ennuis. Généralement, le sorcier attaque d'abord sur le psychisme, ou bien le porte-monnaie pour que justement la personne ne parvienne pas à bénéficier du soin.

Envoûtement par le mental

Cet envoûtement correspond à une emprise sur la réflexion et sur la lucidité de l'envoûté. Il provoque des crises de confusion, de paranoïa, de dépression. La personne ne réfléchit plus clairement, manque de lucidité et de recul sur une situation donnée. Ce type d'envoûtement est utilisé fréquemment. Il vise à faire perdre les défenses de la personne et parfois à la rendre folle. Il est difficile de corriger un envoûtement sur le mental, parce qu'à l'heure actuelle, il est compliqué d'atteindre le mental, de le dominer, mais les nouvelles technologies médicales travaillent pour guérir ces maladies (90 % des maladies sont fabriquées par le mental). Pour le moment, nous pouvons faire appel aux désenvoûtements, aux méditations conscientes comme la sophrologie (revenir à soi), ou l'hypnose (inhiber la conscience pour en créer une autre), et un travail psychologique de reconstruction (psychologie) peut mener à la guérison. Pour parvenir au bout de ce cheminement de guérison, mieux vaut être accompagné d'un proche que vous aurez choisi vous-même pour son accompagnement inconditionnel, pour son non-jugement sur votre état et pour son attitude positive dans votre parcours du combattant. Ce cheminement inclut souvent quelques séparations avec certaines personnes que vous jugerez progressivement néfastes. Prenez le temps d'accomplir cette tâche, ne les laissez jamais prendre le dessus sur vous.

Envoûtement par l'émotionnel

Il est proche du mental, il en est même indissociable, mais il provoque ce que nous connaissons parfaitement tous : des angoisses existentielles et des peurs exacerbées.

L'envoûtement par l'émotionnel permet de parvenir à diverses emprises psychologiques, mentales, émotives et sexuelles. La peur est l'élément fondateur pour parvenir à prendre le contrôle sur une personne. Ce type d'envoûtement vise à rendre la personne dépendante, dépourvue de réflexion et de raisonnement, en la nourrissant émotionnellement. La peur est facile d'accès dans un monde de stress, puisque le stress est déjà de la peur. On sait que 90 % de gens stressant dans leur vie quotidienne cachent de nombreuses petites peurs : peur d'arriver en retard à son travail, peur de rater le bus, peur de mal faire son travail, peur que son enfant pleure à la crèche – peur, peur, peur… Seule la méditation et le développement personnel permettent de résoudre le problème émotionnel (sensiblerie), de se « rapatrier en conscience » pour penser par soi-même et raisonner selon ses propres principes et valeurs de Soi. Beaucoup ont des carences affectives envers soi, doutant de leurs propres capacités de réflexion et de la validité de leurs croyances : ce sont des sujets parfaits pour un envoûtement. Soit vous faites confiance aux autres, soit vous vous faites confiance.

La séduction peut aussi être une arme pour convaincre ou dissuader la personne. Ne vous y méprenez pas. Les expériences que j'ai faites m'ont permis de comprendre qu'il y a toujours un intérêt derrière chaque personne, surtout lorsqu'on vient vers vous. Soit vous lui plaisez, soit il y a quelque chose d'autre : cherchez toujours les réelles raisons pour lesquelles cette personne choisit de venir vers vous. N'écoutez jamais les paroles, mais toujours les actes. Vous saurez à quoi vous en tenir.

Attention, parfois une personne peut avoir un physique charismatique sans pour autant chercher à séduire. De même, une personne peut séduire par des regards suggestifs.

Ne confondons pas amour et attirance. La lucidité est une forme de défense, et il convient de rester sur ses gardes dès le départ.

Types d'envoûtements émotionnels et d'envoûteurs émotionnels

Un envoûtement émotionnel peut passer par :

- la séduction ;
- le chantage ;
- la peur ;
- la mauvaise information, la supposition.

L'envoûteur peut être :

- un pervers narcissique ;
- un sorcier ;
- un séducteur ;
- un politique, un orateur ;
- les médias (portés sur la politique, la guerre), un mauvais informateur ;
- un fabulateur, un colporteur portant des accusations infondées et des informations erronées.

Vous remarquerez dans cette liste que ces personnes ont pour sujet l'émotion, dans le but d'endormir la personne ou de l'orienter vers autre chose, de la formater, en évitant les sujets d'importance, la vérité, etc.

Envoûtement par la charge

Tout matériel ou objet comporte une charge. L'habitat en fait partie. Lorsqu'une maison est dite chargée, elle comporte une certaine lourdeur vibratoire. Soit l'objet a été envoûté par un tiers (magnétisé), soit l'objet s'est chargé au fil du temps, soit un événement dramatique est survenu et a pollué l'objet en question. Ces charges peuvent devenir karmiques (*karma* signifie « action »), nous épousons ces charges comme étant les nôtres et, par contamination, nous émettons des actions liées à la charge. Les charges comportent des mémoires antécédentes (traumatismes), dont les intentions, émotions et histoires ont été posées dessus précédemment. Ces charges sont contagieuses.

Par ailleurs, une maison n'est plus considérée comme neuve lorsque celle-ci a passé le seuil des dix ans d'ancienneté, d'un point de vue de l'usure, mais aussi d'un point de vue énergétique. La garantie est pratiquement la même, je souligne le *pratiquement*.

Prenons l'exemple d'une maison fissurée par la sécheresse. Au bout d'un an, même si la maison est neuve, du point de vue énergétique, elle comporte une lourde charge énergétique. La vibration n'est plus la même, sans compter le stress visuel face à cette fissure, et les travaux obligatoires qui s'ajouteront à ce désastre, incluant parfois un déficit budgétaire pour le propriétaire… et l'effet boule de neige apparaît.

C'est pourquoi il est important d'entretenir une maison et de la rénover au bout de dix ans d'ancienneté, limitant l'effet de charge. En cas d'impossibilité de rénover une maison par manque de moyens financiers, mieux vaut déménager. Sinon, il faut revoir la manière dont vous gérez votre porte-monnaie. Il existe de nombreuses solutions.

Que faut-il considérer pour évaluer la charge d'une maison ?

Pour une maison ancienne (plus de dix ans) :

- La charge/mémoire des murs et matériaux
- La charge/mémoire des objets, meubles

Pour une maison neuve (moins de dix ans) :

- La charge/mémoire des murs (histoire du chantier, histoire familiale, événements, etc.)
- La charge/mémoire des matériaux utilisés
- La charge de l'envoûtement, la magie noire, les jeux occultes, etc.

Que faire en cas d'envoûtement dans une maison ?

Il faut faire le vide, oui, le vide complet – faire le tour de tout ce qu'il y a dans la maison et se débarrasser de quelques objets quand on a un doute, pour permettre de faire entrer la nouveauté. Une énergie chargée est une énergie pleine. Un verre plein aura du mal à se remplir…

Après un désenvoûtement d'une maison, pour éviter une nouvelle contamination, il est conseillé de vider complètement la maison. Il s'agit alors soit de vendre (mais honnêtement, je ne prendrais pas le risque de contaminer une autre personne avec mes objets chargés si je ne connais pas le moyen de les nettoyer), soit de jeter ou de brûler ce qui est susceptible d'être brûlé.

Pour faire le tri, l'idée est de ressentir l'objet dans vos mains et d'en sentir la charge positive ou négative – si l'objet vous tire vers le bas ou vers le haut. Si l'objet est positif, *a posteriori* vous devriez être bien, si l'objet comporte une charge négative, vous devriez vous sentir lourd et mal à l'aise, et dans ce cas vous devez vous en débarrasser, peu importe le sentiment d'attachement que vous pouvez ressentir. Quel est le plus important, vous ou l'objet ? Un travail sur soi sera certainement nécessaire.

Quels objets éliminer d'une maison ?

- **Éliminer les objets anciens** ayant appartenu à une époque médiévale, à un lieu de culte : ils ont une empreinte historique.
- **Éliminer les objets du propriétaire précédent**, d'une personne malade, décédée, etc.
- **Éliminer les objets et meubles qui ont plus de dix ans**, car tous les dix ans on change et on évolue. Un malaise peut inonder l'habitation en cas d'objets ayant trop vécu.
- **Éliminer les objets ayant appartenu à une communauté à rites (rites occultes, franc-maçonnerie, rites religieux).** Ce sont des objets porteurs de formes de pensée mentale, de charges occultes.
- **Éliminer les objets cassés ou abîmés** car ils n'ont aucune vibration positive.

Envoûtement par une entité

Nous avons déjà vu plus haut dans cet ouvrage qu'il existe plusieurs types d'entités. Voici quelques pistes.

- **Le sorcier crée une entité** ou un esprit démoniaque dans le but de nuire à une personne. Ceci s'effectue généralement la nuit, en période de pleine lune, à des horaires et dates précis, et selon la planète et le signe du zodiaque dans lesquels nous transitons.
- **Une personne décédée** souhaite rester auprès d'une personne précise pour plusieurs raisons (elle l'influencera alors sous divers aspects comportementaux).
- **Des larves** peuvent être présentes dans une maison à cause de diverses raisons (séance de spiritisme, maladie, deuil, difficultés financières ou amoureuses, dépression, etc.).

Envoûtement par l'environnement

Il peut s'agir d'une pensée de masse, d'un égrégore (ou pensée populaire), cette forme d'entité est très collante et se nourrit essentiellement de concepts. Ceci influence notre vraie nature et brouille ce qui nous anime réellement (la passion, l'intérêt, les facultés). Heureusement que notre cœur nous guide à chaque instant pour nous remettre sur notre vrai chemin.

La nature et le cosmos ont la capacité d'envoûter toute forme de vie sur Terre. Même s'il ne s'agit pas d'entité à proprement parler, on peut considérer ceci comme tel, puisqu'il y a une capacité d'influencer les énergies et d'en modifier les états. C'est le cas pour les courants d'eaux, les courants telluriques, les nœuds de Hartmann, les élémentaux… Ils provoquent une interférence au niveau énergétique sur l'homme. Ils donnent rarement des bienfaits sur la santé à long terme. Par exemple, une maison bâtie sur un courant d'eau souterrain pourra rencontrer des problèmes. Il se peut aussi que la nature puisse être un dépôt à ciel ouvert de larves, dans le cas notamment de routes où ont eu lieu des accidents, par exemple. Ceci provoque souvent d'autres accidents sur le même lieu. Ces routes ne sont pas jugées potentiellement dangereuses par le département ou la sécurité routière, mais le sont du fait qu'elles détiennent la capacité énergétique d'influencer les conducteurs par leur histoire, une trace ou un marqueur énergétique.

Par exemple, si un accident a eu lieu il y a trois jours, la trace énergétique qui reste peut conduire à effrayer une personne sans raison apparente et provoquer un accident tout bête.

Ces routes portent la poisse. Les pompiers, les gendarmes ou les ambulanciers le savent pour avoir été souvent interpellés aux mêmes endroits dans un laps de temps relativement court, et il en est de même pour les périodes de pleine lune. Heureusement que ces courants énergétiques environnementaux se déplacent avec le temps, ou s'évaporent lorsque la trace énergétique n'est plus nourrie – en général, lorsque les morts ont rejoint la lumière.

Certaines routes deviennent hantées. Mais ce phénomène finit toujours par partir avec le temps, sauf pour les lieux abandonnés ; dans ce cas précis, le problème n'est que reporté.

Par exemple, les morts bloqués sur la route essaient de parler avec les vivants pour se faire aider à passer dans la lumière. Ils provoquent aux médiums des phénomènes de hantise, de blocage intérieur au niveau de la gorge et du thorax avec la sensation de ne plus pouvoir correctement respirer, engendrant des crises de panique en plein milieu de la route. Beaucoup de médiums évitent certaines routes pour ces raisons. En plus d'être angoissantes, elles sont dangereuses. Mais heureusement, certains médiums parviennent à corriger ce problème, principalement dans les lieux fréquentés. Les chemins abandonnés sont plus difficiles à nettoyer, il faut parfois des centaines d'années avant que la situation ne change.

Sur un animal et sur une plante

Comme nous l'avons relaté précédemment, l'homme a cette capacité de modifier la conscience d'une personne par le moyen de l'hypnose. Ce style de recours peut être utilisé également chez l'animal. En réalité, nous, humains, sommes également des animaux. Nous ne pouvons pas déroger à la nature. Donc si l'hypnose a cette efficacité-là pour nous, elle peut également être utile pour les animaux. Notamment les chats, qui ont une capacité réceptive décuplée par rapport à d'autres animaux. Ce qui signifie que les chats, selon leur degré de réceptivité, ont souvent été l'objet d'envoûtement, par exemple. Mais certaines archives traitant de sorcellerie à une certaine époque nous prouvent que beaucoup d'animaux ont été envoûtés, pas seulement les chats, notamment les animaux d'élevage. Les animaux sont extrêmement naïfs et sensibles, même s'ils voient la méchanceté chez une personne, ils ne comprennent pas le sens du mot hypnose, tout comme les enfants. Ils sont donc des cibles parfaites pour les sorciers.

Il en va de même pour les plantes. Les scientifiques ont remarqué que les végétaux perçoivent nos ondes cérébrales, nos pensées. À défaut de pouvoir nous parler, elles communiquent autrement avec nous, ce qui évidemment sort du mode de pensée de la plupart d'entre nous. Si elles ne peuvent pas nous parler, cela ne signifie pas pour autant qu'elles ne nous écoutent pas et ne nous accueillent pas. Vous verrez que les jardiniers passionnés en savent quelque chose, puisque beaucoup parlent aux végétaux dont ils s'occupent et remarquent des différences extraordinaires. Rappelons-nous donc que la bienveillance ne se confine pas à l'être humain et à l'animal.

Comment se comporter pour aider une personne envoûtée ?

N'essayez pas d'aider tout seul la victime si vous êtes émotionnellement faible. Restez calme. Non seulement en étant en colère vous ne ferez qu'amplifier le problème, mais en plus, vous pourriez tomber dans le panneau par contamination énergétique. La victime peut vous saper le moral à votre tour et vous seriez contraint de l'abandonner pour vous sauver vous-même. Proposez-lui de l'amener chez un sorcier, un prêtre, un médium spécialisé dans les désenvoûtements qui saura quoi faire. Pensez à vous nettoyer énergétiquement, car si vous êtes sensible psychologiquement, cela peut être contagieux.

QUE SE PASSE-T-IL UNE FOIS LE DÉSENVOÛTEMENT EFFECTUÉ ?

Pour la victime

Il est possible que la victime se sente groggy une fois les premiers soins effectués, un peu comme si elle avait été parachutée sur Terre. Généralement, elle se sent sonnée, fatiguée, vidée. Si la personne était devenue dépressive, elle passe ensuite par un moment d'instabilité, de variation d'humeur avant d'atteindre la stabilité. C'est progressivement, jour après jour, avec un nettoyage répétitif et un bon ancrage, ainsi qu'une bonne connaissance de soi, que la victime voit en elle et autour d'elle une amélioration.

Voici une liste des changements positifs perçus par la personne après le désenvoûtement :

- Clarté d'esprit
- Meilleure concentration
- Meilleure mémoire
- Forme et vitalité retrouvée
- Nouveau projet et objectif
- Meilleur entrain
- Aucune pensée parasite
- Reprise de l'activité professionnelle
- Sommeil paisible
- Reprise des habitudes quotidiennes (ménage, poubelles, etc.)
- Reprise des habitudes alimentaires (plats préférés, péché mignon)
- Meilleur équilibre amoureux, relationnel, familial et professionnel
- Estime de soi renforcée
- Retour de l'abondance
- Retour facile des solutions aux problématiques de la vie

Pour le détracteur

La loi du triple retour fonctionne toujours d'une manière décuplée, en fonction de la dureté de l'acte émis, et du sujet qui a été atteint. Tout se paye. Le détracteur pourra ressentir les effets suivants :

- Problèmes psychiques, psychologiques
- Problèmes affectifs, relationnels, professionnels (divorce, licenciement, etc.)
- Accidents, chutes
- Maladies (physiques et mentales)
- Mort

COMMENT S'Y PRENDRE LORSQU'IL Y A ENVOÛTEMENT ? —

Pour la victime, la première des choses consiste à rester calme, ne pas tirer de conclusions hâtives, qui ne feraient qu'aggraver le cas.

Il faut aller simplement voir une personne qui pratique les désenvoûtements et les bannissements.

L'estime de soi doit être cultivée chaque jour s'il y a un manque récurrent de ce côté-là. Pour cela, je suggère de faire appel à un psychothérapeute pour pallier cette carence affective.

Il faut également savoir que crédulité et naïveté attirent facilement toute sorte d'envoûtement. Vous seul avez la force consciente de vous protéger et renvoyer la balle à son envoyeur ! Vous n'êtes pas responsable de ses émotions, ni de sa machination, mais vous seul avez le pouvoir de changer votre attitude face à ses agissements.

Pour le guérisseur, la première des choses que le guérisseur doit savoir effectuer, c'est déceler le problème en scrutant les moindres détails. Le physique et le comportement de la victime sont à analyser méticuleusement. La difficulté réside dans l'interprétation des signes subtils. Il faut savoir déceler également la présence potentielle d'objets chargés chez la personne, d'entités, etc. Le guérisseur doit savoir se servir de ses capacités médiumniques pour ressentir, puis utiliser les différents outils tel que le tarot ou le pendule pour déceler les causes, et enfin utiliser les différents outils pour bannir les énergies négatives hors de la personne, et soigner son âme. Nous reviendrons sur ces techniques (voir pages 257-261).

La personnalité, l'éducation, le vécu dans l'enfance sont à prendre en ligne de compte dans la recherche d'un désenvoûtement, ainsi que les antécédents familiaux. Il faut prendre en compte le gène pathologique héréditaire. Par exemple, une dépression chronique est un des vecteurs pouvant attirer les mauvaises énergies. Celles-ci sont susceptibles de causer un auto-envoûtement.

- CHAPITRE 9 - DISTINCTION ENTRE LES DIFFÉRENTES AFFECTIONS ET LES BLOCAGES NATURELS

DISTINGUER LE BON GRAIN DE L'IVRAIE

Des troubles, mais ce n'est pas du mauvais œil. Comment les distinguer ?

Le mauvais œil ne doit pas se confondre avec n'importe quel changement naturel intervenant dans notre vie. Il faut être vigilant, et ne pas tomber dans le piège de la psychose. Il est nécessaire de ne pas s'inquiéter au premier changement venu.

Nous avons vu que le mauvais œil est une technique abstraite relevant de l'hypnose, appartenant au registre de l'auto-envoûtement, et qu'il est différent des techniques issues de la sorcellerie. À présent, il est important de faire une différence notable entre ce qui est issu d'un mauvais œil et ce qui ne l'est pas, parce que si les événements extérieurs naturels comme l'évolution ou un changement de cycle, semblent influencer notre bien-être, ce n'est pas pour autant que cela provient d'un mauvais œil. Parfois, les changements doivent œuvrer pour votre plus grand bien, malgré le chaos qu'il pourrait y avoir durant cette opération, avant que le calme et la stabilité ne reviennent gouverner. Ceci n'est donc pas à considérer comme un blocage véritable, mais plutôt comme une sorte de transition. Effectivement, si nos pensées à ce moment-là sont fragiles, il pourrait y avoir un auto-envoûtement : en effet, on pourrait penser à ce moment qu'il y a eu un mauvais œil, ce qui nous mènerait à l'auto-envoûtement, et par conséquent à vivre effectivement des mauvais événements.

Admettons que quelqu'un vous quitte, ceci peut vouloir dire que la personne a fait le tour de votre couple et que ses sentiments ont évolué vers l'amitié, par exemple. Et cela signifie qu'il est temps pour vous prendre un chemin différent. Il ne s'en va pas forcément à cause d'un mauvais œil que l'on a tenté de jeter sur lui ou sur vous. Il ne faut pas tout mélanger. En revanche, si une personne dans l'entourage est une séductrice et cible votre partenaire en particulier pour en faire sa conquête, elle va le regarder en priorité (puisque c'est par le regard que tout se passe d'abord) afin de l'hypnotiser et le faire tomber dans ses filets. Il y aura donc un changement notable dans le comportement de votre partenaire. Ceci causera des conflits au sein de votre couple, car votre partenaire se sentira perdu psychiquement, moralement, à la fois tenté par le renouveau que produisent les premiers émois amoureux, et tenté de rester parce qu'il sait que les fantasmes et l'idéalisme ne sont que temporaires, mais il n'aura d'autre solution que de vous quitter, parce qu'avec les conflits, il ne se sentira plus très bien avec vous.

Le mauvais œil est donc par nature un envoûtement qui pousse à l'auto-envoûtement. Il peut donc se compléter aisément avec d'autres modes d'envoûtements pour en décupler l'action (rituels de magie). Comme nous l'avons déjà précisé, à la base, le mauvais œil n'est pas vraiment virulent. Avec un mental conscient, des valeurs solides, des rires sains, un bain de sel ou bien une baignade dans la mer, comme je vous l'ai déjà dit, vous pouvez très bien vous en sortir. Tant que cela n'alourdit pas votre psyché, rien de grave. Mais, la situation peut devenir problématique si le mental est inconscient ou en cas de sommeil nerveux, de faible estime de soi, de formes-pensées et de larves obsessionnelles et constantes ayant un lien avec le sujet du mauvais œil lancé. C'est à ce moment-là qu'il faut consulter avant que la situation ne dégénère.

BLOCAGE DE NATURE MÉDICALE, À TITRE PATHOLOGIQUE –

Prenons un exemple. Vous êtes debout et vous vous accoudez sur votre table pour visionner une vidéo de 5 minutes sur votre smartphone. Puis, la vidéo terminée, le réflexe serait de vous redresser. Manque de chance, vous vous redressez un peu trop vite et soudain, vous ressentez une douleur au niveau du thorax. Mais vous savez que vous souffrez du dos de façon chronique et que vous avez une hernie à ce niveau, due à des problèmes posturaux, ou alors parce que vous avez fait un faux mouvement. Ce problème se résout avec quelques séances d'ostéopathie, de kinésithérapie, ou du yoga, et tout devrait revenir dans l'ordre.

BLOCAGE DE NATURE MÉDICALE, À TITRE OCCULTE ——

Autre situation. Vous vous réveillez avec une douleur au niveau du thorax. La veille, vous avez fait du sport sans pour autant forcer votre corps. D'ordinaire, vous dormez plutôt bien et vous avez fait les mêmes gestes que d'habitude. Quelques jours passent, la douleur est toujours là et ne s'arrange pas. Vous décidez d'aller voir le docteur, qui vous dit que c'est un déplacement de vertèbre, pourtant vous n'avez pas forcé. Vous faites quelques séances d'ostéopathie ou de kinésithérapie et rien ne fonctionne, puis un autre médecin vous dit que c'est une déchirure musculaire, les traitements médicamenteux soulagent mais ne guérissent pas. Personne ne sait vous dire ce que vous avez, et vous avez toujours mal.

Vous vous souvenez alors qu'au moment où vous avez commencé à avoir mal, vous veniez de vous disputer avec une personne (quelques jours avant), et vous aviez trouvé des morceaux de verre sur votre terrasse. Cette personne avec qui vous aviez eu une dispute vous annonce que votre compagnon vous a trompé. Votre conjoint qui, d'ordinaire, est équilibré émotionnellement, se met subitement à subir des angoisses et des tremblements, au moment où vous, vous ressentez ces douleurs au thorax. Vous effectuez un nettoyage des pièces de la maison, mettez les verres trouvés sur la terrasse dans de l'aluminium avec du gros sel, afin de bloquer le sort, puis 10 minutes après, votre mari se sent mieux. Quant à vous, vous devez effectuer une méditation avec un bain de sel pour vous sentir un peu mieux. Puis, ce n'est qu'au fil des mois que la douleur s'estompe au fur et à mesure que les liens toxiques accrochés à vous, présents dans l'astral et sur votre aura, disparaissent.

Attention, parfois, une situation à première vue négative peut cacher une raison positive. Tout comme une situation à première vue positive peut cacher une raison malsaine. Sachez que les tempêtes peuvent servir à nettoyer notre chemin. Il est essentiel de retenir que le négatif n'est pas forcément quelque chose de mal en soi, mais peut servir de tremplin pour une vie meilleure. C'est toujours dans le chaos que naissent les étoiles, ou dans l'abîme qu'apparaît la lumière. Les mauvaises situations sont rarement durables, sauf lorsqu'on les nourrit.

Il en est de même pour les situations positives qui ne sont pas en lien avec notre nature profonde et nos convictions, voire notre vérité. Ces situations nous donnent du tort sans que l'on ne le voie. La vie a été conçue de cette manière, pour nous remettre sur la bonne voie que nous sommes censés suivre, voire apprendre.

Nous ne dérogerons jamais à cette règle des ambivalences et des polarités. Faire la distinction entre le vrai et le faux est donc important. Il ne faut donc pas toujours croire ce que l'on voit ou vit. Certains prétendent vivre bien alors qu'au fond, ils sont malheureux. Je crois qu'à un moment donné, il est inutile de se voiler la face, ce ne serait qu'une perte de temps. D'autant plus que l'Univers nous écoute, entend notre vérité, notre réalité profonde, et se charge de remettre les choses à leur juste place, sans chichi. Soyons donc vrais envers nous-mêmes et les autres, ainsi nous gagnerons du temps. Dans tous les cas, la vérité finit par éclater au grand jour. L'Univers sait ce qui nous appartient, et nous remet le trophée à maintes reprises pour que nous réglions nos comptes personnels afin d'évoluer. L'Univers se charge de débloquer les problèmes lorsqu'on le désire vraiment débloquer.

Le doute

« Il n'y a rien de plus terrible que l'habitude du doute.
Le doute sépare les gens. C'est un poison qui désintègre
les amitiés et brise les relations agréables. C'est une
épine qui blesse et irrite, c'est une épée qui tue. »

Bouddha

Douter est sain et normal, et le doute relève de la croyance et de l'incertitude. L'intuition relève, elle, d'un ressenti et d'une certitude.

Le doute est une interrogation. Il s'oppose donc à la certitude qu'est l'intuition. Douter n'est donc que l'œuvre du mental, par l'analyse d'une intuition qui ne peut être que faussée par l'excès de doute. En somme, le doute n'est que le mensonge de l'intuition. Quand on a de l'intuition, on ne doute pas, on sent. Douter en permanence est fortement déconseillé. Non seulement le doute provoque ce qui n'a pas lieu d'être, mais en plus, il détruit tout sur son passage. Avant de devenir paranoïaque sur un possible mauvais œil, cessez de douter et allez chercher la vérité. Si vous avez peur de la vérité, alors abandonnez vos doutes. Faites taire votre mental. Si vous vous tenez entre certitude et incertitude et que vous souhaitez démêler le vrai du faux, posez-vous et attendez ; dites-vous bien que vous serez guidé, la vérité finira par apparaître sous les feux des projecteurs.

« On ne peut guérir la partie sans soigner le tout.
On ne doit pas soigner le corps séparé de l'âme,
et pour que l'esprit et le corps retrouvent la santé, il faut
commencer par soigner l'âme. Car c'est une erreur
fondamentale des médecins d'aujourd'hui : séparer
dès l'abord l'âme et le corps. »

Platon

Pour la plupart des sceptiques ou des cartésiens, le sorcier est un schizophrène, il est dans ses délires de « vaudou », s'habille et agit un peu comme le capitaine Jack Sparrow. Ils associent son état d'esprit à la folie, une forme de dégénérescence. Or, il existe des sorciers fort conscients, ne souffrant aucunement d'un problème de conscience. Une cassure de celle-ci équivaut à un problème entre l'espace, le temps et les valeurs. Et ce n'est pas toujours le cas. Le mauvais sorcier, s'il est conscient, est une personne toxique, voire un psychopathe si on peut oser utiliser ce vocable. Selon le magazine *Cerveau & Psycho*, une personne toxique se caractérise par le manque de moralité et le manque de sens de responsabilité. Ses attributs sont souvent le mensonge, l'escroquerie et le charme. La psychopathie est une pathologie de la personnalité. Dans l'imaginaire collectif, elle tient une place assez singulière. Elle serait située à l'interface des domaines social, médical et judiciaire, elle véhiculerait de nombreux fantasmes sur lesquels la culture du cinéma a construit l'image d'un criminel.

Or, il ne l'est pas systématiquement. Le psychopathe, ou la personne toxique, peut très bien se présenter sous une apparence sociable, bien rangée et intégrée dans ses cercles de vie, mais qui vous ment et vous manipule pour parvenir à ses fins stratégiques et sournoises.

Certaines personnes, même les plus cartésiennes et sceptiques, n'ayant pas pu trouver la cause à leurs maux, pensent en dernier recours à la sorcellerie. Mais sans connaître les mécanismes de la sorcellerie et du mauvais œil, il est difficile de s'en défaire.

SORCELLERIE *VS* PHOBIES

Phobies et sorcellerie peuvent parfois se confondre. En effet, quand on se sent mal, les causes peuvent être diverses et il faut apprendre à distinguer les possibles causes. Ce tableau relatant les différentes sensations éprouvées en cas de sorcellerie et phobie facilitera votre compréhension. J'ai pris le soin d'ajouter la médiumnité dans ce tableau pour vous aider à faire la distinction avec les deux autres phénomènes.

Sorcellerie	Phobie	Médiumnité
Angoisse dans la maison sans cause réelle, psychologique, ni problème dans le passé. *Exemple* : intrusion énergétique provoquée par le dépôt d'une entité ou d'un objet chargé.	Angoisse liée à une situation ou à un problème dans le passé. *Exemple* : panne d'ascenseur, serrure de la porte des W.-C. verrouillée, etc. La situation va renvoyer à quelque chose de vécu dans le passé.	Angoisse liée à une contamination énergétique ou à une information énergétique. *Exemple* : sensation de claustrophobie alors qu'habituellement, vous n'en souffrez pas.

Dans le cas d'une phobie, il faut traiter le côté psychologique. Il s'agit là d'un auto-envoûtement suite à un traumatisme. Dans le cas de la sorcellerie, il faut regarder s'il n'y a pas une entité qui traîne dans la maison ou à l'intérieur même de la personne. Il faut discuter avec la victime pour faire la distinction. Cela dépend des mots qu'elle utilise, car parfois c'est l'entité qui parle par sa bouche. Il se peut que la sorcellerie provoque également l'auto-envoûtement quand elle n'a pas été reconnue. Si la médiumnité n'a quant à elle rien à voir ni avec la sorcellerie ni avec la phobie, la sorcellerie peut amener la victime à développer sa médiumnité par le biais de ses ressentis, et la médiumnité peut permettre de cerner la présence de la sorcellerie.

Pour ma part, après le diagnostic, s'il n'y a pas sorcellerie, je propose des séances de sophrologie pour calmer la peur et l'émotion, puis un travail sur la cause psychologique possible. Éventuellement j'oriente vers un psychothérapeute. En effet, souvent, une phobie est due à un auto-envoûtement, lui-même causé par l'envoûtement de quelqu'un d'autre. Il s'agit peut-être d'une sorcellerie accidentelle, vous étiez à l'endroit où il y a eu sorcellerie pour quelqu'un d'autre et il y a eu contamination.

L'AUTO-ENVOÛTEMENT

Si beaucoup pensent être envoûtés par des tiers, la plupart des envoûtements proviennent en grande partie de soi-même. C'est le plus courant. Nos pensées ne sont pas toujours positives. Nous nous blâmons et pénalisons tout seuls sans réellement le savoir. Cet auto-sabotage a un réel impact sur notre vie. Souvent, nous nous plaignons de nombreuses choses au cours de notre existence, et ceci ne nous amène rien de positif. Il est donc judicieux de prendre conscience de cet aspect-là et de faire abstraction de tous les aspects psychiques négatifs pouvant provoquer justement ces envoûtements de manière involontaire.

Souvent (malheureusement, presque toujours), nombreuses sont les personnes négatives, dépressives et mélancoliques ayant des prédispositions à ces auto-envoûtements et envoûtements par tiers. Certaines sont porteuses d'un gène de la dépression et ne peuvent pas se rendre compte qu'il y a un réel lien entre cette maladie et l'auto-envoûtement.

Aussi, certaines personnes anxieuses, émotives ou hypersensibles peuvent être victimes de cet auto-envoûtement, même si elles n'ont pas de tendance particulière à la dépression. L'auto-envoûtement ne fait pas de différence. En créant l'auto-envoûtement de façon répétée, la personne vivra des épisodes dépressifs de façon récurrente, et à long terme, pourra devenir dépressive.

Voici donc une liste d'agissements à proscrire pour éviter l'auto-envoûtement :

- Ruminer ses échecs
- Ruminer ses actions futures
- Insomnies (se coucher tard)
- Se demander constamment ce qui empêche d'être bien, d'avancer, de s'épanouir
- Ne pas chercher réellement de réponses à ces questions-là
- Chercher des causes extérieures en rejetant la faute sur les autres
- Anxiété, mélancolie, vivre dans le futur ou le passé
- Poser des questions sans grand intérêt
- Présence négative, pénible
- Avoir besoin d'un bouc émissaire pour se déresponsabiliser de son mal-être

Ces agissements sont souvent inconscients et automatiques, car ils ont été répétés au fil du temps pour donner un caractère à la personne et donc une action liée au caractère. Ces automatismes sont conditionnés par notre cerveau et nos vies antérieures. Cet état mental va jouer un rôle comportemental, pour ainsi se conformer à une attente et donner des résultats correspondants à l'idée du départ. L'autohypnose ou l'autosuggestion peuvent pallier ce problème-là.

Le but est en fait de reconnaître qu'on a cette tendance, pour se responsabiliser peu à peu. Il faut faire en sorte de planifier concrètement un changement, pour inverser la tendance négative.

À ce sujet, l'homme a le libre arbitre de transcender son moi intérieur, vers un être plus positif, ouvert, avec une vibration plus haute. Rien n'est immuable, tout est en constante évolution. C'est une bonne nouvelle : nous pouvons détruire les gènes de la dépression au sein de notre ADN.

Pour en sortir, il faut passer par l'introspection. Il faut avoir le regard tourné vers soi pour dépasser le stade du cercle vicieux. Le but est d'établir non pas un jugement, mais un constat. En pratique, cela revient à énumérer ce que contient notre esprit. Que fais-je ? Que suis-je en train de dire ? À quoi pensai-je ? Pourquoi je réagis de telle façon ?

Parmi les thérapies à considérer pour nous aider dans ce cheminement, je suggère la psychothérapie brève et la psychogénéalogie, qui va travailler sur le thème de la famille et donc sur notre ADN. Ces aides permettent dans un premier temps de prendre conscience de sa réalité, de manière objective, telle qu'elle est réellement, concrètement.

Ce type de thérapie ne détruit pas les formes psychiques ancrées au fil du temps, mais les récentes. Il faut une thérapie plus poussée et plus longue pour arriver à bout des formes psychiques plus profondes.

D'autres aides efficaces

Le **magnétisme** ou le **reiki** dissolvent et retirent les formes psychiques, les larves contenues dans le champ énergétique.
La **sophrologie** permet de dissoudre soi-même les formes psychiques en obtenant l'*époché* (absence de pensées) et en réveillant et développant la pensée positive et l'ancrage (libération énergétique vers la terre).

L'**hypnose curative** dissout les formes-pensées.

Ces moyens permettent d'enrayer temporairement les larves, les formes-pensées et les pensées obsédantes. Je dis « temporairement » car elles reviennent si nous décidons de les nourrir à nouveau. Il nous appartient de suivre une ligne de conduite si nous souhaitons bannir nos mauvaises habitudes. La magie ne réside pas dans le résultat, mais dans la pratique quotidienne pour devenir alors une philosophie de vie.

Ces trois disciplines curatives ont en commun la méditation et/ou le lâcher prise. Chacune d'entre elles revêt une fonction bien particulière et répond à un besoin particulier.

LE DÉNI DU MÉDIUM

Un médium est un hypersensible, ce qui explique sa capacité innée à être une éponge à mauvais œil, à larves, à entités et à possession. Il a la particularité également d'être télépathe : il reçoit une ou plusieurs pensées négatives de personnes, voire plusieurs à la fois, et ressent l'intention de son hypnotiseur/sorcier comme sienne. Il est aussi clairsentient : il est sensible à la beauté, au charme ; il ressent/perçoit la souffrance des humains, des animaux, de l'environnement.

En somme, il absorbe le mal. Cependant, il est important de faire clairement la distinction entre « ressentir le mal provenant d'une sorcellerie » et « ressentir une information négative provenant de la médiumnité », ce qui n'est pas facile tant les sensations sont similaires, or le but et la cause sont différents.

Voici un exemple de médiumnité négative : Vous avez mal au sternum quotidiennement pendant des mois, puis un jour une personne proche de vous (qui pense quotidiennement à vous) vous avoue souffrir d'une bronchite asthmatique chronique ; soudainement vous vous sentez mieux.

Et voici un exemple de sorcellerie : Vous avez mal au sternum quotidiennement depuis votre dispute avec une personne proche de vous ; vous vous décidez à paralyser le sort puis à vous lancer dans le yoga pour évacuer les toxines énergétiques, ainsi vous vous sentez mieux.

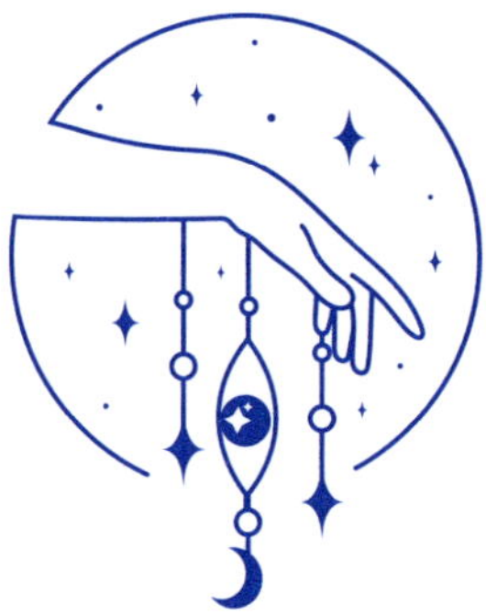

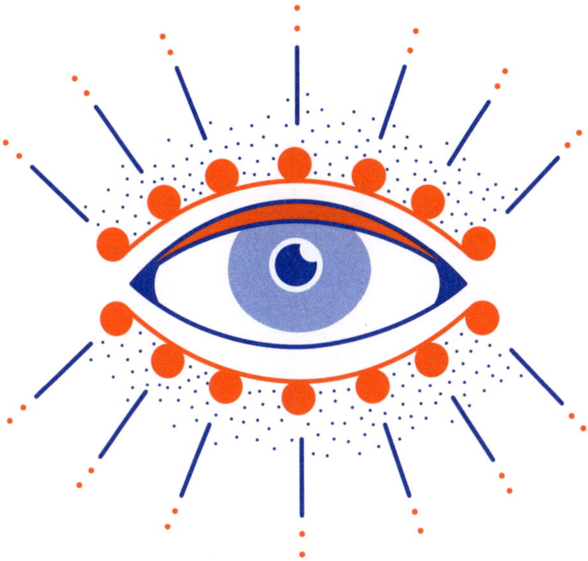

PARTIE II
PROTECTION ET GUÉRISON

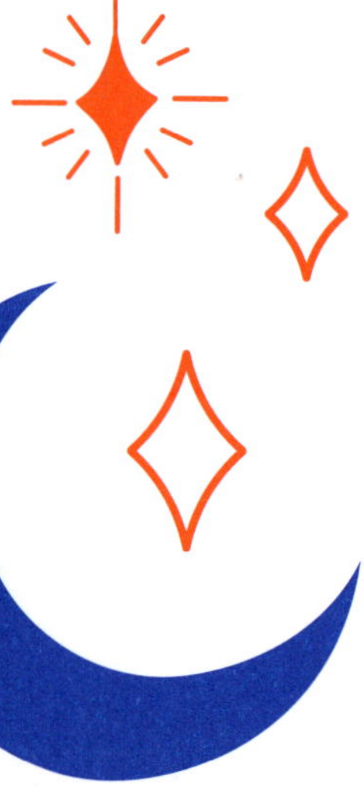

– CHAPITRE 1 – ÉTUDES ET TESTS

ÉTUDES DE CAS

Prendre sur le fait un jet de sort sur soi-même est rare. Premièrement, parce que ce sont des phénomènes subtils qu'on ne voit pas et qu'on n'entend pas. Le jeteur de sort ne prévient pas. Deuxièmement, parce que nous avons tant à faire, nous sommes tellement accaparés par nos nombreuses occupations quotidiennes, que nous ne prêtons que rarement attention à ces choses-là et à l'impact qu'elles peuvent avoir sur nous. Nous oublions que nous avons également, face à nous, des personnes pourvues de sentiments. Certaines de ces personnes sont sensibles et émotives. On les prend rarement en considération et on prête rarement attention aux conséquences des actions qu'on effectue. En réalité, très souvent, le mauvais œil provoque une prolifération bactérienne, c'est lorsque la progression devient problématique et que vous sentez qu'il y a un souci que vous vous décidez alors de consulter pour vous faire aider, soigner et désenvoûter. Il est donc impératif de faire rapidement attention aux conséquences d'un événement, ainsi vous jugerez mieux si cela provient de vous ou d'une autre personne. Se connaître (connaître son identité, ses habitudes), rester neutre, conscient et alerte : telle est la clé.

Lorsque le malade cherche à se soigner, généralement, il a des difficultés à expliquer ce qui lui arrive, il a honte de dévoiler des choses de sa vie dont il ne trouve pas le sens, de peur de passer pour un fou. De plus, parler d'occultisme n'est pas chose aisée dans un monde cartésien. Toutefois, c'est comme lorsque vous allez chez le docteur, il faut bien dire ce qui vous amène, où vous avez mal, depuis combien de temps, et suggérer ce qui aurait pu provoquer telle conséquence et non une autre. Ceci permet de cerner le problème, la cause, pour corriger les symptômes. Vous pouvez réfléchir pour comprendre s'il s'agit davantage d'une forme-pensée (larve) ayant provoqué une dépression, d'une entité véritable ayant pour mission de vous nuire, ou bien d'un mauvais œil de la part d'une personne influente. Il ne faut pas avoir honte. Nous avons le droit de chercher à comprendre. Toutefois, je ne vous cache pas que certains viennent en clamant haut et fort qu'il s'agit d'un envoûtement d'un tiers, et même si la personne en est sûre, il faut effectuer une anamnèse. Beaucoup refusent l'idée de devoir traiter un problème personnellement, ils savent que cela prend du temps car ce n'est pas une action aisée, or tout le monde veut un remède magique, rapide et spectaculaire. Il est souvent plus facile de s'occuper de l'autre que de s'occuper de soi-même, d'évoluer et de changer sa propre mentalité. La plupart des personnes férues de spiritualité et de médiumnité arrivent avec des idées et une vision très arrêtées, écoutent rarement un autre point de vue que le leur, et s'énervent parfois si on les contredit. Certains tentent de contredire le sorcier/médium lors des consultations. Ces séances-là se soldent assurément sur un échec.

Lors des consultations, certaines entités se cachent bien, mais lorsqu'elles ont été démasquées par la clairvoyance ou d'autres supports divinatoires, les entités finissent par communiquer avec le médium, par la bouche de la victime, ou par la télépathie, et ce avec une aisance formidable, surtout lorsqu'elles ont été mises en confiance. Ainsi, après une bataille négociatrice, elles sortent du corps de la victime comme elles sont arrivées. Cependant, elles peuvent revenir à tout moment, il suffit que la victime soit à nouveau vulnérable aux entités potentielles. Comme je l'ai déjà mentionné, certaines personnes les attirent. C'est pourquoi un travail intérieur pour renforcer l'ancrage après un désenvoûtement est nécessaire, voire vital.

Pour effectuer une étude afin de voir s'il s'agit du mauvais œil, il est essentiel de connaître les divers symptômes qui le qualifient.

Rappel : comment savoir si on a été touché par le mauvais œil ?

D'un point de vue physique

- Fatigue, apathie, léthargie
- Procrastination, manque d'entrain
- Insomnie, cauchemars
- Dépression, coup de blues, pensées négatives récurrentes
- Sentiment d'énervement, de colère inexpliquée
- Maladresse physique (par exemple, faire tout tomber)
- Mauvais équilibre physique (chuter, trébucher)
- Perte d'appétit

D'un point de vue biologique

- Vertiges, bourdonnement interne de l'oreille
- Vomissements, nausées
- Douleurs abdominales
- Douleurs musculaires (surtout aux épaules) ou organiques
- Perte d'équilibre
- Sensation d'oppression
- Problèmes aux poumons (toux, bronchites à répétition)

D'un point de vue intellectuel, mental, moral

- Confusion mentale, manque de logique et de clarté analytique et intellectuelle, esprit brouillon
- Démence
- Problème d'identité (comportemental)

D'un point de vue émotionnel

- Angoisses, peurs, hantises, paranoïa, phobies, hypocondrie, bipolarité

D'un point de vue environnemental, matériel

- Nombreux ennuis financiers, familiaux, matériels, de santé qui se succèdent

Lorsqu'il s'agit d'une entité dans une demeure, la personne va souffrir des maux susmentionnés causés par l'intrusion et la présence de l'entité. Mais la différence, c'est qu'elle constatera aussi certainement des phénomènes environnementaux qui l'alerteront, tels que :

- Bruits dans la maison (craquements, pas, chuchotements...)
- Lumière allumée dans la nuit (alors que vous les éteignez avant de vous coucher) ou bien lumière allumée le jour (dès que vous revenez chez vous)
- Appareil, TV ou ordinateur allumés (avec la musique, etc.)
- Couverture enlevée brusquement.

Pour ne pas être influencé par les agissements douteux de ces entités, mieux vaut garder son sang-froid et ne pas rentrer dans leur influence, car elles le font exprès pour vous suggérer de vous sentir mal pour une raison précise. Parfois elles le font pour que vous quittiez la maison, parfois pour se nourrir de votre énergie, ou pour d'autres raisons. Mais certaines entités ne sont pas aussi démonstratives, on les reconnaît donc par les traitements occultes.

L'envoûtement selon le ressenti et point de vue des médiums

- **Par la clairsentience :** une sensation d'être regardé, surveillé, épié, traqué, rejeté, voire agressé, une sensation d'être touché sans qu'on le veuille. Sensation d'un rejet envers et par l'autre.
- **Par la clairvoyance :** vous avez des flashs, vous voyez de nombreux yeux abstraits sur vous, comme si des esprits vous regardaient sournoisement après votre apparition dans une pièce, un discours que vous avez effectué, etc. Vous apercevez du coin de l'œil des passages furtifs d'une silhouette plus ou moins définie. Vous recevez en flash le visage d'une personne (défunte ou pas) en train de vous regarder.
- **Par la clairconnaissance :** pensées, idées et concepts autodestructeurs à votre égard alors que vous vous estimez plutôt bien habituellement.
- **Par la clairaudience :** des voix angoissantes, des menaces, des attaques, des propos agressifs destructeurs non habituels.
- **Par l'odorat astral :** odeur suspecte spécifique, indéfinissable ou précis. Par exemple, une odeur de cigarette mouillée dans une chambre à coucher. Ou bien perte d'odorat sans cause apparente.
- **Par le goût astral :** goût suspect spécifique, indéfinissable ou précis. Par exemple, un goût de ferraille.

LES OUTILS QUI DÉTERMINENT LA PRÉSENCE DU MAUVAIS ŒIL

Si vous sentez autour de vous que quelqu'un vous en veut pour une quelconque raison plausible, que vous souhaitez savoir si un sort récent vous a été jeté avant que les événements ne prennent de l'ampleur, vous pouvez essayer de faire un test juste pour vérifier si vous avez été touché récemment ou non par le mauvais œil. Une fois suffit, si vous avez des doutes, consultez un médium. Je précise qu'il vaut mieux que les tests soient faits par une personne compétente plutôt que par vous-même, car souvent nous n'avons pas le recul et la neutralité suffisants pour obtenir un résultat. Il se peut que celui-ci soit faussé. Voici divers moyens pour effectuer un diagnostic.

LE PENDULE

Il s'agit d'un support extraordinaire pour toutes les demandes exigeant de la précision. C'est un outil favorable aux recherches d'envoûtement et de magie notamment. Il est évident que pour le débutant, il faudra apprendre à utiliser le pendule et à fusionner avec celui-ci afin de travailler en symbiose avec lui, pour comprendre ses codes. Il existe une multitude de planches pour savoir si une personne est envoûtée ou non, comment, et par quoi. Vous trouverez une série de planches prévues à cet effet en fin d'ouvrage. Sinon, vous pouvez faire vous-même un cadran.

Conseils : Prendre de préférence un pendule neutre doté d'un anneau de plomb. Les pendules dotés d'une pierre sont pour moi à éviter puisque les pierres ont la capacité de pomper les énergies négatives. Le plomb les neutralise à lui tout seul. À moins d'avoir une pierre neutralisant le mal, tel que le cristal. Et comme tout objet, après usage, il faut nettoyer le pendule avec de la fumée d'encens (sauge, oliban, benjoin).

Utilisation : Placez simplement le pendule au-dessus d'une photo. Inutile de poser de question, votre pendule se « branchera » sur votre conscience et intention. Vous pouvez entourer la photo de gros sel, pour éviter d'obtenir des informations erronées. Si le pendule tourne dans le sens des aiguilles d'une montre régulièrement, cela signifie qu'il n'y a pas de mauvais œil. En revanche, si le pendule oscille dans le sens contraire ou part dans tous les sens, il s'agit d'un mauvais œil, d'un envoûtement ou encore de magie. Il est donc nécessaire d'entamer des investigations supplémentaires pour résoudre la problématique.

Les cadrans

Vous trouverez à la fin de cet ouvrage des cadrans prévus à cet effet. Une série de soucis sont préalablement listés, comme un ennui lié au mauvais œil, à la magie ou à l'envoûtement. Mettez votre pendule au-dessus du point. Si le pendule oscille horizontalement en dehors des mots cités, cela signifie qu'il n'y a aucun souci avec les mots cités, et si l'aiguille oscille verticalement dans le sens d'un des mots indiqués, vous pouvez retenir ce mot-là, votre pendule a détecté votre problématique. S'il oscille en rotation sur lui-même, droite ou gauche, cela signifie qu'il n'y a pas de souci avec les mots cités et qu'il faut chercher ailleurs la problématique.

Il faut utiliser les différentes planches puis, une fois le problème trouvé, établir une liste de mots correspondant aux solutions possibles pour pallier ce souci. Dans cette liste de mots, vous pouvez écrire : prières, brûler une bougie pour invoquer un archange ou un saint, faire de la méditation ou bien de la sophrologie ou encore utiliser du plomb, du sel, etc. Parmi les mots écrits sur votre liste pour trouver la solution, vous allez de nouveau interroger le pendule au-dessus de chaque mot : si le pendule tourne dans le sens contraire des aiguilles d'une montre sur un mot, c'est que la solution n'est pas la bonne, passez au mot suivant. En revanche, si le pendule bouge dans le sens des aiguilles d'une montre, c'est que le pendule aura trouvé la solution au problème, et il faudra retenir le mot cité. Il vous faudra alors vous conformer à la solution conseillée par votre pendule.

Autre utilisation : Placez-vous au milieu d'une pièce. Détendez-vous. Commandez au pendule de vous diriger vers l'objet susceptible d'être hanté. Ainsi, il vous amènera vers l'objet qu'il faudra nettoyer.

LE TAROT

C'est un outil favorable aux recherches. Pour cela, il faut tout de même une bonne connaissance des arcanes et de leur emplacement lors des tirages. Il faudra donc passer par un apprentissage des lames, c'est un minimum. Toutefois, pour vous donner des indications et pour faire simple, chacune des lames comporte un sujet emblématique pour vous permettre une interprétation « simplifiée », ou plutôt « standardisée ».

Voici quelques significations d'associations de cartes :

- 15 = pouvoir occulte, magnétisme, présence d'un démon ou d'une entité
- 17 = intuition, personne intuitive, dons médiumniques
- 12 = médiumnité, personne dépressive
- 12 + 0 = folie
- 2 + 15 = études occultes, utilisation des supports occultes (Ouija, nécromancie, tarot, etc.)
- 9 + 12 + 17 = médiumnité
- 3 + 15 = sorcière
- 4 + 15 = sorcier
- 3 + 2 + 17 = dame ayant des aptitudes à soigner, guérisseuse
- 15 + 17 + 14 = soin par le magnétisme
- 17 + 15 = guérison par la magie blanche
- 15 + 13 = magie noire, intention de nuire, entité (âme défunte)
- 3 + 13 = âme défunte plutôt féminine
- 4 + 13 = âme défunte plutôt masculine

La liste ci-dessus n'est pas exhaustive, il existe de nombreuses autres interprétations suivant leurs associations et le contexte.

L'EAU + HUILE

Une autre technique consiste à prendre un bol d'eau, y verser quelques gouttes d'huiles et observer les gouttelettes. Si les gouttelettes s'éparpillent, il y a un mauvais œil ; si les gouttelettes se regroupent, alors il n'y a pas de mauvais œil.

LE PLOMB

Le plomb est un outil intéressant, mais il faut prendre des précautions avant son utilisation, car il est toxique et dangereux à manipuler. Faites attention notamment à l'inhalation de ses vapeurs. Renseignez-vous sur ces dangers si vous comptez l'utiliser.

Versez le plomb dans de l'eau froide située dans une bassine résistante à la chaleur (pas de plastique), comme un chaudron, et voyez si le plomb s'effrite ou non. Si le plomb a un aspect uniforme, lisse et rond, il n'y a pas de mauvais œil. En revanche, si le plomb prend une forme spécifique, ressemblant à un couteau ou à un visage assez négatif, par exemple, il est fort probable que la personne ait l'œil sur elle.

Une fois que vous avez effectué les tests, vous pouvez parfois être étonné du résultat. Pourquoi le résultat est-il négatif alors que vous ressentez des phénomènes étranges ?

Il se peut que votre énergie soit brouillée. Cet aspect « brouillon » donne un résultat brouillon. Dans ce cas, inutile de le faire vous-même. Ceci n'est généralement pas conseillé. Votre manque de recul fausse l'information. Ces éléments-là sont sensibles à nos énergies, à nos agissements. Parfois, la cause est que vous devez vous orienter vers une autre méthode, ou une autre raison.

La science est exacte, tout le temps. Rien n'est un hasard. Rien n'est un mystère. Tout s'explique. L'univers est mathématique et précis, aucune coïncidence n'existe. Sans cette précision, nous n'aurions jamais été capables d'inventer des téléphones, des ordinateurs.

- CHAPITRE 2 - QUELLE SORTE DE PROTECTION ?

GRATITUDE ET FOI

Il existe une multitude de méthodes pour se protéger du mauvais œil, et chacun est libre de choisir celle qu'il pense adaptée. La plus simple et facile à effectuer est d'être présent et concentré à tout moment. Si vous êtes croyant, invoquer régulièrement les forces invisibles divines pour que la protection ne s'arrête jamais peut être utile. À force, ce rituel deviendra automatique, mais un simple ressenti positif en soi est aussi puissant qu'une prière.

Beaucoup utilisent la gratitude et le pardon pour faire pénétrer la lumière en eux afin de dissoudre les cristaux énergétiques négatifs – la guigne, en somme. Cette méthode reste efficace à condition d'avoir la foi et d'en ressentir la force positive, de nourrir également une certaine liberté pour parvenir à un détachement vis-à-vis des situations négatives. Ce détachement permet de transcender le négatif et de le renvoyer dans la terre. En effet, toute énergie qui circule en nous doit tôt ou tard être véhiculée hors de nous, cette dernière part alors par nos pieds pour rejoindre la terre. Ce nettoyage énergétique naturel que nous effectuons inconsciemment permet de nous régulariser au niveau énergétique. Parfois, pour des raisons indépendantes de notre volonté, ces énergies persistent dans notre corps et deviennent toxiques pour notre santé – d'où l'utilité d'un nettoyage afin de se vider, puis d'augmenter sa vibration énergétique en effectuant diverses actions qui nous font du bien. Peu de personnes utilisent cette faculté, aussi simpliste qu'elle paraisse. Lorsque l'on ne croit même pas en une force indescriptible, cela ne donne pas grand-chose. Pourtant, la gratitude et le pardon donnent des résultats spectaculaires. Être en paix avec soi est la meilleure protection qui existe sur Terre et même dans tout l'Univers. Tous les livres religieux et de bien-être – et ils n'ont jamais été aussi nombreux qu'à l'heure actuelle – parlent de cette forme de paix universelle que nous avons tous en nous et que nous devrions réveiller quotidiennement.

En conclusion, selon la loi universelle d'attraction, une pensée et une attitude positives attirent des événements positifs, il est alors inutile d'entreprendre des rituels de protection puisque le positif transforme la négativité, la transcende… De même il est inutile de chasser le mauvais œil si vous n'êtes pas dans une attitude pacifiste, la rancœur et la vengeance ne font que l'accentuer en raison de la loi du triple retour.

Ainsi, sachez qu'une personne ayant un caractère fort, un mental fort, une spiritualité forte et un bon équilibre émotionnel sera moins encline à tomber malade. Si cela arrive, elle guérit assez vite.

Aussi, les résultats obtenus d'un désenvoûtement dépendent de plusieurs facteurs :

- La puissance du rituel effectué (énergie émise)
- Le nombre de rituels employés (régularité)
- L'état émotionnel de la personne (tristesse, etc.)
- Le caractère émotionnel de la personne (sensible, etc.)

Quels sont les objets pour me défendre du mauvais œil ?

Il existe de nombreux objets visant à se protéger du mauvais œil ou à le dissuader. Mais un simple objet ne fera jamais tout le travail, on l'a vu, un travail sur soi est toujours nécessaire. Changer d'état d'esprit est difficile, mais ô combien libérateur !

Tout objet a besoin d'être chargé, d'être consacré pour être réellement efficace. Il faut lui attribuer un pouvoir, une mission spécifique, pour lui donner une certaine force, pour qu'il vous renvoie cette charge protectrice. L'objet, par le biais du charme, se chargera de votre pensée bienveillante qui se reflétera sur vous par rayonnement ou onde énergétique. L'amulette ou le talisman ont la même fonction qu'un miroir. Quant aux pierres, elles ont des propriétés protectrices, la plupart d'entre elles vous guident simplement sur un chemin, elles ne guérissent pas, ce ne sont pas des médicaments. Comprenez bien qu'il vous faut un minimum de connaissances avant de vous jeter corps et âme dans l'utilisation d'un objet, qui n'est pas neutre, car rien ne l'est. Ce n'est pas parce que c'est naturel que les effets secondaires n'existent pas. Il n'est par exemple pas possible de garder continuellement du plomb sur soi.

Sachez prendre le bon objet adapté à votre besoin du moment, car chacun a son potentiel et son sens, puis nettoyez-le et chargez-le[25]. Il existe de nombreux talismans, amulettes et grigris censés posséder des vertus magiques de protection. Toutes les matières sont bonnes si elles sont naturelles : le bois, le papier, la pierre, le métal, la plante (terrestre, marine). Ces matières vivantes sont des agents absorbants ou réflecteurs. Je vous déconseille les objets dérivés de la pétrochimie.

Chaque objet a une fonction bien particulière, transmise de génération en génération, parfois une légende lui a été assignée, et une énergie, une charge peut lui avoir été attribuée à sa création.

25. Pour les conseils de nettoyage, se référer à mon livre *Le Pouvoir de la médiumnité, apprendre et se perfectionner*, aux éditions Trajectoire.

Avoir une affinité toute particulière avec cet objet est important également, car nous sommes nous-mêmes composés d'une charge et n'importe quelle matière vivante composée d'une charge est donc capable de nous influencer.

Si vous n'avez pas d'objet à votre disposition, vous pouvez par exemple utiliser votre main en fermant le poing puis en relevant l'index et l'auriculaire pour former des cornes.

LES PIERRES

Certaines ont de nombreuses propriétés salvatrices, mais attention, je le rappelle, les pierres ne guérissent pas. Elles nous guident intuitivement vers le chemin que nous recherchons. Il ne s'agit pas de les avoir sur soi tous les jours, mais seulement en cas de réel besoin. Je l'ai déjà mentionné, une pierre n'est pas sans danger, par exemple l'œil-de-tigre possède un dérivé de l'amiante à l'intérieur de lui. Bien connaître les composants n'est donc pas négligeable. Travailler avec les pierres doit se faire avec connaissance et parcimonie. Portée à l'excès, elle perd de sa valeur. La pierre ne fera pas tout le travail à votre place, il vous appartient de canaliser les ressentis « bénéfiques » pour que votre mémoire enregistre l'information. Ensuite, vous prendrez le relais seul après avoir su « capter » les capacités de la pierre. C'est un échange, les pierres sont une aide réveillant les capacités que nous avons tous en nous, elles agissent par vibration.

Ambre : Il détecte les personnes ayant de mauvaises intentions, éloigne toutes actions malsaines pouvant nuire, combat toutes sortes d'envoûtements.

Améthyste : Utilisée contre les exorcismes, elle fait office de bouclier contre les énergies négatives ; elle aide à éloigner les mauvaises pensées, les cauchemars (sorcellerie nocturne), les mauvais esprits qui logent dans notre tête, et permet de développer intuition et clairvoyance ; elle a d'excellentes vertus pour la concentration ; au Tibet, les moines ont des chapelets en améthyste sur eux pour renforcer leur esprit durant la méditation ; placée dans la maison, elle permet d'éloigner les esprits mauvais.

Corail : Il signale les dangers potentiels.

Émeraude : C'est une pierre détectrice des mauvaises intentions ; elle éloigne les mauvais sorts.

Larimar : Il lutte contre les attaques psychiques de l'esprit.

Malachite : Elle purifie le corps et le sang ; c'est une pierre protectrice utilisée pour éloigner les mauvaises intentions durant le sommeil.

Obsidienne dorée : C'est une pierre protectrice contre les envoûtements et le mauvais œil, elle repousse toutes sortes d'attaques psychiques et occultes ; elle purifie l'aura et aligne les chakras.

Obsidienne manta huichol : C'est la pierre incontournable des chamanes du Mexique ; elle protège contre le mauvais œil ; c'est un véritable guide dans l'introspection, et elle adoucit et purifie toutes sortes d'énergies négatives ; elle possède les mêmes attraits que l'œil céleste.

Obsidienne noire : C'est une pierre protectrice contre les attaques occultes, la magie noire, les âmes errantes, les entités, les personnes toxiques.

Obsidienne œil céleste : C'est une pierre de stabilité et de protection contre les effets néfastes ; elle permet de soulever les vérités cachées, notamment du mauvais œil, elle aide à l'introspection pour panser ses blessures et les guérir ; elle apporte des visions et clarifie le chemin.

Œil-de-tigre : C'est une pierre protectrice qui agit comme un véritable bouclier contre toutes formes d'influences négatives. Toutefois, il empêche la bonne circulation énergétique dans l'organisme, à ne pas porter trop souvent sur soi.

Onyx : C'est une pierre d'ancrage, elle augmente le contrôle sur soi, aide à trouver les meilleures décisions en cas de pépins ; elle éloigne les personnes malintentionnées.

Saphir bleu : Il éloigne les attaques de magie noire.

Tourmaline : C'est une pierre absorbante qui annule toutes les actions et ondes néfastes autour de soi, et les renvoie à l'envoyeur. Elle préserve du mauvais œil et des effets électromagnétiques.

Turquoise : C'est une pierre protectrice préservant d'éventuelles chutes et accidents.

LES PLANTES

Ésotériquement, les plantes magiques sont réputées pour leur pouvoir de protection.

- **Plantes textiles :** On peut utiliser les fils du **papyrus**, du **lin**, du **coton** en bobine pour coudre des écritures sacrées, des signes ou des symboles hébraïques, sur un coussin par exemple, en guise de protection.
- **Plantes de décoration :** Le **chardon** est à placer dans un pot devant l'entrée de la maison ou dans les allées du jardin. De même, le **basilic** éloigne le mal et renforce l'amour au sein du foyer ainsi que l'abondance financière. Quant à l'**ail**, certains en faisaient des bouquets, les liant à l'aide d'une laine rouge pour ensuite les suspendre dans les maisons ; il est réputé pour éloigner le mauvais œil.

LES TALISMANS

Le mot « talisman » vient de *teleo* signifiant « accomplir ». Ces objets permettent d'attirer des bienfaits, contrairement aux amulettes qui ont le pouvoir de protéger en repoussant le mauvais œil. Le talisman est souvent marqué de signes consacrés auxquels on attribue des vertus de protection et de pouvoir, ainsi sont-ils chargés en énergie. Il existe de très nombreux talismans, on les retrouve sur des coussins, des colliers, etc. Chacun est libre de créer son objet comme il le souhaite, par exemple en gravant des signes kabbalistiques sur de la pierre, sur des bougies ou des chandelles. L'art de fabriquer son talisman s'appelle la « talismanie ».

LES PENTACLES

Ce sont des amulettes utilisées essentiellement en occultisme, servant pour des invocations magiques. Si la plupart des gens utilisent ce vocable pour désigner n'importe quel talisman, un pentacle est le plus souvent un parchemin de papier sur lequel un ou plusieurs symboles de l'esprit sont inscrits. Mais il existe des pentacles en forme de bougies, sur lesquelles on grave des symboles invocatoires de protection, par exemple. Le pentacle le plus couramment utilisé est le sceau de Salomon (hexagramme, étoile graphique à six sommets).

Les wiccans ont pour habitude d'utiliser ce genre d'attribut magique pour faire des invocations. Certains cousent des symboles à même leurs coussins. Dans cette pratique religieuse, le pentacle à cinq branches revient souvent, il est l'élément principal de la magie. Il correspond aux éléments naturels eau, terre, feu, et air, et à l'esprit, la branche du haut. Certains différencient pentagramme et pentacle, dont de nombreux auteurs de grimoires magiques. Personnellement, je ne vois aucune différence notable du moment que l'invocation intérieure est forte…

LES AMULETTES

D'après les archéologues, les cornes sont les toutes premières amulettes de protection utilisées par l'homme dès la préhistoire. Le terme « amulette » provient de *amelior* signifiant « chasse » et « repousser ». Les amulettes sont donc censées repousser toutes formes redoutées du mauvais œil, les envoûtements, les enchantements, les mauvaises influences occultes et la malchance…

Khamsa : Plus connue sous le nom de « main de Fatima ». Ses origines ont pris racine dans l'Afrique du Nord et, contrairement à ce que nous Occidentaux pourrions croire, la main de Fatima n'est pas liée à l'Islam. Elle est simplement et purement un porte-bonheur censé agir contre le mauvais œil. La main de Fatima est ornée de cinq doigts, dont deux pouces de même hauteur. Selon les croyances païennes, le chiffre 5 relie l'homme à Dieu. La khamsa n'appartient à aucune doctrine religieuse. Les Berbères croient en cette amulette, car elle serait associée à la déesse Tanit (déesse de la fertilité, des naissances et de la croissance) ayant pris racine dans la ville de Carthage au temps des Phéniciens.

Hamsa : *Hamsa* signifie « cinq ». Il s'agit d'une amulette kabbalistique ayant des vertus porte-bonheur et qui est plus ancienne d'à peine un millier d'années que la main de Fatima. Elle représente une main ouverte de cinq doigts. Elle est censée représenter la main de Dieu, son protecteur. Elle comporte également un œil bleu pour éloigner les influences négatives.

Haï : Objet qui comporte les lettres hébraïques Hèt (8) et Yod (10), dont les chiffres une fois additionnés font le nombre 18 possédant un haut pouvoir protecteur. Ces lettres sont généralement peintes, cousues ou gravées.

Étoile de David, ou sceau de Salomon : Connue comme étant l'une des plus anciennes amulettes kabbalistiques qui existe, l'étoile de David, ornée de six branches, permet de se protéger contre les forces négatives, l'esprit démoniaque, en éloignant le mauvais œil mais aussi le malheur, tout en attirant la chance.

LE SEL

Le sel est couramment utilisé dans les rituels magiques de protection et de nettoyage grâce à différentes méthodes. Pour se nettoyer et purifier son aura, le sel est apprécié en bain, ce peut être une baignade à la mer. Pour protéger la maison, il convient de saupoudrer du sel autour, sur les rebords des fenêtres, sur les pas de portes ou portails, ou encore à l'intérieur, aux coins des murs. Dans certains rituels, le sel permet de protéger la séance, et parfois, selon la demande, il nettoie et invoque dans une recette magique.

Le sel a surtout la capacité d'éponger toute forme d'énergie, de cristalliser l'objet dans la matière, il permet de bloquer la charge énergétique d'un objet, d'une personne, grâce à une photo, etc. En somme, le sel est un formidable capteur d'invocation, il se charge aisément.

LES CROIX

La croix n'est pas l'apanage du christianisme, bien au contraire. Les païens utilisaient plusieurs croix. Il en existe de très nombreuses dans le monde, et toutes visent à protéger.

Ankh : C'est la croix égyptienne qui symbolise la vie éternelle, la renaissance et la force solaire régénératrice et vivifiante. C'est un puissant porte-bonheur.

Svastika hindou : *Swastika* ou *svastika* est un terme sanskrit dérivé de *su*, « bien » et de *asti*, « il est ». Le svastika signifie également « le cœur de Bouddha », désignant le bon présage, la chance, mais aussi l'éternité. Cette croix est l'un des plus anciens symboles de protection de l'humanité. D'ailleurs, elle a longtemps été considérée comme un symbole universel, puisque de nombreux pays se la sont appropriée à des fins positives, avant que le régime nazi ne s'en empare pour en faire la croix gammée, ajoutant un cercle rouge autour. Si notre pensée a du mal à la considérer comme symbole de protection, c'est en grande partie pour cette raison historique. Même si elle est différente graphiquement, nos yeux perçoivent surtout la croix gammée, l'associant à celle du démon, car cette gêne persiste dans notre ADN. Ce qui est compréhensif mais fort dommage étant donné l'origine universelle du svastika. Peut-être un jour arriverons-nous à surpasser cela pour en faire une croix emblématique du bien ? En tout cas, si nous en changeons la charge, elle sera protectrice…

Triskell : C'est la croix celtique. Un jour où je pratiquais la poterie à des fins ludiques, je sentis que le four allait nous faire des misères d'un moment à l'autre. J'ai donc voulu fabriquer un objet protecteur, à défaut de temps pour en faire plusieurs, une petite assiette, en plein milieu de laquelle j'ai ajouté l'emblème du triskell. J'y ai mis toutes mes intentions de protection, comme pour pratiquer une incantation. Je l'ai émaillée de bleu puis mise au four avec tous les autres objets des autres personnes. Le jour suivant, ma professeure m'a annoncé, déconfite mais étonnée, que, dans la nuit, le four avait eu un problème technique de surchauffe et que tous les objets avaient eu un souci de tenue et de coloration, à l'exception du mien. Intact. La couleur bleue n'avait pas bougé d'un poil, il était même superbe.

LA BOUGIE ROUGE

Autrefois, en Chine, il était coutume d'allumer une bougie rouge auprès des femmes en couches, ce précieux talisman exorciste servait à éloigner les âmes errantes et l'esprit mauvais de la femme et de l'enfant. Aujourd'hui, ce talisman a conservé ses propriétés de protection dans l'occultisme et permet d'éloigner les mauvaises relations, les personnes toxiques ainsi que le mauvais œil. Très utilisée par les médiums ou les sorciers lors des rituels de bannissement des ennemis, la bougie rouge s'utilise parfois en association avec une bougie noire.

LA COULEUR BLEUE

Le bleu est la couleur de l'archange Michel. Vous trouverez également cette couleur sur les fameuses amulettes en forme d'œil. Porter un vêtement bleu vous protégera également du mauvais œil.

L'ATTRAPE-RÊVES

Dans la tradition amérindienne, cet objet de protection agit comme un filtreur de rêves. Durant la nuit, le sorcier envoie de mauvaises intentions sous forme de cauchemars en direction des personnes influençables. Le bon rêve passe sur les plumes et par les mailles de l'attrape-rêves pour enfin pénétrer dans la conscience du dormeur, tandis que le mauvais rêve est retenu par les mailles du filet jusqu'à l'aube pour être brûlé aux premiers rayons du soleil ou à la lumière du jour. Pour confectionner son attrape-rêves, chacun se laisse aller à son inspiration ou imagination intuitive : tissu, macramé, laine, plumes, perles de bois, coquillages, bois flotté, etc.

LE TATOUAGE

Les tatouages sont connus pour influencer la personne qui les porte. Avec le temps, nous évoluons tous, et certains avouent regretter amèrement leur tatouage, jusqu'à faire carrément un rejet. Tout ça pour dire que le tatouage a un réel impact psychologique. Donc, vous faire tatouer un symbole de protection peut être une aide, mais attention, ce ne le sera certainement plus une fois que vous aurez acquis une protection intérieure grâce à votre mental. Étant donné que le tatouage marque à vie, mieux vaut réfléchir deux fois plutôt qu'une avant de passer à l'acte.

L'UTILITÉ DE LA SOPHROLOGIE CAYCÉDIENNE

Cette méthode a été fondée en 1963 par le professeur Alfonso Caycedo, neuropsychiatre. Même si elle n'a rien d'ésotérique, elle a son importance dans ce domaine, du moins pour ma part. Elle m'a été très utile, et c'est pour cette raison que je lui réserve un paragraphe. Cette méthode authentique permet de faire un dégagement énergétique, afin de se libérer des « saletés » et d'éviter de charger notre aura d'énergies inutiles potentiellement dangereuses comme les envoûtements. Elle permet également de se protéger contre le mal en réveillant et en créant son propre potentiel énergétique positif. En somme, la sophrologie caycédienne participe à redonner de la vitalité aux flux énergétiques. De plus, cet entraînement dynamique devient une philosophie de vie lorsqu'elle est utilisée quotidiennement. C'est une méthode assez fiable sur le long terme, qui permet de faire un vrai travail de fond, notamment sur la reconstruction de la charpente de l'âme, où l'être est renforcé et devient responsable de son corps, de son esprit et de son âme. Même si elle favorise l'intuition, cette technique n'a pas de caractère occulte. Cependant, elle peut vraiment aider en cas de problème psychologique suite à un envoûtement. Elle renforce la prise de confiance en soi et en ses valeurs vitales essentielles après un dégagement énergétique. Elle donne une vraie autonomie émotionnelle.

En bref : se protéger contre mauvais œil et envoûtements

Nous avons vu que la première protection, la plus solide, est d'adopter une certaine attitude envers le mauvais œil : avoir un mental fort et foi en vos capacités va vous aider à ne pas tomber dans le piège. Voici quelques conseils pour établir ce qu'on peut appeler un « contre-regard », c'est-à-dire une réponse adaptée à un éventuel mauvais œil :

- Ayez une attitude positive (marchez dos droit, épaules abaissées et tête haute).
- Ne tombez pas dans l'émotionnel ni dans le jugement.

Soyez neutre. Videz-vous l'esprit. Vous aurez ainsi le recul nécessaire pour faire face aux éventuelles attaques.

- Améliorez votre tenue vestimentaire (privilégiez les couleurs claires).
- Dégagez au maximum votre visage et... souriez ! Même si la vie n'est pas toujours facile, sourire permet d'exorciser les difficultés et de retourner à l'envoyeur la colère qu'il exprime. N'attisez pas la colère.
- Portez attention à votre joie, l'émotion qui appartient à l'autre n'est pas la vôtre, ni votre problème, vous n'avez pas à porter et arranger ses problèmes personnels, vous n'êtes pas une décharge.
- Rappelez-vous que tout ne mérite pas une réaction, pas même un mauvais œil. Dites-vous que tout événement est temporaire, même les mauvaises périodes ont une fin.
- Créez autour de vous une bulle protectrice quotidienne pour contrer l'agression jusqu'à l'accalmie. Car le sorcier, un jour ou l'autre, finit toujours par épuiser ses forces, sa volonté et donc par faire une trêve (temporaire ou définitive). Je me répète sûrement, mais rien n'est permanent, pas même nos problèmes.
- Enfin, certains objets, comme nous l'avons vu, peuvent aider, mais ils restent une aide, une assistance, et non pas une solution en soi.

- CHAPITRE 3 - COMMENT SE DÉSENVOÛTER ?

« Dominez votre mental
ou c'est lui qui vous dominera. »

Bouddha

COMMENT MENER À BIEN UN DÉSENVOÛTEMENT ?

Avant d'effectuer à tout prix un désenvoûtement, il est intéressant, voire judicieux, de mener une enquête, de retracer la trame de l'histoire, de se pencher sur les causes du phénomène. Il est donc conseillé de faire une recherche antérieure, une rétrospection (retour en arrière et analyse d'une situation/pensée, etc.) ayant pu provoquer le désagrément. Rien ne se fait par hasard, il faut donc comprendre depuis quand le problème a commencé, se remémorer la personne, la situation, l'objet. S'il n'y a pas de réponse valable, il faut peut-être se reposer, faire le tour de soi et entamer un travail, par exemple pour renforcer sa confiance en soi, une méthode de protection naturelle.

Sans confiance en vous, vous ne pouvez installer aucune protection ni même avoir une quelconque autorité, une qualité essentielle en occultisme. Dans certains cas, il faudra avoir recours à des séances de psychothérapie, de méditation (ancrage) ou à une visite médicale (pour des crises de paranoïa, hallucination, etc.), car même s'il y a désenvoûtement vous pouvez être touché psychologiquement et celui-ci ne résoudra pas le problème entièrement.

Beaucoup se cassent les dents en souhaitant procéder seuls à l'exorcisme sur eux ou sur leur maison en se contentant d'allumer un simple bâtonnet d'encens, appelant les forces cosmiques d'un ton cérémonieux. Si l'encens éloigne, les esprits peuvent revenir tant que le *vrai* travail n'a pas été effectué. Parfois (et souvent même) il s'agit d'entamer un dialogue avec l'entité, l'âme errante, ou la personne décédée pour lui demander ce qui la retient ici, ou parfois tout simplement de faire des recherches en rencontrant des personnes, en se documentant dans les archives… Pour ça, il faut parfois se faire aider, le travail se fait rarement seul. Les entités désincarnées nous entendent, nous écoutent et nous suivent, ainsi elles peuvent décider de partir ailleurs, dans d'autres plans, d'une manière discrète, si la vérité est étalée après une simple recherche. Un dialogue peut s'installer entre le médium et l'âme errante bloquée dans le plan astral. Le problème peut être résolu sans que le médium ait dû faire appel aux forces divines pour nettoyer les pièces ou ait dû accomplir un quelconque rituel de bannissement.

Les bons rituels requièrent du temps, beaucoup de temps : il faut compter le temps de préparation, le temps de l'élaboration, le temps de la consécration, le temps du nettoyage… Il ne s'agit pas de faire un rituel express : au même titre que la cuisine express, qui fait rarement du bien à la santé, un rituel express est rarement de qualité. Mieux vaut donc utiliser des méthodes longues, mais efficaces. Les options express, utilisez-les uniquement en cas d'urgence.

Aussi, mieux vaut cibler au cas par cas. Je me répète sûrement, mais on ne soigne pas un simple rhume comme une sinusite, tout comme on ne se débarrasse pas d'un auto-envoûtement de la même façon qu'un mauvais œil, ou un esprit démoniaque, ou encore un esprit désincarné.

Il faut savoir aussi qu'« enlever l'œil », ou « se désenvoûter », ou encore « nettoyer », c'est de l'exorcisme. Je sais que le terme peut sembler fort, mais il signifie exactement la même chose que procéder à un nettoyage, ou prescrire un vermifuge. Oui, cela démystifie le terme, il s'agit de guérir en somme. Ce n'est évidemment pas un jeu, puisque vous travaillez avec des forces invisibles. Il s'agit d'avoir un minimum de connaissances (c'est plus de la théorie que de la pratique, même s'il en faut un peu quand même) et de la force mentale (grande concentration) puis physique (ancrage et jus énergétique) pour pouvoir exercer ces pratiques occultes, et puis de la gentillesse pour mettre les entités en confiance par exemple, leur proposer un chemin, mais aussi beaucoup de fermeté pour qu'elles n'aient plus de raison de rester. Si vous êtes quelqu'un de distrait ou un petit poussin à la voix fluette de Caliméro, je doute fort que vous sachiez convaincre le démon de partir…

Enfin, je vous conseille de ne pas insister pour soigner les personnes qui refusent de croire aux phénomènes occultes, magiques, tels que le mauvais œil ou la sorcellerie, et pensent pouvoir s'en sortir aisément sans votre aide. Vous perdrez beaucoup de temps et d'énergie pour pas grand-chose. Non seulement ces personnes vous causeront des soucis, mais elles ne vous témoigneront aucune reconnaissance. Vous aurez assez à faire avec celles qui croient en vous, mais mieux vaut garder une porte ouverte au cas où ces personnes changeraient d'avis.

Contre-indications à la pratique des séances d'exorcisme

Ne jamais faire des séances d'exorcisme si vous êtes fatigué, énervé, triste, euphorique... Soyez en forme (physiquement, mentalement, psychologiquement) et surtout neutre. Sinon faites appel à un médium qui saura quoi faire pour vous épauler.

Tout acte se prépare, alors voici comment procéder de façon chronologique :

1. Préparez votre autel. Disposez et activez vos objets de consécration : encens, bougies, statues, objets ayant un lien analogique avec la divinité, l'entité, le Dieu ou le saint en qui vous croyez.
2. Faites une méditation (vous pouvez utiliser la sophrologie, par exemple). Pour cela, concentrez-vous, éliminez les pensées parasites, et faites en sorte de vous recentrer pour retrouver votre calme et votre neutralité. Des vêtements blancs et amples vous aideront pour être à l'aise.
3. Invoquez une divinité (ou un saint) en lui donnant l'ordre de protéger, à l'aide d'une prière de protection préétablie que vous connaissez déjà, récitez-la en comprenant le sens de chaque mot, non pas machinalement, sinon rien d'intelligent n'en sortira. Pour ma part, je ne me définis pas comme chrétienne, mais je connais la formulation du « Notre Père » par mon éducation catholique. Peu importe en qui vous croyez, le but est que la divinité vous assiste durant votre demande parce que les esprits haut placés ont une énergie supérieure à la nôtre. Et soyez convaincu que ceci est chose faite instantanément, car il s'agit d'une énergie légère et donc rapide.

4. Invoquez la divinité ou le saint de votre choix capable de résoudre votre problème. Par exemple saint Benoît, ou encore l'archange Michael pour la dissolution des démons intérieurs ou extérieurs à soi. Et faites-lui confiance, accordez-lui la capacité à exercer son pouvoir. Donnez-lui cette importance.
5. Récitez trois *Pater Noster* et trois *Ave Maria* à voix haute, la répétition permet d'appuyer l'intention et de donner de la force à votre acte.
6. Concluez en remerciant, et donnez vos offrandes ayant un lien analogique avec la divinité de votre choix (fleurs roses, ou eau de rose pour la divinité de l'amour, ou encore des pièces de monnaie pour la divinité de l'abondance, etc.). Pour les catholiques, ce seront des encens particuliers comme le romarin, par exemple, préparé dans un diffuseur à encens.
7. Fermez votre séance par le geste de la croix sur vous, ou un tout autre geste selon le rituel adapté à votre croyance.
8. Restez concentré un instant pour saluer votre divinité avec respect et lui rendre hommage pour son action.
9. Retirez-vous dans le calme, comme après une prière.

Remerciez toujours l'Univers de vous avoir assisté, avec une bougie blanche ou toute autre offrande (lait, jus, pain, fleurs…), et surtout faites-le avec plaisir, sincérité et amour, parce que votre foi n'aura aucun impact dans la guérison si elle n'est pas réellement ancrée en vous.

Ainsi, commencez par demander que l'amour puisse entrer en vous, méditez afin de voir votre âme grandir en vous et la ressentir. Sans cela, votre pouvoir de guérison ne serait qu'un feu de paille… De toute façon, *tout* est en nous. Les mots prononcés lors de la récitation de la prière se vivent émotionnellement. Puisez d'abord ces émotions de force, de neutralité, etc., qui sont généralement endormies, afin de les réveiller, de les vivre, pour pouvoir ensuite travailler avec.

Désenvoûter demande énergétiquement de la force, du courage et de la patience qui viennent surtout avec le plaisir.

Voici différentes techniques pour enlever le mauvais œil, éloigner le malin. Certaines sont simples, d'autres le sont moins. Elles sont classées des plus simples aux plus complexes. Si les résultats ne sont pas concluants, il est peut-être nécessaire de consulter un sorcier, un médium, un prêtre, ou un rabbin (en fonction de votre religion) qui aura la capacité de vous extirper de cet engrenage.

QUELLES TECHNIQUES POUR ENLEVER L'ŒIL ?

« Dès que tu commences à marcher sur le chemin,
le chemin apparaît. »
Rumi

Il existe différentes techniques, choisissez celle avec laquelle vous vous sentez en harmonie, en symbiose, celle qui vous appartient, en définitive.

Il n'est pas nécessaire d'appartenir à une religion pour effectuer un des rituels de celle-ci, toutefois une bonne connaissance est nécessaire pour les rituels judaïques, ce qui demande donc un certain apprentissage au préalable.

LA TECHNIQUE SOPHROLOGIQUE

Nous avons vu précédemment que lorsque le mauvais œil nous touche, il contamine en premier notre corps subtil mental, ayant un lien direct avec notre cerveau, et qui est essentiel à l'interprétation, à l'analyse et à la compréhension de notre corps, esprit et âme. Les formes-pensées erronées (qu'elles soient externes ou internes) doivent être reprogrammées sans tarder. La sophrologie travaille justement sur ces programmations mentales qui vont permettre de faire office de tampon contre l'envolée des symptômes que provoque un mauvais œil. Par l'intentionnalité, la personne voyagera mentalement et astralement, et extériorisera les énergies négatives internes et externes présentes en elle et autour d'elle. Ce travail va jusqu'au corps bouddhique. C'est donc une discipline à ne pas négliger dans un contexte comme celui-ci. En méditant, l'amygdale, associée à l'anxiété et à la peur, rétrécit, facilitant la libération d'autres hormones comme celle de la détente ; ce processus engagera forcément des pensées plus positives, menant à la guérison. La sophrologie soulage de nombreuses affections psychiques et corporelles.

LA TECHNIQUE DU DÉPLACEMENT DU NÉGATIF

Cet entraînement mental est à effectuer quotidiennement pendant 21 jours, jusqu'à convaincre votre cerveau qu'il a la capacité de s'autoguérir.

L'intentionnalité, ici, est de décoller le négatif présent en nous ou sur nous, et de reprogrammer ses pensées.

1. Fermez les yeux et diriger votre concentration dans votre bas-ventre.
2. Mettez entre parenthèses toutes vos pensées, croyances et jugements.
3. Concentrez-vous sur votre respiration du bas-ventre (3 fois) tranquillement. À l'inspiration, gonflez le ventre, à l'expiration, dégonflez le ventre.
4. Concentrez-vous sur la forme et la présence de chaque partie de votre corps et détendez-les : tête, cou/nuque, épaules, bras, mains, thorax, dos, ventre, lombaires, bassin/région pelvienne, cuisses, genoux, jambes, pieds (jusqu'au bout des orteils).

5. Mettez en tension le corps entier à l'inspiration et détendez le corps à l'expiration, en prenant conscience de la forme de votre corps, de son mouvement et de sa présence.
6. Expulsez par la bouche tout le négatif (fatigue, tensions, sentiments négatifs, etc.) en partant de chaque système d'intégration : milieu du front, thyroïde, thymus, plexus, bas-ventre et nombril. Ceci se fait en visualisant ces sentiments qui partent hors de vous.
7. Puis, dans ce nouvel espace nettoyé, libéré en vous, accueillez et programmez à l'inspiration :
   - une bonne protection de votre aura et votre corps jusqu'au plus profond de vos cellules ;
   - une bonne récupération et une bonne réparation de vos corps subtils et physique, jusqu'au plus profond de vos cellules ;
   - un éveil naturel, vers une conscience positive de ce qui se passe en vous, jusqu'au plus profond de vos cellules ;
   - une forme mentale et physique et un apaisement interne, que vous inspirez jusqu'au plus profond de vos cellules ;
   - une santé mentale et corporelle renouvelée et renforcée positivement ; vous l'inspirez dans tout votre corps jusqu'au plus profond de vos cellules.
8. Puis laissez-vous porter dans le futur proche en vous visualisant pleinement guéri dans les minutes, les jours et les années à venir. Vivez pleinement vos sentiments et émotions. Puis centralisez-les au plus profond de vos cellules.

Avant de reprendre votre conscience naturelle, comptez trois fois, et vous êtes prêt à ouvrir les yeux et reprendre votre vie normale tout en ayant conscience que votre guérison est bien là et se manifeste.

TECHNIQUES RELIGIEUSES

Les techniques religieuses requièrent beaucoup de rituels et de gestes. Cependant, tant que vous demandez avec foi, avec intérêt et avec cœur, Dieu ne vous tiendra aucunement rigueur de la façon dont vous le faites. Les textes servent juste à vous diriger sur le chemin. Une prière est une demande ; au même titre que pour une liste de course, vous notifiez ce dont vous avez besoin en étant simple, précis et honnête. Même s'il y a communication spirituelle ou cosmique, c'est du même ordre. Réciter dubitativement un long psaume n'aura aucun impact, je le redis, une demande doit être sincère. Faites comme si vous parliez à quelqu'un lorsque vous faites une demande et lorsque vous récitez un psaume, faites comme si Dieu dictait le psaume à votre place, par votre bouche, ainsi vous aurez davantage d'aplomb. Ensuite, remerciez-le pour son aide.

LA PRIÈRE CHRÉTIENNE

Il s'agit d'une récitation de psaumes. Vous pouvez effectuer un désenvoûtement à l'aide d'une bougie que vous allumerez avec une allumette (pas de briquet). Tenez votre bougie de la main droite (qui symbolise l'action, tandis que la main gauche représente l'acte d'absorption). Passez la bougie de droite à gauche en descendant progressivement de la tête aux pieds, tout en lisant consciencieusement les psaumes 50, 90 et 127 des *Grand Secrets merveilleux* de l'Abbé Julio (1987). Puis, laissez votre bougie se consumer jusqu'au bout.

Prière puissante et sacrée de l'Abbé Julio

« […] Fuyez donc, disparaissez d'ici, démons, ennemis jurés des hommes, car je vous conjure, vous, démons infernaux, esprits malins, qui que vous soyez, présents ou absents, sous quelques prétextes que vous soyez appelés, invités, conjurés ou envoyés de votre bon gré ou forcés par menace ou par l'artifice d'hommes méchants ou de femmes méchantes, pour tourmenter les personnes ou habiter ce lieu, je vous conjure donc derechef, quelque opiniâtres que vous soyez, de quitter cette créature… [Nom], je vous l'ordonne † par le Grand Dieu Vivant, † par le Dieu Vrai, † par le Dieu Saint, † par Dieu le Père, † par Dieu le Fils, † par Dieu le Saint-Esprit ; principalement par Celui † qui a été immolé en Issac, † qui a été vendu en Joseph, † qui étant homme a été crucifié, † qui a été immolé comme un agneau, † par le sang duquel Saint Michel, combattant contre vous, vous a vaincus, vous a fait fuir, vous a précipités dans les abîmes. Je vous défends de sa part et par son autorité, sous quelque prétexte que ce soit, de faire aucun mal à cette créature… [Nom], soit dans son corps, soit hors d'elle ; ni par vision, frayeur ou crainte, tant la nuit que le jour ; soit qu'elle dorme, soit qu'elle veille, mange ou prie ; soit qu'elle agisse naturellement ou spirituellement. Si vous êtes rebelle à ma volonté, je lance sur vous toutes malédictions et excommunications, et vous condamne, de la part de la Très Sainte Trinité, à aller dans l'étang de feu et de soufre où vous serez conduit par le bienheureux Saint Michel. Si l'on vous a invoqués, en vous faisant quelque fort et exprès commandement, soit en vous rendant un culte d'adoration et de parfum, soit que l'on ait jeté quelque sort par paroles ou par magie sur les herbes, les pierres, ou dans l'air ; soit que cela se soit produit naturellement ou mystérieusement ; soit que ces choses soient temporelles ou spirituelles ; ou enfin qu'on se soit servi de choses sacrées, qu'on ait employé les Noms du Grand Dieu ou des Anges, qu'on se soit servi de caractères secrets, qu'on ait examiné les minutes, heures, jours, mois et années ; quand on aurait fait avec vous quelque pacte tacite ou manifeste, même avec serment solennel : je casse, détruit et annule toutes ces choses † par la puissance et vertu de Dieu le Père, † par la sagesse du Fils, Rédempteur de tous les hommes, † par la bonté du Saint-Esprit ; en un mot par Celui † qui a accompli la loi en son entier, † qui est, † qui était, † et qui sera toujours † Omnipotents, † Agios, † Ischyros, † Athanatos, † Sother, † Tetragrammaton, † Jehovah, †Alpha et Oméga ; en un mot, que toute la puissance infernale soit mise en fuite et détruite en faisant sur cette créature… [Nom], le signe † de la croix, sur laquelle Jésus-Christ est mort, et par l'intercession de la Bienheureuse

Vierge Marie, des Saints Anges, Archanges, Patriarches, Prophètes, Apôtres, Martyrs, Vierges et confesseurs, et généralement de tous les saints qui jouissent de la présence de Dieu, aussi bien que des saintes âmes qui vivent dans l'Église de Dieu. Rendez vos hommages au très Haut et Très Puissant et qu'ils pénètrent jusqu'à son trône, comme la fumée de ce poisson des abîmes qui fut brûlé par l'ordre de l'Archange Raphaël ; disparaissez, comme l'Esprit immonde disparut devant la chaste Sara. Que toutes ces bénédictions vous chassent et ne vous permettent plus d'approcher cette créature… [Nom] qui a l'honneur de porter sur son front le signe † de la Sainte Croix : parce que le commandement que je vous fais maintenant n'est pas le mien, mais de Celui qui a été envoyé du sein du Père Éternel, afin d'anéantir et de détruire vos maléfices, et ce qu'il a fait en souffrant la mort sur l'arbre de la croix. Il nous a donné ce pouvoir de vous commander ainsi, pour sa gloire, pour l'utilité des fidèles. Ainsi, nous vous défendons, selon le pouvoir que nous avons reçu de Notre-Seigneur Jésus-Christ et en son Nom d'approcher de cette créature… [Nom], fuyez donc et disparaissez, à la vue † de la Croix et au nom de Notre Seigneur Jésus-Christ. […]
AMEN. »

LA PRIÈRE MUSULMANE

Il s'agit de la récitation de versets du Coran et d'une technique d'enlèvement par la prise d'un traitement oral à base de plantes sous forme de boisson.

LA PRIÈRE JUIVE

Récitez le psaume 31 sur de l'huile d'olive puis enduisez-vous les mains et le visage avec.

LA TECHNIQUE ANCESTRALE CORSE

Pour éliminer l'*occhju*, commencez par vous munir d'une assiette creuse pour mettre de l'eau et d'un autre récipient creux pour l'huile d'olive.

Précaution requise : Ouvrez les fenêtres pour faire circuler les énergies. Pour celui qui officie, ancrage, centrage et prière de protection sont requis, ainsi qu'une visualisation du cercle de protection ou de la lumière divine.

Installation : Faites allonger la victime, une serviette propre sous la tête. Si la victime ne souhaite pas se soumettre à la posture allongée, faites-la s'asseoir.

Procédé : Effectuez le signe de la croix sur la victime, ainsi que la prière de soulèvement[26] de la vérité et du mauvais œil. Trempez ensuite son petit doigt dans l'huile d'olive. Faites tomber les gouttes dans l'eau. Effectuez trois fois le signe de la croix sur toute la largeur de l'assiette.

Si les gouttes d'huile sont rondes, de forme régulière, il n'y a pas d'envoûtement. Jetez l'eau et signez le front de la personne saine.

Si les gouttes d'huile se diluent sous forme de plaque, il y a mauvais œil. La personne est atteinte. Il est alors nécessaire de renouveler le procédé par chiffre impair, c'est-à-dire trois fois (chiffre de la Trinité), cinq fois (universalité), sept fois ou neuf fois. Au bout de neuf fois, si le résultat n'est pas atteint, il est judicieux d'attendre dix jours pour recommencer, jusqu'à ce qu'en définitive les gouttes ne forment qu'une seule goutte. Si vous n'y parvenez pas, déléguez ce travail à une autre personne, mais pas plus de trois personnes devront effectuer le même rituel.

26. La prière de soulèvement, nom donné pour soulever les maux, n'est divulguée qu'entre initiés et croyants de cette religion.

Après ce procédé, la guérison devrait commencer à prendre effet. Cette technique ancestrale est généralement pratiquée la veille de Noël à minuit. Une prière contre le mauvais œil est dite également.

Quelques interprétations :

- Les gouttes sont éparpillées : leur nombre correspond au nombre de personnes ayant jeté le mauvais œil sur la victime.
- Les gouttes forment une ligne : le sort a été jeté sur le chemin de la maison.
- Les gouttes restent sous l'eau : une personne hypocrite cache bien son jeu.
- Les gouttes éclatent : vous êtes face à une entité (esprit démoniaque, personne décédée, etc.). Dans ce cas, pas de panique, il faut simplement s'armer de patience, il est difficile de rester concentré mais c'est nécessaire pour parvenir au but. Mieux vaut aller voir un médium afin de voir pourquoi cet esprit est là, depuis combien de temps et ce qu'il souhaite. Après analyse, effectuer un nettoyage énergétique sera nécessaire.

LES TECHNIQUES NATURELLES DES CAMPAGNES

LE SEL

Mettez une petite poignée de sel dans un sachet noir, portez celui-ci sur vous pendant quelque temps, puis enterrez-le dans la terre.

Une autre méthode serait de prendre un bain en ajoutant neuf cuillères de sel en énonçant : « Que l'eau puisse me purifier et enlever toute cruauté à mon égard. » Profitez de la détente qu'occasionne l'immersion dans le bain, sortez quand vous sentez qu'il est temps. Avant de sortir, dites : « Je me retire du manteau négatif, je garde avec moi le positif. » Lorsque vous évacuez l'eau du bain, dites :

« Que l'eau emporte le mal et que celui-ci reparte dans la terre. » Le mieux est de le faire dehors dans une grande bassine pour pouvoir simplement jeter l'eau dans la nature, et non pas dans les canalisations.

Une bonne **synergie** consiste à prendre un bain de sel et d'une plante, l'ase fétide, ou *Asa foetida* (elle existe sous forme de lotion pour le bain).

LE FEU

Le feu est bon, mais il brûle aussi, il peut donc brûler une entité. Le désenvoûtement par le feu est préconisé seulement dans les cas extrêmes de magie noire, ceux où la victime a été en contact avec le sorcier ayant effectué la magie noire (vaudou), ou bien dans les cas où le sorcier s'est servi d'un de ses objets personnels (photo, cheveu, ongle, tissu de vêtement, sang…). Il ne peut pas se pratiquer à distance. Ainsi, si la personne envoûtée est dans l'incapacité de se déplacer, le médium, prêtre ou exorciste a l'obligation de se déplacer.

Sinon, il s'agit de mettre des bougies devant les pieds de la victime et d'ordonner à l'entité de sortir par le gros orteil ; ainsi elle est brûlée. La personne risque de ressentir une douleur au niveau des pieds, pas celle de la chaleur des bougies, mais une sensation immédiate de décharge électrique.

LE PLOMB

Prenez un morceau de plomb dans la paume de la main droite. Envoyez par intention dans le plomb toute votre énergie accumulée les sept derniers jours, ou bien mettez le plomb dans un vêtement vous appartenant pendant sept jours et sept nuits. Puis, un mercredi, un jeudi ou un samedi (les meilleurs jours), prenez une vieille casserole réservée à cet effet, mettez-la sur le feu et une fois chaude, placez-y le plomb. Pendant ce temps, posez par terre, sur votre vêtement, une bassine d'eau. Lorsque le plomb est devenu liquide, tenez-vous au-dessus de la bassine d'eau, les jambes écartées, et versez d'un coup le plomb dans la bassine. Attention à ne pas vous brûler, protégez-vous contre la chaleur. Si le plomb a une forme compacte, lisse et brillante, il n'y a aucun problème, cela signifie qu'il n'y a aucune magie ni mauvais œil. En revanche, si le plomb change de couleur et prend la forme de grains de sable, de clous ou autres, vous pouvez conclure qu'il y a mauvais œil.

Le rituel ci-dessus est alors à faire sept fois de suite jusqu'à ce que le plomb devienne propre et brillant. Il ne faut surtout pas garder le plomb ou l'eau dans la maison, apportez-le en déchetterie pour vous débarrasser de sa charge négative. Si vous souhaitez retourner le sort à la personne, vous devez être sûr à 100 % que la personne ciblée est bien celle qui vous a fait du mal. Alors, à la place du vêtement, sous la bassine, mettez sa photo. Au bout des sept fois, retirez la photo, placez le linge sous la bassine et recommencez l'opération. Je ne vous le conseille pas, cela risque de vous revenir. Optez pour la nature, le temps ou l'Univers, ils se chargeront de ce qui est nécessaire.

Visualisation avec l'olive de plomb

Procurez-vous une olive de plomb que vous trouverez facilement dans les magasins de pêche, en sachet de trois ou quatre olives. Optez de préférence pour un poids de 30 ou 40 grammes. Utilisez une seule olive par désenvoûtement ou dégagement, durant sept nuits d'affilée et à la même heure. Il est nécessaire de lâcher prise pour percevoir les sensations afin que le processus fonctionne. Normalement, les effets sont immédiats. Au bout de huit jours, vous devriez vous sentir plus « propre », moins souillé. Il peut arriver de l'être dès la première fois.

Prenez l'olive et gardez-la au creux de votre main gauche (pouvoir absorbant) en fermant le poing. Visualisez tout le négatif (inutile de lister vos problèmes dans votre tête, vous perdriez toute concentration et l'objectif du rituel). Laissez partir tout votre négatif dans l'olive de plomb pour qu'il soit absorbé. Sentez-vous vous libérer définitivement du négatif comme on se défait d'un manteau. Sentez le négatif circuler dans votre corps puis votre bras pour aller rejoindre l'olive de plomb. Sentez le plomb se charger du négatif et l'enfermer. Sentez également que vous vous détachez de cette olive qui vous a pris tout votre mal. Vous pouvez la remercier. Jetez immédiatement l'olive à la poubelle. Sentez-vous enfin libéré et appréciez ce que cela produit en vous.

Vous pouvez procéder de la même façon avec vos pieds grâce à une feuille de plomb, que vous pouvez vous procurer dans un magasin de bricolage (zinguerie, plomberie).

L'ŒUF

Posez un œuf cru sur vous ou sur la victime (dans sa main ou tout le long de la colonne vertébrale pour que l'œuf capte d'abord son énergie). Mettez ensuite l'œuf dans un verre et remplissez d'eau. Faites trois tours entiers dans le sens contraire des aiguilles d'une montre (qui symbolise un acte passé) au-dessus de la tête en disant : « Œuf, prends tout ce qui est aux autres, alluvial. Laisse tout ce qui est à moi, parental. » Lisez l'état de l'œuf – s'il est percé, s'il a une forme spécifique, etc. L'interprétation des symboles ici peut être compliquée et il est important d'avoir les connaissances nécessaires (comme lors de la lecture dans le marc de café, du plomb ou autre…). Videz ensuite le verre dans la nature en disant : « Terre, prends tout le négatif et renvoie le négatif là d'où il est venu. » Ce procédé convient pour un envoûtement négatif moyen. L'état de l'œuf permet de diagnostiquer le niveau de l'influence négative. Répétez ceci plusieurs fois jusqu'à ce que l'œuf semble visuellement solide et sain.

LES PLANTES, LES FLEURS, LES RÉSINES, LE BOIS, LES GRAINES

Les plantes sont des êtres vivants, par conséquent même si elles ne sont pas dotées de l'usage de la parole, elles savent se faire comprendre lorsqu'il y a un trouble énergétique dans une pièce, un endroit très précis, ou lorsqu'une personne émet de mauvaises ondes chez vous, ou contre vous.

Je n'ai pas la main verte, toutefois, mes fleurs ont toujours fleuri. Il fut un temps où j'invitais chez moi une soi-disant amie qui était fleuriste. J'ignore pourquoi, mais lorsque je l'ai rencontrée, mes fleurs ont cessé de fleurir. Sous ma demande, elle m'a donné quelques conseils pour les faire repartir, mais elle a précisé qu'elles étaient vraiment mal en point, presque bonnes à jeter. J'ai suivi ses conseils, rien n'y faisait. Le jour où j'ai cessé tout contact avec elle pour des raisons personnelles, mes fleurs ont recommencé à fleurir…

Pour vous protéger, si vous n'avez pas de plantes dans votre jardin, il est possible de trouver votre bonheur dans tous les magasins bio, chez les herboristes et dans les magasins ésotériques.

On va ainsi pouvoir créer une synergie de plantes, résines, morceaux de bois, poudres et graines. Dans un bol, mélanger :

- 1 pincée de sel ;
- 1 cuillerée à soupe de sauge officinale (pour purifier) ;
- 1 cuillerée à soupe de jasmin (pour l'amour de soi) ;
- 1 cuillerée à café d'oliban (pour purifier) ;
- 1 cuillerée à café de myrrhe (pour purifier et chasser le mal) ;
- 1 cuillerée à café de benjoin (pour chasser le mal) ;
- 1 cuillerée à soupe de noix de cyprès (pour chasser le mal) ;
- 1 cuillerée à café de poudre de racine de costus (pour chasser le mal) ;
- 1 cuillerée à café de baies de cannelier et 1 cuillerée de graines de pavot (pour chasser le mal).

Ce mélange permet d'éloigner le mauvais œil et la magie noire. Il est à porter dans un petit sachet sur soi. Il est possible de hacher tous les ingrédients dans un mortier pour les réduire en poudre.

LES TECHNIQUES OCCULTES

L'ENCENS

Lorsqu'il s'agit d'une **forme mentale**, allumez le bâtonnet d'encens dans un récipient prévu à cet effet :

- L'encens oliban recentre les émotions, calme le mental agité, dissout les larves telles que les obsessions mentales ;
- L'encens camphre renvoie les mauvaises intentions, les médisances ainsi que les critiques à votre encontre vers l'expéditeur ;
- L'encens sang de dragon s'utilise en complémentarité avec d'autres encens, il a une odeur ténue ;
- L'encens gomme élémi dissout les larves et autres perturbations psychiques ;
- L'encens de myrrhe élève l'esprit et le purifie ;
- L'encens *Asa foetida,* ou fassoukh noir, éloigne et dissout les formes-pensées, les démons et pensées démoniaques, il s'utilise en résine et non en poudre ;
- La gomme ammoniaque éloigne et dissout les formes-pensées, les démons et pensées démoniaques, c'est une résine puissante.

Lorsqu'il s'agit d'un **envoûtement**, d'un **mauvais œil**, de **mauvaises influences**, allumez le bâtonnet d'encens dans un récipient prévu à cet effet :

- La gomme ammoniaque supprime les influences négatives ;
- L'encens *Asa foetida* se mélange avec le harmel contre le mauvais œil.

LES PARFUMS MAGIQUES

Nous avons vu que tout objet pouvait contenir une charge, qu'elle soit positive ou négative, soit par l'aspect mental, soit par son contenu, élaboré par un rituel spécifique. Il existe donc une multitude d'objets susceptibles d'avoir une charge, et les cosmétiques, tels que les parfums, en font partie, parce que les éléments utilisés en alchimie, en magie, sont les herbes, les alcools, les hydrolats, comme pour les parfums. Les parfums ont donc une utilité dans la prévention et la guérison, tout comme un talisman. Le parfum agit sur l'aura et le subconscient de l'homme. Le parfum intervient astralement pour influencer positivement une personne et l'aider à se prémunir. Il agira donc sur sa conscience et son état d'esprit pour contrecarrer les mauvais événements à venir.

Dans la majorité des cas, ces parfums magiques fonctionnent car ils agissent simplement en influençant la sensibilité olfactive, pour permettre d'abord au cerveau de se détendre et ensuite d'accueillir l'intention qui a été émise dans le parfum. En effet, un cerveau réceptif sera plus facilement adaptable au changement qu'un cerveau moins réceptif. La vitesse du résultat dépend de la réceptivité de la personne. Il existe une grande variété de solutions parfumées, allant de la simple protection contre le fluide, au désenvoûtement en association avec d'autres solutions alcooliques, pour une meilleure synergie et influence.

TECHNIQUE DES PETITS BONSHOMMES ALLUMETTES

Vous trouverez cette méthode en vidéo sur Internet, une référence que vous trouvez en bibliographie dans la partie « Guérison ». Jacques Martel a fondé cette technique dans le but de libérer des dépendances toxiques, des peurs et des attachements conscients ou inconscients. Elle permet de développer davantage d'amour inconditionnel envers soi. Elle agit par l'écrit sur le subconscient, car celui-ci retient 90 % de ce qu'il visualise et de ce qui est écrit. Elle met en branle le processus énergétique agissant dans la matière, et ce par l'intention et la pratique. Elle consiste surtout à faire ce qu'il y a de mieux pour soi et pour l'autre, dans un esprit résolument pacifiste.

Pour commencer, ayez à votre disposition un stylo, une feuille de papier blanc et une paire de ciseaux. Vous vous dessinez d'abord vous, sur la gauche de la feuille, et vous dessinez l'autre personne, à côté de vous, à droite. Ensuite, vous vous entourez de lumière sur le dessin, en vous souhaitant le meilleur, puis vous faites de même autour de l'autre personne. Entourez ensuite l'autre personne et vous-même (vous ne formez qu'un) d'un seul et même grand cercle de lumière, toujours en vous souhaitant le meilleur. Puis vous dessinez les sept points des chakras sur vous et sur l'autre personne, ensuite un fil qui vous unit par chacun de vos chakras respectifs, qui représente le lien et l'attachement. Enfin, vous avez juste à découper, à l'aide de ciseaux, les liens toxiques vous unissant par les chakras et vos rayonnements énergétiques. Voyez ce qui se produit dans les jours suivants.

EXORCISER UN LIEU, UNE PERSONNE GRÂCE À LA VISUALISATION

La visualisation est un procédé semblable au rêve éveillé qui nous permet de manipuler le plan astral pour avoir une conséquence dans la réalité. Tout ce que nous imaginons dans notre esprit est déjà présent dans la matière astrale ; l'imagination est une matière certes non palpable, mais une matière. Pour désenvoûter, nous ne pouvons travailler qu'avec la matière. Pour ma part j'utilise très souvent la visualisation. Ce type de nettoyage est totalement inoffensif, rapide et surtout discret. Les changements sont immédiats ou se révèlent dès le premier jour. Cependant, il est conseillé de le renouveler plusieurs fois jusqu'à la rémission complète. Avec le temps, je me suis approprié la méthode, c'est même une de mes techniques préférées. Si elle est très simpliste, elle requiert tout de même quelques capacités à visualiser, ce qui n'est pas évident pour tout le monde, mais avec un peu d'exercice tout s'apprend. Ces exercices nécessitent de la détente et du plaisir à les effectuer.

ENLEVER LES LARVES D'UN LIEU

Les larves, les formes-pensées, sont les maux les plus répandus. Elles brouillent le champ vibratoire d'un lieu et d'une personne, et provoquent ensuite divers maux comme l'envoûtement, attirant les influences démoniaques. Si le diagnostic d'envoûtement est positif, mieux vaut alors se pencher sur le nettoyage des polluants. Voici deux méthodes pour s'en débarrasser.

LE GOMMAGE

Visualisez les pièces de la maison, normalement elles sont ternies de gris plus ou moins sombre. Si c'est le cas, créez par votre écran visuel une gomme, et gommez toute la pièce de sa couleur grise. Ainsi, chaque endroit de la pièce gommé va devenir clair et lumineux. Un peu comme quand vous gommez un dessin. N'oubliez aucun recoin (plafond, sol, recoin des murs, mobilier…), rien ne doit être évité.

LE DÉCOLLEMENT DES LARVES

Les larves se collent dans les recoins. Imaginons simplement qu'elles sont faites de silicone (le même que celui des bordures de l'évier ou de la baignoire) et qu'une bandelette de silicone s'est formée tout au long des recoins des murs. Décollez ces bandelettes par la visualisation. Si elles sont élastiques et collent un peu, c'est normal, continuez à les retirer fermement et délicatement. Ensuite, lorsque ces bandelettes sont décollées sans l'aide de vos mains astrales, rassemblez-les en boule, puis transportez-les dehors, déposez-les par terre et visualisez-les se consumer par le feu jusqu'à ce qu'elles disparaissent entièrement.

ENLEVER LES LARVES D'UNE PERSONNE

LE GOMMAGE

Il s'agit du même procédé de nettoyage que pour le lieu, à la différence que vous travaillez sur l'aura et le physique de la personne. Vous ne gommez pas la personne, elle perdrait son identité, simplement la pollution grise sur elle et autour d'elle. Vous gommez de cette façon de la tête aux pieds, entièrement.

Vous obtenez comme résultat une personne plus souriante, recouvrant ses esprits comme à son habitude, moins stressée et angoissée, retrouvant une certaine jeunesse physique.

LE DÉCOLLEMENT DES LARVES

Il s'agit du même procédé que pour les lieux, à la différence que vous travaillez sur l'aura de la personne et son physique. Vous n'arrachez rien de ce qui appartient à la personne, elle aurait des douleurs. Vous décollez simplement les bandelettes, des traces de marqueurs noirs, sur elle et autour d'elle. Ces marqueurs peuvent être issus de la sorcellerie, mais peu importe, vous les enlevez par magie, sans l'aide de vos mains astrales.

DANS LE CAS D'UNE ENTITÉ OU D'UNE PERSONNE DÉCÉDÉE

Lorsqu'il s'agit d'une entité ou d'une personne décédée, le travail est totalement différent, il nécessite automatiquement l'intervention d'un médium pour déterminer la cause (charge d'un objet, présence d'une personne décédée dans la maison, etc.), qui va soit discuter avec l'entité afin de la faire partir, soit entamer une démarche occulte avec l'aide d'un pendule ou d'un autre procédé de nettoyage énergétique.

Lorsqu'on prépare une huile d'onction, celle-ci bénéficie par l'officiant d'un rituel de bénédiction durant sa consécration. Ceci permet de la charger en la rendant sainte. Une huile d'onction, souvent parfumée, s'utilise en la versant sur la tête d'une personne ou sur un objet afin de les sanctifier (rendre saints) par un geste cérémoniel. Son utilisation sert à des fins pacifistes : la protection et la guérison. Les propriétés d'une huile d'onction sont souvent protectrices et guérisseuses. Voici un exemple ci-dessous d'une énumération de produits naturels servant à créer une huile d'onction, que l'on peut trouver sur une étiquette de bouteille sainte vendue sur des sites religieux à destination des prêtres et pratiquants. À défaut de pouvoir les faire vous-même, il existe des sites dédiés à l'achat des produits saints et religieux. Souvent, les huiles d'onction sont présentées dans des bidons de 1 litre.

Préparations et prières

Préparation d'une huile d'onction

- 890 grammes d'huile d'olive vierge extraite à froid
- 47 grammes d'huile de grain de moutarde
- 3 gouttes d'huile essentielle de rose
- 7 gouttes d'huile essentielle de néroli
- 10 g de poudre de nigelle (cumin noir)
- 10 g de poudre de graines de harmel (encens réduit en poudre)

Les huiles essentielles sont toxiques et dangereuses à manipuler. Renseignez-vous auprès de livres dédiés avant de vous lancer dans la confection. Mieux vaut en mettre peu que trop.

Préparation contre les possessions

- L'huile d'onction préparée précédemment
- Encens de fumigation type *Asa foetida*
- Gomme ammoniaque
- Sabot de mule (contre Lilith et autres démons cherchant à se reproduire)

Tableau des saints (tableau non exhaustif)

Noms	Principes
Saint Georges	Vient en aide contre les démons
Saint Benoît	Éloigne les esprits mauvais
Saint Antoine le Grand	Repousse les ennemis, les démons
Sainte Thècle	Combat et défend contre les démons

DÉONTOLOGIE

Avant d'effectuer un quelconque exorcisme, il est conseillé d'établir sa propre déontologie, pour se donner des principes et une démarche à suivre. Lorsque vous souhaitez désenvoûter une personne ayant reçu le mauvais œil, un envoûtement ou une sorcellerie, il est nécessaire de lui demander au préalable son autorisation ainsi que celle de votre Dieu, de Lui expliquer calmement votre démarche. Si vous effectuez un acte sans Son consentement et sans protection requise de Sa part, Il peut se retourner contre vous. Et vous courez le risque de le payer très cher, même si vos intentions sont bonnes. Mettez-vous à la place de l'autre le temps d'un instant, cette personne peut ne pas vouloir avoir affaire à des rituels magiques et autres exercices de sorcellerie, de rebouteux. Cela vous semble naturel d'aider, mais l'autre n'a pas forcément les mêmes croyances, objectifs et principes que vous. Ayez l'amabilité de respecter cela. Sinon, il s'agit d'un sort, comme si une personne amoureuse de vous décidait de faire un rituel pour que vous tombiez amoureux d'elle. C'est assez irrespectueux de sa part, c'est même carrément égoïste. De la même façon, assurez-vous d'obtenir le consentement de la personne pour un désenvoûtement. Inutile d'insister, même si vous estimez qu'il y a de l'espoir, ou même si sa vie est en danger…

Je le répète, vous pouvez à votre tour recevoir ce que vous avez créé. Définissez donc bien l'intérêt d'effectuer le désenvoûtement, quel en est le but et les conséquences qu'il pourrait y avoir en retour.

Si, dans le pire des cas, une personne vous demande de sauver un proche, faites appel à votre voix intérieure et écoutez-la afin de savoir si vous avez l'autorisation de votre Dieu, si vous avez le feu vert et comme mission d'intervenir et d'aider.

Ne vous mettez pas en danger pour l'autre. Aucun médecin ne se mettra réellement en danger pour soigner, il prendra les précautions préalables nécessaires. Évidemment, tout métier comporte des risques, mais faites taire votre ego qui se croit plus fort.

Finalement, avant de désenvoûter quelqu'un, mieux vaut se désenvoûter *soi*. Il faut s'intégrer dans le rituel avant d'inclure l'autre. Les autres sont nos miroirs. C'est avant tout pour soi, un acte d'amour envers soi. En aidant ainsi, on se fait aider. C'est demander que l'on vous accompagne dans le nettoyage de vous-même. Ni plus ni moins.

LA MAGIE BLANCHE

ACTION À DISTANCE GRÂCE À UNE PHOTO

Mettez une photo dans un saladier ou autre plat en verre rempli d'eau propre. Ensuite, approchez vos lèvres de la surface de l'eau (votre respiration doit toucher l'eau) et dites : « Eau, prends tout le mal, enlève tout le négatif, laisse à… [Nom] tout le positif, une santé meilleure et un esprit sain. Ainsi soit-il. » Laissez la photo dans l'eau toute la nuit dans un endroit caché. Le lendemain matin, versez l'eau en prononçant les paroles qui résorbent le négatif. Mettez la photo sur une feuille blanche et laissez-la sécher au soleil sous une fenêtre. Le soir même, recommencez la même méthode et continuez tous les jours jusqu'à ce que la personne se sente mieux. Il suffit généralement de trois à sept jours pour enlever l'œil.

ACTION SUR PLACE

Lorsque la personne ne peut se rendre chez un médium ou un prêtre, celui-ci se déplace chez le malade. Le médium ou prêtre utilise des rituels spécifiques qui lui sont propres afin de guérir le patient envoûté. En principe, il pose des questions à celui-ci ou à la personne qui l'accompagne. En effet, il ne faut surtout pas laisser une personne envoûtée seule pour des raisons de sécurité. Certains sont dans l'incapacité de se contrôler et peuvent agir de façon irréfléchie et regrettable.

Contre-indications au désenvoûtement

N'essayez surtout de désenvoûter une personne dont l'état est grave. En effet, sans protection et sans réelles connaissances en la matière, vous risquez d'absorber tout le négatif, ou d'aggraver sa situation. Faites appel à un initié.
De même, je ne vous conseille pas de vous occuper de renvoyer le sort à l'envoyeur. Dieu, seul, se chargera d'en décider. Même si cela demande quatre ans, cela demandera quatre ans. Ne cherchez pas pourquoi. Le temps joue toujours en notre faveur. Vous pouvez aider par le moyen de la prière, en vous contentant de neutraliser le sort, de faire partir l'entité, et de le convaincre à emprunter le chemin de la lumière. Le reste du travail appartient à l'autre, et à l'Univers.

ET APRÈS ? L'ANCRAGE

Il y a un sujet sur lequel je ne cesserai de répéter : l'importance de l'ancrage. L'ancrage n'est autre qu'un rapatriement de soi-même une fois le nettoyage ou le vide effectué. L'ancrage permet de vivre en pleine conscience dans l'ici et maintenant et d'augmenter son plein potentiel énergétique, il est un véritable bouclier énergétique contre les sorts et les envoûtements. Si vous n'êtes pas ancré après un nettoyage, vous devrez inlassablement répéter les désenvoûtements. Beaucoup font l'erreur de se nettoyer puis de passer à autre chose en se projetant sur ce qu'ils ont à faire. Or il faut du temps, il faut penser à soi après un désenvoûtement. Omettre cette étape de l'ancrage est une erreur fatale, comme si on laissait la porte d'entrée de chez soi ouverte en partant. L'ancrage est une manière de verrouiller son identité et sa propre énergie.

Lorsque vous perdez votre ancrage, vous perdez cette conscience d'habiter votre corps physique, vous oubliez ainsi d'être présent à l'intérieur de votre corps, d'être vous-même, et même de vivre dans le monde physique et matériel. Se projeter et rêver sont des actions aussi agréables que stimulantes, mais il faut savoir descendre de son nuage, sortir de ses rêveries, stopper les distractions de son imagination et effectuer un travail de protection quotidiennement, ce qui permet aussi de parfaire son incarnation sur Terre pour accomplir consciemment les tâches ici-bas. Maintenir cet équilibre spirituel et physique est primordial pour vivre une vie épanouissante et satisfaisante. Ainsi le mauvais œil ne vous aura pas une nouvelle fois.

- CHAPITRE 4 - CONSEILS

« L'esprit n'est pas un récipient à remplir
mais plutôt un feu qu'il faut allumer. »

Plutarque

Tout au long de l'ouvrage, on n'a cessé de donner des conseils pour savoir ce qu'il convient de faire en cas de mauvais œil. Voici ici rassemblés quelques conseils qui n'ont pas encore été donnés ou d'autres sur lesquels il me semble important d'insister.

ÉCOUTER LE CONSULTANT

Pour mener à bien une consultation, c'est la première des choses à faire. Généralement (je précise bien « généralement »), la solution est dans la première phrase énoncée. Cependant, il est judicieux d'écouter le consultant jusqu'au bout, de saisir les mots-clés pour obtenir un fil conducteur et un sens. Il est important de n'émettre aucune émotion et d'éviter d'épouser les ressentis de la victime. Si le médium ne montre pas d'empathie, c'est pour mieux aider. Si vous êtes dépressif et que le médecin se laisse contaminer par votre mal, il deviendra dépressif à son tour et n'aura pas le recul nécessaire ni la clarté d'esprit pour vous aider, il vous auscultera mais ne vous conseillera pas forcément le bon médicament, il se sentira confus comme vous... Ici c'est exactement pareil. Le bon sens est de rigueur. Donc, pas d'épanchement émotionnel, le médium doit ériger unc barrière et faire appel à son intuition. Il prend ainsi en considération la personne en se protégeant énergétiquement, comme avec un masque sur le visage contre les virus émotionnels.

DIFFÉRENCIER LE VRAI DU FAUX ENVOÛTEMENT

La théorie ne fait pas tout, et l'expérience vous donnera également les moyens de reconnaître subtilement la différence entre vrai et faux envoûtement, grâce à vos intuitions. Il est certes facile de tomber dans le panneau, mais pour éviter ce doute, il est conseillé de poser des questions au préalable à la personne avant d'émettre un constat hâtif. Celle-ci doit faire un résumé, aller à l'essentiel, donner les grandes lignes sans écarter les détails qui alertent. Osez la couper pour la guider vers l'essentiel, avec une phrase interrogative menant à une conclusion afin de confirmer que vous avez bien compris. Ainsi vous lui rappelez l'objet de sa venue.

POSER LES BONNES QUESTIONS

Il peut être nécessaire de poser des questions pour guider la personne vers le dévoilement des informations judicieuses et indispensables pour interpréter la problématique. Je vous conseille de commencer par des questions générales, puis des questions essentielles avant d'aller plus loin. Dans cet ordre-là, vous écartez les doutes au fur et à mesure. Vous allez éliminer le faux envoûtement et vous orienter progressivement vers le vrai.

Questions générales

- Quand avez-vous emménagé dans votre maison ?
- Depuis quand avez-vous des ennuis ?

Questions essentielles

- Depuis quand souffrez-vous ?
- Êtes-vous sous médicament (antidépresseur, sédatif, somnifère…) ?
- Êtes-vous sous l'effet de l'alcool ?
- Êtes-vous sous l'effet de drogue, de substances hallucinogènes ?
- Avez-vous des antécédents pathologiques psychiatriques (hérédité, choc traumatique…) ?
- Êtes-vous anxieux (stress chronique, anxiété…) ?
- Êtes-vous hyperémotif (colère, tristesse, joie exacerbée…) ?

Questions d'ordre psychosomatique

- Avez-vous des douleurs localisées au niveau de la nuque, de la tête, du dos, du thorax ?
- Avez-vous des angoisses, des peurs inexpliquées quand vous passez dans un lieu, ou sans raison apparente ?
- Souffrez-vous de fatigue chronique, d'insomnies ?
- Ressentez-vous de la lourdeur, ou un poids localisé sur votre corps ?
- Avez-vous des sensations de présence dans votre maison, la sensation d'être épié en journée ?
- Avez-vous subi une perte brutale de vos habitudes (alimentaires, sportives, géographiques…) ?
- Êtes-vous sujet à des attaques et/ou des violences verbales énergétiques ?
- Subissez-vous une perte d'identité (esprit confus, locution incohérente, utilisation d'un autre langage et d'un autre ton) ?

Questions d'ordre matériel

- Avez-vous récemment reçu un objet en cadeau ?
- Y a-t-il depuis peu un animal qui rôde autour de votre maison ?
- Quels sont vos symptômes, votre comportement, votre histoire de vie ?
- Avez-vous changé de partenaire ?

Il existe de nombreuses autres questions à poser pour parvenir à débusquer un vrai envoûtement. Prenez un carnet pour noter quelques éléments clés.

CERNER LES DÉTAILS QUI NE TROMPENT PAS

- Observer les yeux, le regard, le comportement du consultant
- Déceler les problèmes psychologiques (chocs psychologiques, confusion, clarté d'esprit compromise, analyse et réflexion décousues)
- Déceler une pratique occulte mal menée (Ouija, magie…)
- Déceler un objet suspect (charges, présence d'entité…)

CONSEILS SUPPLÉMENTAIRES

Ces conseils permettent de se renforcer, et par conséquent de se protéger.

ALIMENTATION

Un bon système immunitaire contribue fortement à se prémunir du mauvais œil. Une personne en forme sera moins encline à la fatigue morale et physique, et elle se protégera donc mieux des méfaits de l'influence. Revoyez donc votre régime alimentaire :

- Supprimez la viande rouge ou réduisez sa consommation (notamment pour éviter d'absorber la souffrance de l'animal), surtout en pleine lune et nouvelle lune.
- Augmentez la consommation de légumes riches en protéines, fer, magnésium, zinc…
- Évitez de consommer des aliments trop cuits et non biologiques (peu de vitamines).
- Buvez de l'eau pure, magnétisée ou bénite, un quart de litre le matin, le midi et le soir.
- Excluez définitivement la drogue, l'alcool et le tabac, principales sources d'attraction des nuisibles.

ACTIVITÉ PHYSIQUE

Avoir un espace et un temps pour soi, pour revenir à soi, est bon pour se protéger des influences des autres.

- Inspirez à pleins poumons et expirez lentement (cohérence cardiaque).
- Respirez l'air pur des espaces naturels : montagne, lac, rivière, forêt, mer, etc. (riches en ions négatifs).
- Pratiquez le yoga, la marche.

HABITAT

Bouger les énergies stagnantes a un effet considérable sur le bien-être. En agissant ainsi ces énergies n'auront que peu d'impact sur vous :

- Vivez dans un lieu loin de toute pollution : géobiologique (courant souterrain), électrique (transformateur électrique), etc.
- Changez la position de vos meubles de temps à autre.
- Aérez les pièces.
- Changez les meubles lorsqu'ils sont abîmés, ou ont un certain âge.
- Rénovez.

PSYCHOLOGIE

Une spiritualité et un mental forts permettent de combattre les mauvaises influences.

- Pratiquez la sophrologie, l'autohypnose, l'autosuggestion, etc. pour développer des pensées positives à votre égard, à l'égard des autres, de la Terre et de l'Univers, et vous centrer.
- Entourez-vous au besoin de moyens de protection (pierre, etc.).
- Faites taire votre mental, grâce à des activités méditatives apportant l'*époché*.
- Méditez sur une émotion positive telle que la joie, respirez cette joie pour la réveiller en vous, et vivez-la sur l'instant ; privilégiez toutes sortes d'activités (pas nécessairement de loisir) vous procurant du *plaisir* (pas nécessairement l'amour) en vue de vous rendre réellement *heureux* : caresser un animal, lire une BD, manger un fruit que vous aimez, etc.
- Effectuez des demandes, soyez attentifs aux signes, priez.

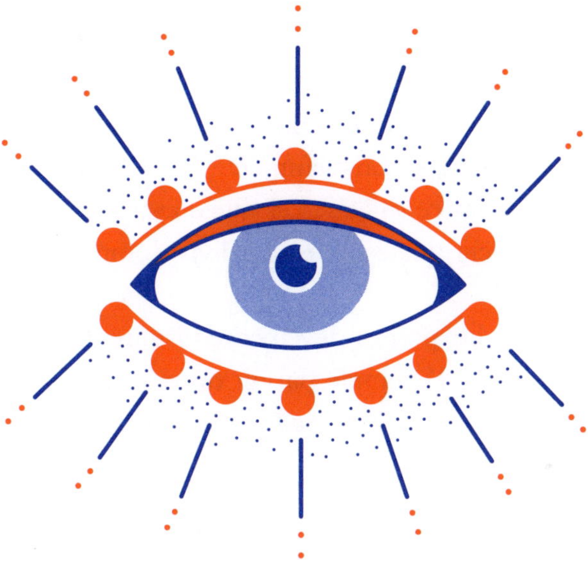

PARTIE III
TÉMOIGNAGES

Certains ont une idée toute faite du mauvais œil et ont tendance à le considérer comme surréaliste, voire comme un phénomène mystique, ce qui les empêche d'y croire réellement. Or tout le monde a vécu le mauvais œil, même inconsciemment. À travers ces témoignages, je compte démystifier ce sujet, et ces quelques récits me permettront d'apporter une touche finale joyeuse à ce livre, comme à mon habitude.

Je vais tout d'abord exposer brièvement l'histoire de ma maison, car elle est sans conteste l'exemple parfait du mauvais œil, agissant tel un ver rongeant le bois et provoquant à lui seul l'auto-envoûtement.

L'HISTOIRE DE MA MAISON

LES PAROLES DES PROCHES

Lorsque j'ai construit ma maison avec mon mari, j'avais tout juste 26 ans, et nous étions sans conteste les plus jeunes propriétaires de notre village de 1 500 habitants. Mes parents avaient effectué une donation de terrain – de quoi attiser tout de suite la jalousie. Mon mari a une âme de bâtisseur – il a travaillé dans le bâtiment et il est doué pour renforcer et accompagner les âmes. Il avait alors tout juste 26 ans et il fut au centre des médisances de toutes parts. Lors de la construction de notre foyer, nous avons eu de nombreux retours plutôt négatifs : « Vous n'allez pas vous en sortir, vous avez déjà du mal à payer votre loyer », « votre maison sera trop grande », « il manque des arbres pour cacher votre maison », « c'est pas un château, c'est une mosquée », « attendez un peu, vous êtes jeunes », « vous êtes fous », et j'en passe… Les propos ont été pour la plupart choquants, dégradants, racistes, et surtout pessimistes quant à l'argent, synonyme de sécurité. Au lieu de nous fournir des solutions pour garantir la réussite de notre projet, la plupart étant déjà d'un certain âge et donc expérimentés, ces personnes nous ont accablés d'affirmations négatives. Aucun n'a daigné prononcer un mot d'encouragement ou nous demander si on avait réellement besoin d'un coup de main.

Pourtant, jusque-là, nous avions beaucoup aidé les autres, nous nous attendions donc naturellement à un retour. Les quelques personnes qui sont venues pouvaient être comptées sur les doigts d'une main, les autres ont prétexté mille excuses. Je parle bien des proches. Nous avons donc dû faire appel à des professionnels et mettre la main au portefeuille… Je précise qu'en ce temps-là, je n'étais absolument pas consciente encore de mes capacités médiumniques.

LORS DE LA CONSTRUCTION

Voici la liste des calamités survenues lors de la construction de la maison, en un an et demi :

- Calamité climatique : à peine après avoir arrêté le tracteur qui terminait le terrassement du terrain, un orage et une pluie démentielle s'abattirent sur nous pendant plusieurs jours et entraînèrent un glissement de terrain, et du retard…
- Surprises dans la paperasse administrative, entraînant des pertes financières et des difficultés pour terminer les travaux ; l'éventualité que ça arrive était minime puisque tout ou presque avait été calculé et évalué, et pourtant…
- Dégradation dans les relations : déménagement chez mes parents ; la cohabitation devint un calvaire, et mon couple en souffrit.
- Grossesse interrompue : le bébé mourut dans mon ventre au terme de trois mois de grossesse ; une hospitalisation pour une aspiration fut nécessaire.
- Accident de moto de mon conjoint.
- Malfaçons dans la construction de la clôture : nous n'avions pas les fonds nécessaires pour cette construction donc nous fîmes appel à des proches, qui nous firent un chèque à contrecœur ; en vendant certains de nos biens (véhicule, moto, etc.), nous leur rendîmes l'argent rapidement, mais très vite la clôture se fissura…
- Pannes à répétition du véhicule professionnel de mon mari.

INSTALLATION DANS LA MAISON

Les soucis continuèrent :

- Absence de moyens financiers pour terminer divers travaux coûteux (par exemple les crépis).
- Crise économique mondiale un mois après l'installation : baisse de l'activité professionnelle et des revenus.
- Le mur de la clôture se fissure un mois après ; nécessité de travaux à nouveau.
- Travaux intérieurs à l'arrêt.

LA VIE DANS LA MAISON DE 2010 À 2015

- Baisse de l'activité professionnelle à vue d'œil, problème d'entente au sein de la Scop ; mon mari est contraint de changer de travail.
- Dépression de mon mari.
- Difficultés financières.
- Rencontre de personnes malintentionnées ou à problèmes (divorces, adultères, séduction en tous genres, disputes avec des membres de la famille au sein de la maison, etc.).
- Problèmes dans le couple.
- Difficulté à faire décoller ma nouvelle entreprise (2014), pertes financières.
- Décollement du crépi ; la liste des travaux s'allonge.
- Difficulté à terminer les travaux.
- Absence de moyens financiers pour changer les meubles abîmés.
- Aucun élément de décoration, des meubles abîmés, une maison vide et triste.
- Grossesse difficile.
- Refus de la banque pour nous aider, nous devions vendre la propriété à perte.

INTERVENTION ET NETTOYAGE DE LA MAISON (DE 2016 À 2019)

La colère a pris le pas sur l'impuissance. Tous les éléments étaient réunis pour sombrer dans la folie et le suicide. Oui, on avait carrément touché le fond. J'ai à ce moment-là tapé du poing sur la table et me suis enfin décidée à me révolter face à ces calamités nous détruisant à petit feu ma famille et moi. Il était hors de question que les efforts effectués restent vains. Il ne me restait qu'à faire appel à mes capacités médiumniques, à invoquer les esprits divins (archanges) pour qu'ils se chargent de libérer les énergies négatives obstruant la circulation dans la maison, à prier, à effectuer divers nettoyages, autant à l'intérieur qu'à l'extérieur de ma maison, grâce à la pratique magique et occulte (encens, fumigation, pratique de la visualisation, etc.). Nous en avons récolté les fruits progressivement, d'une façon spectaculaire, et nous avons peu à peu obtenu un confort nous permettant de nous sentir enfin heureux et bien dans notre chez-nous. Nous n'avons rien fait de plus que d'habitude, les choses se sont seulement améliorées à tous les niveaux :

- Réussite professionnelle (obtention d'un diplôme, entretien victorieux, opportunités, reprise de l'activité professionnelle des deux côtés).
- Prospérité et amélioration des conditions de vie.
- Vacances.
- Baisse du montant des factures.
- Changement des meubles et de l'électroménager défectueux.
- Décoration de la maison.
- Meilleure entente familiale, meilleure entente amoureuse, ambiance équilibrée.
- Aboutissement des travaux.
- Changement de personnes dans l'entourage.
- Aide de la banque.

Attention, je ne dis pas que tout est devenu parfait, puisque le parfait n'existe pas, mais les améliorations ont été considérables en comparaison aux événements vécus précédemment. De plus, il faut beaucoup de courage pour se défaire du mauvais œil, et on en sort rarement indemne. On pourrait considérer toutes les calamités vécues comme le fruit de coïncidences tant les choses sont subtiles, mais j'imagine mal que la vie puisse nous donner pareil châtiment et je ne voyais aucun sens à la façon dont le sort s'acharnait sur nous. Il y avait donc forcément une personne malintentionnée, un parasite quelque part, mais je ne me rendais pas compte que j'avais en réalité accepté l'idée des autres que nous aurions un problème. Lorsque j'ai commencé à nettoyer ma maison, les choses se sont remises en place, et le mal est subitement apparu chez les personnes qui m'avaient envoyé le mauvais œil, chez celles qui avaient osé dire du mal et regardé la construction d'un œil négatif, craintif, jaloux, envieux ou mauvais. Ce retour à l'envoyeur s'est soldé par divers problèmes de leur côté, il y avait bien là une raison.

LE MAUVAIS ŒIL SUR LES ALIMENTS

Voici un autre témoignage concernant le mauvais œil et les aliments. Au sujet des courses, j'ai souvent remarqué des différences entre les faire moi-même et les faire faire. J'ai tenté l'expérience drive, pour changer et voir ce que cela donnerait, et chaque fois je me suis aperçue que mes aliments frais pourrissaient deux fois plus vite que d'ordinaire, même si les dates de péremption n'étaient pas passées. Alors j'ose penser qu'émettre des ondes négatives influence même la nourriture sur les étals, notamment au niveau de leur conservation. Il suffit de regarder d'un œil abject les fruits et légumes pour qu'ils moisissent précocement. Lorsqu'une pomme tombe, elle pourrit parce qu'elle a pris un choc… Dans le cas d'un regard négatif, l'onde énergétique émise est identique. Vu le manque de conservation, le « pas cher » devient en définitive cher, et ce seulement pour une histoire d'énergie ! Les gens doivent prendre conscience que l'échange reste primordial : ne pas prendre en considération un matériel, un aliment, une personne, c'est réveiller le mauvais œil, tôt ou tard ces matériaux, aliments ou personnes se fragilisent.

LES EMPRISES

EMPRISE MENTALE PERSONNELLE, OU AUTO-ENVOÛTEMENT

Voici un témoignage concernant une cliente en pleine emprise psychologique personnelle. Elle venait pour une séance de sophro-médiumnité dont le but est de mieux vivre sa médiumnité et la canaliser mais qui exclut toute problématique d'ordre affectif et psychologique (divorce, deuil, etc.) à côté. Dans ce cas-là, il est conseillé de suivre des séances de sophrologie « normale » au préalable. Cette femme me dit qu'elle fait des méditations personnelles chez elle, qu'elle est consciente de son don de médium et qu'elle a suivi des formations de magnétisme et de communication facilitée ou de psychophanie[27] l'année précédente. Son résumé me chiffonne un peu, je fais le constat qu'il y a comme un gonflement de l'ego. Puisqu'elle fait des méditations toute seule, elle n'a pas besoin de séance de sophro-médiumnité, je me demande ce qu'elle veut. Je lui conseille de lire mon livre pour compléter sa formation de médium, pour mieux comprendre les aspects négatifs aussi… Car je sais qu'un bon nombre de personnes ne veulent rien entendre de l'aspect négatif, mais tout composant vivant contient son contraire, comme la lune et le soleil, le sud et le nord, la qualité et le défaut, le chaud et le froid, le bien et le mal, la pleine lune et la lune noire, etc. On pourrait continuer, on trouverait toujours des parts d'ombre, et dans le cas de la médiumnité, celle-ci touche également à la démonologie, à la sorcellerie, et forcément, tout n'est pas beau dans la médiumnité.

27. La psychophanie est une technique qui consiste à écrire ce que l'on perçoit de la personne en face de soi. Il s'agit en fait d'écriture automatique, on travaille avec l'esprit de la personne, ou bien avec l'esprit de son guide ou son égrégore.

C'est exactement comme nos pensées, qui sont parfois positives et parfois négatives.

À la fin de la première séance, la dame se met à pleurer. L'ego tombe. Elle me parle de son mari, de leurs différences et du divorce possible. À la deuxième séance, elle se remet à pleurer en début de séance. Je l'arrête tout de suite et lui fais finalement une séance de médiumnité. Son guide entre en communication avec moi par clairaudience, je prends note de ses paroles, il me dit dans les grandes lignes qu'elle a eu des pensées contradictoires particulièrement négatives il y a cinq ans et qu'elle a revu ses principes de base et ses valeurs propres.

— Votre guide semble me dire que vous avez eu des pensées négatives il y a cinq ans et votre vie actuelle en est le fruit. Vous avez changé votre principe de base.

Retranchée dans ses souvenirs, elle en fait rapidement le tour. Puis silence de plomb, regard écarquillé d'effroi.

— Oh mon Dieu… effectivement, il y a cinq ans, j'ai assisté aux merveilleux premiers émois d'un couple qui m'a fait rêver et j'ai voulu secrètement quelqu'un d'autre que mon mari car je me suis dit qu'un autre pourrait m'apporter mieux. C'est parti de là… j'ai fantasmé.
— Voulez-vous réellement divorcer ? la questionnai-je pour l'amener à écouter son cœur.
— Non, je ne veux pas divorcer. Je veux rester avec lui.
— Bien, je pense qu'il vaut mieux faire de la sophrologie tout court. Je pense que c'est probablement cela que vous êtes venue chercher.
— Je pense aussi. Mais que veut dire « principe de base » ?
— Vos valeurs propres, vos principes à vous.
— Comment ça, mes valeurs et mes principes ?
— Les vôtres… les vrais… ceux qui vous tiennent à cœur, ce à quoi vous tenez, ce qui vous fait vibrer, votre âme, ce que vous êtes.

Un grand soulagement s'empara d'elle, comme si elle se défaisait d'un manteau usé. Elle partit rassurée vers sa voie amoureuse.

EMPRISE PAR ÉNERGIE ENVIRONNEMENTALE

Même cliente. Trois jours avant que la pleine lune de sang ne coïncide avec l'éclipse lunaire et le sabbat Imbolc (un vrai cocktail explosif en termes énergétiques et environnementaux). Quelle ne fut pas ma surprise de découvrir rapidement un trait sombre de sa personnalité. Je clôturai comme d'habitude ma séance avec quelques conseils sur les pensées positives à mener, puis je parlai de la différence entre l'ego et l'âme, de l'importance des principes et des valeurs dans la construction de l'âme. Soudain elle sortit de ses gonds, elle me fusilla du regard, s'avança vers moi en entrant dans mon champ aurique (à quelques centimètres de mon nez) et me hurla, en pleurs :

— En gros, vous me dites que je suis une grosse merde !

Je tombai des nues… Mais qu'était-elle en train de me dire ? Quel était ce jugement hâtif ? J'essayai de me remémorer mes paroles rapidement, rien n'était offensant, rien n'avait dépassé le cadre de ma pensée et de mon professionnalisme, et j'étais plutôt souriante et dans une attitude positive. Je fus surprise de son regard noir et de son visage qui exprimait le désarroi face à ses propres paroles. J'ai compris qu'elle n'était pas vraiment elle-même. J'avais oublié dans quelle période nous étions, le ciel et la terre vibraient énergétiquement de façon négative, les turbulences énergétiques environnementales étaient bien là. Comme j'avais un rendez-vous juste après, je ne pouvais pas procéder à un nettoyage énergétique sur elle. Lorsqu'elle est partie, je n'ai eu que très peu de temps pour me reprendre, je n'ai pas pu nettoyer la pièce. Généralement, je me laisse une heure pour tout ça, là, je n'avais que dix minutes… J'accueillis mon client suivant et le fis asseoir.

— Comment vous sentez-vous ? lui dis-je.

— Je ne sais pas, tout à l'heure j'allais bien et puis en venant, depuis quelques minutes, je me sens bizarre, comme si je culpabilisais, pourtant je ne vois pas pourquoi.

À ces mots, j'ai compris qu'en venant, il s'était téléporté à ma séance précédente. En effet, je culpabilisais d'avoir laissé partir une cliente envoûtée et démunie. J'ai profité de la séance de sophrologie avec ce client pour rassembler mon énergie dispersée dans la pièce. Nous étions debout. Je lui ai demandé de choisir sa propre couleur et de visualiser une couleur différente pour moi, pour casser les liens énergétiques et éviter la confusion des échanges. Ce qui fonctionna.

Comme je n'ai pas eu le temps de finir de me nettoyer le soir et les jours suivants, le reste de pollution énergétique est descendu se déposer directement sur mon corps physique. Lorsque j'ai pris conscience qu'il fallait me nettoyer complètement (bain de sel, sauge, etc.), tout s'est calmé instantanément. Depuis, j'évite de prendre des clients l'un immédiatement après l'autre et en période énergétique houleuse.

LES SUGGESTIONS

SUGGESTION HYPNOTIQUE ET EMPRISE TOXIQUE

Il y a quelques années, je devais recevoir un couple d'amis avec leurs deux enfants à la maison pour une dizaine de jours. Échange de cadeaux de remerciement, apéritif de bienvenue, etc. : l'ambiance était bon enfant. Ensuite, j'ignore comment a démarré cette discussion sur la voyance et la suggestion hypnotique parce que, étant malentendante, les discussions de groupe me sont difficiles ; néanmoins, j'ai entendu la femme dire que son homme s'était intéressé à l'hypnose. Cet homme avouait avoir une certaine faculté à cerner les gens ou à deviner ce qu'ils pensaient. Bref, la discussion s'engageait sans conteste vers moi, à mon grand désespoir. Mon mari lâcha :

— Cécile aussi, elle voit. Elle tire le tarot.

Les yeux se tournèrent vers moi. Je souris bêtement. Ma copine me dit d'un air malicieux :

— Tu pourras me faire un tirage de tarot ?

Le lendemain matin, très tôt, en me réveillant, alors que mon esprit n'était pas encore alerte et que je me sentais encore vaseuse, je dus chasser un flash qui m'était venu : j'avais « vu » le mari de ma copine en train de m'embrasser au cou, et j'avais eu une sensation bizarre en sortant tout juste du lit. Je me préparais pour aller servir le petit déjeuner. Jusque-là, tout se déroulait normalement, jusqu'à ce que le mari arrive, me fixe du regard et retienne mon attention. Je détournai mon regard, perplexe. Cependant, je voulus voir s'il continuait ses agissements. Je me sentis mal. J'étais loin d'avoir saisi que cette suggestion hypnotique était carrément une méthode d'envoûtement. On pourrait appeler cela de la séduction, mais sachez que la séduction n'est que l'appât du diable, sans vouloir tomber dans la dévotion de la sainteté. Ma copine était désireuse que je lui tire les cartes, nous sommes donc allées dans une pièce pour parler librement et ne pas être dérangées. Je ne fus pas surprise de découvrir un adultère sur les lames. Au vu de ma récente expérience, je pensais qu'il s'agissait de son mari, et je vis son passé à lui, qui m'indiqua qu'il avait déjà fait ce genre de séduction ambiguë. Je parlai donc d'un adultère à la femme sans aller plus loin. En levant la tête, j'ai vu la copine rougir. En continuant le tirage, je fus étonnée en lisant les cartes au fur et à mesure. Je rassemblai les cartes, car je ne voulais pas en dire plus.

— Tu es venue ici pour échapper à quelque chose, on dirait…
— Non mais laisse, c'est moi que tu vois… lâcha-t-elle.
— Comment ça ?
— C'est moi que tu as vu tout à l'heure. L'adultère, là, c'est moi.

Tout au long de leur séjour, une ambiance amoureuse a plané dans la maison. D'ailleurs, ma fille cadette, très réceptive, a fini également par tomber amoureuse de leur fils, et moi j'avais été hypnotisée par le mari. Mon mari, ayant fini par être attiré par ma copine, a sorti une plaisanterie déplacée qui parlait d'échanger les couples. Malgré la bonne ambiance, rien n'allait plus. Non seulement j'étais mal à l'aise, mais également désorientée. Je n'arrivais plus à réfléchir correctement ni à me ressaisir. Je n'étais plus que l'ombre de moi-même. Un vrai pantin à la merci d'un hypnotiseur.

Quand j'ai fait le point avec le mari quant à ses sentiments, il m'a affirmé qu'il n'y avait rien. J'étais abasourdie par des propos d'une telle négligence et la colère s'empara de moi. Vexée d'avoir été un jouet, je lui fis part de la vérité sur sa femme pour lui renvoyer le mauvais œil, par vengeance. Cela m'ennuyait, mais j'étais poussée à le faire, contre mon gré. Cet homme me jeta comme un vulgaire objet, et sa femme fit de même. Le contact fut coupé des deux côtés, et ce fut le début des ennuis pour eux. Mais aussi pour moi, qui étais loin de penser que je nourrissais en réalité une entité par des auto-envoûtements. J'ai finalement voulu me ressaisir, avec mon mari nous avons effectué une cure de balnéothérapie pendant une semaine, loin de la maison, du village : des vacances dans un lieu magnifique et reposant avec des bains de sel à foison. À mon retour, j'étais guérie de mes maux psychologiques.

Malheureusement, trois jours plus tard, cet homme me recontacta et me fit part de son divorce prochain. Je sentais que ce n'était pas une bonne idée de renouer le contact. Les liens énergétiques ont été remis sur le tapis progressivement, car il m'envoyait des messages. L'année suivante, nous nous sommes tous revus, mais cette ambiguïté entre nous persistait. Je fus à nouveau très mal. Mon couple souffrait à nouveau. J'étais à la fois l'amie et un objet. Je n'étais vraiment pas bien. D'autant plus que je tenais à mon mari. C'était comme si on voulait m'extirper de mon époux et de ma famille. Je priais le Ciel de m'aider, d'envoyer une compagne à cet homme pour qu'il me laisse en paix. Peu de temps après, il se mit en couple et annonça qu'il était amoureux en montrant une photo de leur couple sur les réseaux sociaux. Tous les liens énergétiques sont tombés d'un coup, comme une corde qui se dénoue et tombe par terre. À ce moment-là, j'ai réussi à prendre volontairement de la distance, non sans mal. Actuellement, nous n'avons plus aucun contact, et je me porte comme un charme ! Cette histoire m'a transformée dans la mesure où je saisis davantage les mécanismes sournois d'un sorcier hypnotiseur s'amusant à créer de la séduction là où il ne devrait pas y en avoir. Et puis, je suis moins naïve.

Même si l'amour est un sentiment agréable à vivre, il peut être destructeur s'il n'y a rien de concret ni de sérieux dans l'échange. Si vous remarquez que vous tombez subitement amoureux, alors que ce n'est pas dans vos habitudes – ou qu'au contraire, cela devient un peu trop habituel – et que vous croyez que ce sont vos propres émotions et émois, il se peut que vous ayez reçu une information médiumnique, une suggestion, une sorcellerie de déduction, ou que vous ayez été simplement hypnotisé par le regard d'une personne. Ainsi, vos sentiments ne seraient pas véritables, ni les siens, mais seulement la conséquence d'un jeu malintentionné. Prenez le temps d'analyser la situation, de vous ressaisir. Dans le doute, nettoyez-vous, coupez les liens énergétiques qui vous lient à la personne (par une visualisation ou l'exercice des petits bonshommes allumettes, voir page 295) et oubliez-la, sinon vous encourez le risque de souffrir inutilement pendant des années. Si vous n'y arrivez pas, allez voir un magnétiseur ou bien un médium qui saura quoi faire pour vous libérer de cette emprise. Mais la meilleure méthode est que votre esprit puisse commander cette cassure définitive pour ne plus y revenir.

SUGGESTION D'UNE COULEUR PAR TÉLÉPATHIE

Il y a peu, en accompagnant ma fille au collège, nous avons discuté tout au long du trajet.

Ma fille me dit :

— Je pense à ce que tu as dit la dernière fois sur la télépathie, comment tu fais ? Avec les copains, on a parlé justement de ça.
— C'est simple, avant de poser une question à la personne, j'envoie, par la pensée, la couleur à son esprit, puis je lui demande de penser à une couleur et lui dis que je vais deviner la couleur.
— Et ?
— Bah, ça fonctionne !
— Ça me fait trop flipper, ton truc…
— Bah non, les gens adorent, ils découvrent cette possibilité. Sur le moment, ça les fait rire. Mais après, en réfléchissant, ils se demandent s'ils sont souvent influencés et où. Moi, c'est à ce moment précis que je rigole !

Nous arrivons au parking. Je me gare et m'arrête, j'éteins le moteur et lève le frein à main. Ma fille reprend la discussion.

— Montre-moi pour voir !
— Bon…

J'enlève ma ceinture et me tourne vers elle.

— D'abord, mets-toi en position de réception, là tu vois, je te parle, tu me regardes, tu m'écoutes bien [*je lui envoie la couleur*], je vais t'envoyer une couleur [*je lui renvoie la même couleur*], voilà je t'ai envoyé la couleur, tu as la couleur ?

— OK, vas-y, dis !
— Vert.
— Mamaaan…Elle gémit puis rit. Sérieux, tu me fais trop flipper…

Nous avons ri. Puis, elle me dit :

— OK. À mon tour !

Je me mets en mode réception et attends qu'elle m'envoie sa couleur.

— Alors ? me dit-elle d'un ton impatient.
— Bleu.
— Sans déconner, c'est trop flippant ton truc. Bon allez, j'y vais, je te laisse. Tu es trop flippante, je te jure ! me dit-elle en riant en sortant de la voiture.

UN TÉMOIGNAGE DE MAGIE INVOCATOIRE D'UNE ENTITÉ

Un jour, j'ai lu un commentaire sur Internet, qui disait à peu près cela :

« Pour vous prouver que la magie existe, et qu'il ne faut pas trop y faire appel, car ça marche vraiment, eh bien voilà : je voulais accéder à un poste professionnel, mais mon patron m'a clairement dit qu'il le cédait à une autre personne. Lorsque j'ai entendu son nom, j'ai halluciné, je n'étais pas du tout d'accord, car la personne avait beaucoup de mal à venir à l'heure au travail, et subissait de nombreux incidents corporels (une foulure par-ci, une autre par-là, etc.). Ce qui n'était pas un bon présage, pour un poste supérieur. D'autant plus que ce poste me revenait. J'ai donc fait appel […][28] et trois jours après, elle s'est à nouveau cassé le pied, le patron s'est souvenu de ses nombreux déboires et elle s'est vue refuser le poste, que j'ai donc obtenu. Évidemment, j'ai eu pitié pour elle. »

On pourrait en débattre pendant très longtemps, mais pour moi, cela reste purement de la sorcellerie. De quel droit se permet-on de dire que ce ne serait « pas un bon présage » pour cette personne ? Si l'Univers lui a tendu la main en premier pour ce poste, c'est qu'elle le méritait à tout point de vue. L'auteur de ce commentaire s'est acharné, et le sort a continué, ajoutant des entités à la victime au lieu de la désenvoûter, car visiblement elle était déjà atteinte et attirait

28. NdÉ : L'autrice ne souhaite pas divulguer le nom de la divinité en question.

tous les sorciers, les pervers narcissiques, les psychopathes de l'ésotérisme. Je lui aurais bien proposé de l'aider mais je ne savais pas qui c'était. Les pensées transforment et modifient la matière physique. La vie professionnelle ne manque pas d'occasions pour être empathique plutôt que jaloux, il suffit de demander autrement. Le simple fait que la personne qui a mis le commentaire ait culpabilisé n'est que le retour de son acte. Sûrement, pour se repentir, cette personne a conseillé aux autres de réfléchir à deux fois en constatant que la magie a des effets réels.

CHARMES ET SORCELLERIE AMOUREUSE

Il y a peu, mon mari et moi avons fait la connaissance de deux couples qui se sont avérés toxiques au fil du temps. En cette période révolue, je manquais cruellement d'autorité, suffisamment pour ne pas savoir mettre un terme à une situation dont l'issue ne pouvait que se révéler négative. Nous avions rencontré le premier couple par l'intermédiaire de notre fille. Un père plutôt réservé et fermé, une mère moins réservée que son mari. Mon mari était présent quand elle vint chercher sa fille, et elle fut immédiatement attirée par lui. Lorsqu'elle lui parlait, elle faisait du charme. Il m'a suffi de quelques secondes pour comprendre qu'elle l'aimait un peu trop. Je sus en cet instant que ça n'allait pas être une amie. C'était la championne de la séduction et elle me croyait suffisamment cruche pour ne pas le voir. Mon homme ne prête que rarement attention aux signaux des femmes. À ce sujet, il était bien naïf. Il l'a appris à ses dépens, comme moi. Les conversations fusèrent entre eux deux, et moi, malentendante, j'essayais de suivre tant bien que mal. Cet éloignement dû à mon handicap m'a permis d'avoir le recul suffisant pour voir ce qui se tramait, mais j'ai tu mon intuition.

Le soir même, cette femme nous invita à un repas familial organisé chez elle avec son cousin. Nous avons accepté l'invitation. À dire vrai, nous n'étions pas très emballés à l'idée d'être au milieu d'inconnus.

Néanmoins, la soirée se passa très bien. Je me suis plutôt liée d'amitié avec la femme du cousin, un petit bout de femme aussi réservée que discrète.

Puis ont suivi plusieurs invitations dans le même mois, toujours par cette femme qui aimait sortir, inviter, faire la fête. J'ai mis rapidement un frein à cette habitude, cela allait bien trop vite à mon goût, et elle ne me parlait quasiment jamais, préférant s'adresser juste à mon mari. Je n'avais pas l'air de l'intéresser. Je n'avais plus le temps pour voir nos autres amis les week-ends. Les invitations ont continué pendant des mois ainsi, comme une fuite d'eau qu'on veut boucher avec la main et dont on ne peut arrêter le débordement. Ils avaient « l'air sympa », rien ne montrait que notre relation partait dans une mauvaise direction, même si mon intuition me chuchotait et me certifiait le contraire. Mon ego, lui, était content, ces sorties me donnaient une seconde jeunesse. Malgré mes nombreuses tentatives d'intégration, j'avais le spectre d'une barrière brumeuse, indéfinissable, devant moi, qui m'empêchait de lâcher la garde, surtout avec elle. J'étais bloquée. Quand j'abordais le sujet, mon mari me répondait que je me faisais des idées, il en avait assez de mes « trucs de médiumnité ». J'ai fini par préciser un beau jour au restaurant, après deux années de côtoiement, que mon activité secondaire était la médiumnité après la sophrologie. Cette femme a fui mon regard. Elle avait peur que je découvre le pot aux roses, la raison de toutes ses invitations. Je me souviens ce soir-là lui avoir sorti cette phrase, en la regardant droit dans les yeux entre deux sourires : « Je suis gentille, mais je peux être conne aussi. » Elle savait intérieurement que cela sonnait comme un avertissement. Il était quasiment sûr que ce genre d'amitié ne pouvait que se terminer en pugilat, surtout quand une femme n'a d'yeux que pour votre mari et que vous servez juste ses intérêts. Elle ne tarda pas à soudoyer son mari pour qu'il devienne chauffeur de taxi, comme le mien et son cousin. Mais il n'avait pas le sens des affaires. Lorsque j'ai appris son changement de carrière professionnelle, je fus, je crois, la première inquiète. Cela semblait vouloir dire : « Je veux que mon mari soit comme le tien. » Mais je tus mon intuition, une fois de plus.

En définitive, mon homme a fini par proposer de monter un groupe de taxis avec le mari et le cousin, avec pour objectif l'entraide, mais l'entraide n'allait que dans un sens.

Un jour, je surpris le cousin en train de jouer avec une application. Il s'amusait à transformer mon mari en cochon. J'étais déjà en train d'écrire ce livre, j'avais déjà appris que la sorcellerie se révélait par l'association de certains traits symboliques. Le cochon était associé à la perversité sexuelle. J'avais du mal à apprécier le cousin. Il était envieux des biens matériels des autres, notamment de la nouvelle voiture de mon mari, ce qui le poussa à en acheter une autre aussi luxueuse quinze jours après. Je ne comprenais pas ce besoin de compétition chez lui. De plus, il essayait intentionnellement d'influencer mon mari. Il se jouait de lui sans se rendre compte des conséquences que cela pouvait engendrer. De plus, il m'envoyait des photos de mon mari sans ajouter de message lorsqu'ils s'arrêtaient boire un café ensemble. Que cherchait-il ? Sans doute était-ce un prétexte pour m'écrire, ou tentait-il de me faire subir le même sort, ou tentait-il m'énerver sur le fait que mon mari faisait des pauses ou je ne sais quoi qui pourrait me rendre paranoïaque ou me faire mal ?

Les invitations continuèrent et les regards d'envoûtement de la séductrice aussi. Mon mari changea progressivement de comportement. Quant à moi, je fermais les yeux, par amour pour lui. Je ne voulais guère voir le rêve se transformer en cauchemar. Je me suis aperçue à ce moment-là qu'il n'y avait pas besoin d'être marabout ou chamane transcendental de la lumière quantique pour séduire et influencer une personne. Puis, un jour, ils nous invitèrent tous, un week-end de juin, dans leur maison de vacances. Mon mari refusa poliment en arguant qu'il préférait un séjour en amoureux, mais céda sous leurs moqueries. En réalité, la femme m'a soudoyée pour que je fasse changer mon mari d'avis. Après tout, on s'entendait bien. Lors de ce séjour, j'ai pu en découvrir plus sur eux qu'en trois ans. J'ai appris que le cousin et le mari venaient d'un tout petit village de Chine où justement la sorcellerie était présente. Je les avais déjà informés que j'écrivais un livre au sujet du mauvais œil. Le mari me révéla que son père était chamane. Lorsqu'il était petit, il le voyait se mettre parfois en tenue traditionnellement sombre, des pieds à la tête, jusqu'à se couvrir le visage, puis s'asseoir sur une chaise, entrer en transe et invoquer les esprits. J'écoutais ses paroles de façon élogieuse tout en lorgnant furtivement son poignet : il portait un bracelet orné de pierres d'œil-de-tigre. J'avais l'impression d'assister à une des scènes du film *Un monde plus grand*[29], issu du travail de Corine Sombrun[30], magnifiquement interprété par une Cécile de France en transe lors d'une cérémonie chez des chamanes en Mongolie. J'ai compris ce jour-là par intuition qu'il était médium-sorcier lui aussi par héritage. Il était extrêmement discret et ne parlait que rarement, j'ai dû le mettre en confiance pour qu'il me fasse part de cette anecdote. Le mari et le cousin croyaient donc en l'existence du mauvais œil. Étant consciente du don du mari, je voulais lui montrer que le mauvais œil n'était que de la suggestion. Je lui fis le jeu des couleurs par télépathie. Le résultat a eu l'effet escompté et il a apprécié ce jeu. Je voyais comment se comportait sa femme et qu'elle avait peur de moi. Il était clair qu'elle se reprochait quelque chose. Cependant, je ne faisais plus de médiumnité sur mon entourage depuis un moment, de façon volontaire, par respect et pour éviter toutes sortes d'ennuis. Même si je voyais clairement, je fermais les yeux, pour vivre comme une personne normale.

Un autre séjour, plus long, fut programmé lors des vacances d'été, sans le cousin et sa femme cette fois-ci. Je remarquais les jeux de regards et cette complicité « amoureuse » naissante entre mon mari et cette femme, mais je n'en fis pas cas tant l'ambiance était bon enfant durant nos parties favorites de *Uno*.

Après tout, je m'étais peut-être trompée sur eux. Je commençais à m'ouvrir et à faire confiance à cette femme. Ce séjour nous

29. Long-métrage français réalisé par Fabienne Berthaud en 2019. Ce film est l'adaptation du livre de Corine Sombrun, *Mon initiation chez les chamanes,* éd. Pocket, 2006.
30. Autrice, ethnomusicienne et spécialiste française du chamanisme mongol, née en 1961.

a rapprochées. Elle m'avait même confié qu'elle n'aimait plus son mari, et qu'elle attendait, pour divorcer, que les enfants soient grands. Cependant, ils étaient déjà assez grands, l'un approchait les 18 ans… alors je ne comprenais pas. Le dimanche 15 septembre, nous sommes sortis tous ensemble pour visiter le salon des vieilles voitures à Toulouse. J'ai aperçu mon mari s'approcher un peu trop d'elle. Il a osé poser sa main sur son épaule alors qu'il n'est pas du tout tactile avec les femmes. Je lui ai fait les gros yeux : « Qu'est-ce que tu fous ? » Il m'a souri bêtement comme un homme démasqué, et a fini par rester près de moi.

J'ai fini par remarquer des changements suspects de comportement chez lui, il ne souhaitait plus manger le soir et se renfermait sur lui. Puis les disputes entre nous ont commencé, car je voyais bien le changement. J'avais beau lui parler, j'étais face à un mur. Un matin, j'ai subi une vive douleur au niveau du thorax et dans le dos. Puis, deux jours après, j'ai découvert par terre, sur ma terrasse, des morceaux de verre, à côté de mon canapé d'extérieur mais aussi dessous. J'ignore depuis quand ils y étaient. Je n'ai pas pensé à une quelconque forme de sorcellerie dans un premier temps, puisque j'étais plutôt perturbée par les disputes avec mon mari. J'ai pris le balai et ai jeté le verre dans le jardin, au lieu de le ramasser et de le jeter dans le bac à verre. Je sentais que quelque chose clochait malgré tout, le verre ne pouvait provenir des ampoules de ma terrasse, celles-ci étaient intactes. Comment ce verre avait-il pu atterrir là ?

Nous n'avions plus été invités récemment et je disais à mon mari que les ennuis que l'on avait au sein des différents couples venaient du cousin, auquel je ne faisais aucunement confiance. Il était d'accord avec moi, pour une fois, et me dit : « Ne t'inquiète pas, je vais arranger ça, j'en fais mon affaire. » Un soir, en rentrant à la maison, il reçut un appel, puis repartit de la maison en prétextant qu'il devait sortir les voir et régler les soucis, il tenait vivement à ce que je reste à la maison avec les enfants. En rentrant, il me réveilla, et avait les larmes aux yeux. En s'asseyant, il m'avoua qu'il était allé au magasin de cette femme, mais celle-ci avait fugué, il ne l'avait pas vue. Son mari était là, il l'avait appelée et ils s'étaient disputés. Quant au cousin, il était également présent et aurait soi-disant évité une bagarre. Il finit par me lâcher qu'il était tombé amoureux de cette femme, mais qu'ils n'avaient rien fait. Dans un premier temps, un peu sonnée par la nouvelle, j'ai pardonné à mon mari, et décidé instinctivement de lui faire confiance. En moi, une voix me disait qu'il n'était pas amoureux d'elle. De plus, je voyais un voile devant ses yeux. Il ne voyait pas la réalité telle que je la percevais. Je savais qu'il avait été envoûté par le charme de cette séductrice depuis le début, et par ce cousin. Je sentais qu'il avait besoin de moi et qu'il était désespéré, qu'il s'accrochait à moi comme à une bouée. Il était d'ordinaire toujours là pour me relever, c'était à mon tour. Les choses ne se sont pas passées comme prévu, les problèmes ont continué.

Deux ou trois soirs plus tard, après une dispute téléphonique avec le mari, mon homme fut pris d'angoisses et de tremblements violents. Il contrôle d'ordinaire bien ses émotions, là il était loin de celui que je connaissais. Je fis mon possible pour le calmer. Rien n'y faisait. Ensuite, en sortant dans le jardin, je suis tombée sur les morceaux de verre que j'avais balayés : un signe cosmique pour m'enjoindre à ramasser le verre et, ainsi, à neutraliser le sort. Les crises sont passées immédiatement.

Intuitivement, dès le début, j'étais sûre que quelqu'un manigançait tout, ou qu'ils agissaient tous de connivence. Je me demandais qui croire dans ce triangle malsain. Mon mari, ou son mari, qui me disait de ne pas croire ce manipulateur…, il était certainement pressé de le faire tomber pour se venger ! En discutant avec mon mari, j'ai pu remonter le temps : ils s'étaient échangé les messages où il lui avouait ses sentiments pour elle le 12 septembre, le jour de ma douleur de thorax et de dos. Le mari l'a su on ne peut plus vite. Je n'avais plus de recul pour me recentrer. Il voulait m'empêcher de faire confiance à mon mari, et cela me rendait anxieuse. En général, nos disputes avec mon mari dépassaient rarement une journée. Là c'était plutôt devenu continuel, intense, et les disputes n'avaient rien de constructif. Il était évident que le mauvais œil planait. Ensuite, cette femme a eu un accident de voiture, puis j'ai eu un accident de voiture, et ce fut le tour de mon mari, et ce à quelques semaines d'intervalle. Chaque lundi soir, à 20 heures pile, on se disputait, comme si nous devions nous disputer à tel moment et non à un autre, comme si nous étions programmés à le faire. Moi, d'ordinaire bonne dormeuse, je devenais insomniaque, avec d'interminables cauchemars. Mon cerveau ne faisait plus le vide, les événements repassaient en boucle. Je fus en proie à des angoisses et des pensées morbides. Pour ne pas sombrer, je voulais faire éclater la vérité, et prouver à mon mari que ce n'était qu'un ramassis de fantasmes, d'envoûtements et d'emprises amoureuses. Malheureusement, il ne l'entendait pas de cette oreille, il préférait nourrir cette avidité amoureuse, il n'arrivait pas à la chasser de son esprit, c'était une obsession dont il n'arrivait pas à guérir, et je voyais cependant bien qu'il n'était pas amoureux d'elle, qu'il était hypnotisé par ses charmes.

Je ne savais plus comment faire. J'ai décidé de contacter deux de mes collègues médiums. Et voici ce que m'a dit Mary : « Cécile, au vu des cartes, tes pensées sont très puissantes. Ce que tu vois comme une perte n'est en réalité que l'occasion de bonnes choses à venir. Sois rassurée, tout va bien. » Et Marie : « Cécile, ne rentre pas dans les peurs. Ton mari t'aime. Tes enfants sont bien en place. Continue tes missions, et laisse les autres âmes en retard. »

Mes premiers ressentis étaient donc les bons. Mon mari a fini par avoir un déclic de son côté. En s'éloignant d'eux et en coupant les liens énergétiques, il a su progressivement démêler le vrai du faux, pour emboîter les pièces de son puzzle incomplet, pour redevenir l'homme qu'il était, à mon grand soulagement. Mon mari a compris avec le recul et cette fois-ci, avec la connaissance acquise, son sens de l'intuition ne lui a pas fait défaut.

SORCELLERIE AMOUREUSE ET FOLIE OBSESSIONNELLE

Un jour, un ami de longue date, dentiste, a accueilli une nouvelle patiente dans son cabinet pour la pose d'une couronne dentaire. Cette première consultation s'est bien passée, d'une façon ordinaire. Les jours passèrent, cette dame revint à plusieurs reprises pour des petites bricoles et, de fil en aiguille, elle tomba amoureuse. Un jour, elle décida de franchir le pas et lui fit des avances. Il refusa poliment. Cependant, elle ne l'a pas entendu de cette oreille puisque, les jours suivants, il découvrit un cou de poulet sur la poignée de porte de son cabinet. Puis d'autres cous de poulet et quelques menaces quotidiennes. Ce genre de harcèlement mêlé d'actes de sorcellerie a continué jusqu'à ce qu'il en devienne fou. Un jour, elle débarqua à son cabinet, lui disant même que sa couronne avait été envoûtée. Il était tellement contaminé par la démence de cette femme, par tous ses actes de sorcellerie, qu'il a manqué de la jeter dans les escaliers… Il a ensuite appelé les gendarmes, ulcéré par ces scènes de science-fiction et ces manigances tordues. Il n'a plus jamais entendu parler d'elle ni de ses cous de poulet.

ENVOÛTEMENT PAR UNE ENTITÉ DÉCÉDÉE

Les entités ne viennent pas systématiquement par le biais de la sorcellerie. Parfois, elles se logent tranquillement dans une partie du corps d'une personne, qu'elles connaissent ou non. Généralement, l'entité et la personne envoûtée doivent être du même taux vibratoire bas pour que cela fonctionne.

MAUX DE DENTS

Un jour, une amie vint me voir pour des maux de dents qu'elle voulait que je lui enlève. Je commençai par allumer une bougie, et priai mes guides de venir m'assister dans cette séance, puis je vis soudainement dans mon écran mental l'image d'une femme relativement âgée. Je reconnus rapidement, pour l'avoir vue une fois, que c'était sa maman.

— Ta maman est là, avec moi. Apparemment, il semblerait qu'elle soit liée à tes maux de dents, lui dis-je.
Elle me répondit aussitôt :

— Hors de question que je lui parle ! Elle était mauvaise. Depuis sa mort, je n'ai que des problèmes.
— D'accord, je vais le lui dire, et l'envoyer, dans ce cas, dans la lumière.

La mère accepta à contrecœur de se diriger vers la lumière. Je sentis qu'elle savait pertinemment que cette lumière existait, vu le pas nonchalant qu'elle prenait, comme si ce n'était pas nouveau. Elle alla la rejoindre, puis revint subitement. Je lui dis « non » d'un ton ferme par la pensée et qu'elle n'avait plus rien à faire ici, qu'il valait mieux pour elle qu'elle parte. Elle fit demi-tour et repartit, c'était une personne visiblement têtue, puis je vis qu'elle était accueillie par un bon nombre de personnes derrière, qu'elle connaissait vu son expression. Malheureusement, cette dame se donna en spectacle, criant et injuriant tout le monde dans l'au-delà, ne voulant pas les suivre. Elle se débattait, car les autres la tenaient par le bras, gentiment mais fermement. Surprise par ce ballet, je fis part à mon amie de mes impressions, de ce que je voyais.

— Elle se donne en spectacle… Elle a du caractère, ta maman.
— C'est tout elle, toujours à faire des scènes ! ragea-t-elle.

Les personnes de l'au-delà me remercièrent et ensuite la lumière se résorba. J'avais rempli ma tâche de passeur d'âme. Après la séance, les maux de dents disparurent.

LE PARDON D'UN PÈRE

Carine me contacta un mois de janvier pour me dire avec inquiétude qu'elle sentait une présence dans son appartement et tenait à ce que je vienne vérifier. Elle pensait que c'était son beau-père, décédé depuis peu, mais hésitait, car ce n'était pas son genre de faire ça. Il était bien trop brave pour vouloir lui faire aussi peur. Elle se réveillait après avoir cauchemardé au milieu de la nuit, entendait des bruits de pas et devait vérifier avant de se rendormir. Son beau-père était quelqu'un de réservé et de discret. Elle avait raison : si certaines personnes décédées peuvent changer dans l'au-delà, la plupart gardent leur caractère. Lorsque je suis passée chez elle, j'ai inspecté les pièces, notamment la salle de bains, les toilettes attenantes et sa chambre à coucher, en face. Effectivement, j'avais des sensations morbides de froid, je sentais le spectre d'une présence cachée qui me regardait. Je demandai à Carine de me donner une bougie, afin de nettoyer la pièce.

— J'en ai une noire… me fit-elle, inquiète.
— Ce sera parfait.

Une fois la bougie posée, la flamme s'agitait dans tous les sens comme s'il y avait un courant d'air, alors qu'il n'y en avait pas. Le feu et la lumière gênaient visiblement l'entité, qui ne manqua pas de faire peur à Carine, en basse vibration ; celle-ci s'emporta, et la panique prit le pas.

— Elle bouge trop, la flamme, là ! J'ai trop peur ! dit-elle en s'agitant.

Je dus calmer Carine, en lui disant gentiment de sortir de la pièce. Elle arpenta le couloir et la cuisine en se mangeant les ongles. Je me concentrai sur l'entité en récitant une prière. La flamme s'agita, puis se calma progressivement. Carine revint en glissant un œil par la porte. Elle fut soulagée de voir la flamme brûler tranquillement.

— C'est bon, normalement tu dormiras mieux. Laisse la bougie se consumer tranquillement. Et tu passeras me donner des nouvelles.

Peu après, elle me fit part que le calme était revenu, ses nuits étaient meilleures.

Six mois plus tard, je reçus à nouveau un message de Carine m'informant que l'entité était à nouveau là depuis une semaine. Elle s'empressa de me notifier également que l'entité en question était son père biologique. Elle avait reçu une facture à payer qui lui était destinée et appris par la même occasion, le même jour, qu'il était décédé en janvier… Elle obtint donc la réponse à ses questionnements quant à qui pouvait lui faire peur à ce point ; ce n'était donc pas une simple coïncidence. Elle présentait une grosse fatigue, des angoisses, une pression thoracique, une hantise et une difficulté à se déplacer.

— OK, viens me voir à la maison et on en discute, lui dis-je.

Lorsqu'elle vint me voir, je lui annonçai que son père avait des raisons précises de vouloir entrer en communication avec elle.

— Je ne veux pas lui parler ! Avec ce qu'il m'a fait, ce n'est juste pas possible.

Elle me laissa me débrouiller avec ces bribes d'informations. Je tentai la visualisation, et un flash me vint subitement : le père était allongé sur son lit d'hôpital, visiblement menotté aux mains et aux pieds. Il pensait à elle, il était agité, voulait se libérer à tout prix et sortir de l'hôpital. Carine présentait bizarrement les mêmes symptômes que lui, il l'avait envoûtée par sa présence télépathique, puisqu'il était fatigué de se débattre, avait l'angoisse de ne pas pouvoir sortir, la pression d'être attaché, de la difficulté à se déplacer et une hantise de l'hôpital. Ceci n'était pas un mauvais œil, mais un envoûtement médiumnique du fait de la personnalité réceptive de Carine. Une fois le constat fait, j'engageai une conversation avec lui par télépathie, qui dura à peu près une trentaine de minutes, pour effectuer le désenvoûtement et casser les liens.

— Je suis avec Carine, dites-moi ce qu'il y a.
— Je veux qu'elle me pardonne, me dit-il en me suppliant.
— Elle ne veut pas, elle n'est pas prête à le faire actuellement.
— S'il vous plaît, dites-lui pardon de ma part. Ce n'était pas ce que je voulais lui donner comme vie. J'étais perdu. Dès que ma femme hurlait, j'étais impuissant. Il fallait que je leur fasse mal pour qu'ils arrêtent de l'embêter.

Je fis part de cette conversation à Carine, qui me raconta avec difficulté un bout de son enfance sans entrer dans les détails. Sa mère était dépressive et lui, il était violent. Et il buvait. L'ayant entendue, il s'empressa d'ajouter :

— Oui, mais je n'étais pas bien… Je suis sobre, maintenant.
— Oui, mais vous êtes mort, maintenant, vous étiez malade, il vous faut partir. Vous n'avez plus rien à faire ici. Elle refuse de vous parler. Faites-vous à cette idée.

Au fur et à mesure de la discussion, je vis le père, sans menottes, sortir du lit lentement et arpenter le couloir de l'hôpital, chercher une sortie. Je le suivais des yeux.

— Vous cherchez la lumière ?
— Heu… oui… me dit-il, calmé.

Je fis part de la conversation à Carine, qui resta silencieuse. Je le vis ensuite attendre sur le rebord de la lumière.

— Vous ne partez pas ?
— Non, j'attends mon épouse.

Je le crus sur parole. Mais, craignant tout de même une éventuelle technique pour se défiler, je continuai :

— Ne cherchez plus à embêter Carine, sinon je ferai appel aux forces de l'ordre pour s'occuper de vous.
— Non, j'ai bien compris qu'elle ne voulait pas. Je viens de l'accepter. Merci à vous.
— Vous pouvez y aller, maintenant.
— Non, j'attends vraiment mon épouse. Elle ne va pas tarder non plus.

La séance dura un peu plus d'une heure et demie. Les personnes de l'au-delà deviennent aussi médiums par cette transcommunication et perçoivent sensiblement les phénomènes et le futur. Carine m'appela quelques jours après pour me donner des nouvelles, et me remercier pour ce désenvoûtement : elle était guérie.

ENVOÛTEMENT PAR INVOCATION D'UN ESPRIT

Il y a quelque temps, j'ai eu une altercation avec ma fille aînée, en pleine crise d'adolescence. Comme tout parent, j'ai fini par craquer moralement, à cause de ses nombreux harcèlements et refus de se plier. En manque d'autorité suffisante et de recul, je n'ai rien trouvé de mieux que de faire appel à une entité par la pensée pour prendre ma relève dans la gestion de mon problème. Il ne faut surtout pas le faire, ce n'est pas à un esprit de « régler » nos problèmes, car les méthodes risquent de dépasser bien trop souvent nos demandes. Au lieu d'en prendre l'entière responsabilité, j'ai tout légué à l'entité en l'invoquant de m'assister tout de suite, et de venir prendre le dessus sur elle. Non pas par vengeance, mais par ras-le-bol, par dépit et par impuissance (évidemment, aujourd'hui, je ne fais plus cela). La tactique que j'ai menée a fonctionné à merveille… mais j'ai eu tort. Étant médium, l'entité est passée à travers moi, je me suis sentie habitée, dotée d'une force qui ne m'appartenait pas, ainsi ma gorge s'est déployée, donnant un timbre de voix cassant et effrayant, et mon regard s'est assombri. Ma fille a vu le changement opérer instantanément, elle s'est tue tout de suite, la bouche ouverte comme si elle cherchait à respirer, elle a écarquillé les yeux d'effroi, avant de se mettre à pleurer en s'enfermant dans sa chambre. En réalité, l'entité, pour lui faire peur, est venue à elle par mon lien énergétique qui la rattachait à moi. Elle s'est montrée à elle par le biais d'un flash qu'elle m'a raconté par la suite : un homme pendu. Puis l'entité lui a serré la gorge énergétiquement pour la faire taire. J'ai rapidement compris que cela avait fonctionné et, prise de remords, je lui ai expliqué ce que j'avais fait, pour qu'elle n'ait plus peur et comprenne ce qui s'était réellement passé en elle après mon changement de comportement. J'ai tenu à m'excuser auprès d'elle en voyant son désarroi. Elle m'a littéralement réprimandée, et m'a fait promettre de ne plus recommencer. Heureusement, ce fut temporaire, elle ne s'est pas laissé abattre. Et nous nous sommes réconciliées.

Ceci n'est pas du mauvais œil, même si le procédé y ressemble, de tels agissements s'apparentaient plus à une forme de sorcellerie psychique, une sorte de forme d'hypnose avec mon regard sombre et ma voix teintée mais qui provenait tout droit d'un autre esprit que le mien, puisque physiquement je n'étais plus la même. L'entité était bien là et avait pris mes commandes temporairement puisque ma conscience et mon propre esprit ont repris les commandes par la suite. Je ne vous conseille pas d'agir ainsi. C'est d'ailleurs avec ce genre de procédé que l'on colle des saletés dans l'aura des gens… et cela peut aller loin quand on ne les maîtrise pas, aussi bien pour la victime que pour celui qui l'a fait. La victime peut sombrer dans la dépression, l'autre dans la folie s'il ne récupère pas sa conscience.

CONCLUSION

En définitive, le mauvais œil n'est qu'un moyen, le plus court et le plus direct, pour parvenir à une suggestion. Que la suggestion soit faite directement ou indirectement, la sorcellerie revêt différentes formes, dans un seul but : influencer.

L'œil est le vecteur d'une trajectoire, il permet de suggérer une intention par le biais d'images, de sensations, d'émotions…

L'œil est ce qui nous permet de croire ou non en ce que l'on voit, mais aussi en ce que l'on ressent, perçoit, à travers la pupille. Il est à la fois la mine d'informations, l'intermédiaire et le précurseur de l'intention.

Libre est celui qui saura s'en détourner, par la force de son esprit, de sa conscience, et de la conscience de son propre pouvoir et ses capacités. Croire est le pilier de la foi, sans la croyance et la confiance en soi nous ne pouvons *être*, ni créer, ni nous protéger.

Selon Eckhart Tolle, beaucoup de souffrance, beaucoup de malheur surviennent lorsque vous prenez chaque pensée qui vient dans votre tête pour la vérité. La bonne nouvelle, c'est que votre cerveau est votre outil de défense. La mauvaise, c'est qu'il peut être votre pire ennemi. Votre conscience, votre croyance et vos connaissances sont votre lanterne, si vous souhaitez déroger à la servitude du Mal ou du mauvais œil.

Alors croire ou pas croire au mauvais œil ? Telle est la question définitive. Croire, oui, pour s'en débarrasser. Et ne pas y prêter trop d'attention pour s'en protéger, mais y croire assez, en tout état de cause, pour rester vigilant, alerte, conscient, et pour rester en lien avec la Vérité.

La meilleure arme contre le mauvais œil, ou la fascination, l'enchantement, ou encore l'ensorcellement, est donc en définitive l'*ancrage*, le *rappel à soi*. L'ancrage permet de solidifier votre charpente intérieure, ainsi votre confiance et vos émotions resteront en place. C'est ce qui vous permet de rester alerte, de garder intact votre système immunitaire énergétique et spirituel, que vous possédez naturellement. Si vous restez conscient, votre vigilance vous protégera, ainsi vous pourrez mieux faire circuler ces formes d'énergies qui parasitent l'aura. Il est donc nécessaire d'être dans un état de conscience permanent pour éviter de garder des énergies parasitées, périmées ou inappropriées en nous, susceptibles de brouiller notre aura et le bien-être de notre corps et de notre esprit. En procédant de la sorte, vous maintenez et préservez votre Être, votre santé psychique, biologique et énergétique.

Aussi, le but est de ne pas réagir émotionnellement à tout ce que l'on essaie de vous dire, vous montrer ou vous faire croire. Si vous permettez aux mots des autres, ou aux vôtres, de vous contrôler, vous permettez au mauvais œil de vous contrôler.

Et enfin, la dernière parade, pour supprimer ou amoindrir le pouvoir que certains jeteurs de mauvais œil ont sur vous, c'est de ne pas leur donner d'importance – en définitive, de « s'en battre l'œil »…

LEXIQUE

Enchantement

Action exercée par le biais de charmes verbaux et incantatoires dans le but de soumettre une personne, un animal ou un objet afin de le charger énergétiquement (émotionnellement et psychologiquement) et de modifier son état. Le charme se crée grâce à l'action de formules telles que les psalmodies, comprenant le ton émis (émotion), l'usage des mots (verbe) et le chant (sonorité). La charge émise est donc auditive. Puisque dans « enchantement » il y a « chant », nous pouvons alors parler de « chanson », de « musique », parlée ou chantée.

Envoûtement

Action exercée par le sorcier dans le but de dompter, d'assujettir la personne subtilement et sournoisement, grâce à des moyens stratégiques. C'est un acte conscient et volontaire, la personne est consciente d'utiliser son potentiel. La charge émise est télépathique (médiumnique).

Guérisseur/magnétiseur

Il a la capacité de guérir, de mettre fin à une situation problématique. Comme le magicien, le guérisseur est un manieur d'énergie. Comme le sorcier, il a la capacité de désenvoûter avec ses mains, son regard, ses intentions, par le principe des fluides ou du magnétisme. Le magnétisme est une forme moderne de magie.

Magicien

Le magicien est un personnage comme l'Hermite du tarot, en quête perpétuelle, sur son propre chemin d'évolution spirituel. Il étudie, s'exerce, façonne ses connaissances par le biais d'expériences diverses dans le domaine occulte. Il a les capacités d'exercer des rituels de façon méticuleuse en prenant en compte l'astrologie. Le magicien peut également pratiquer la magie noire. Il a cette faculté parce qu'il a acquis une certaine aisance dans son corpus de connaissance sur le maniement des énergies et des fluides.

Mauvais œil

Action exercée par un sorcier dans le but d'assujettir la personne sans utiliser de moyens de manière consciente. C'est un acte inconscient et involontaire, mais intentionnel, exercé par le subconscient. L'action émise est non forcée. Le potentiel est inné, l'action intuitive. Le subconscient commande l'action, qui est alors la formule agissante en elle-même. Le mauvais œil peut aisément se compléter avec l'enchantement et l'envoûtement, commandé par l'ego (sentiment de jalousie et d'envie).

Par exemple, je vois une personne bien apprêtée, qui porte une robe luxueuse, magnifique. Je la trouve superbe, mais mon ego est envieux et jaloux, mon subconscient me dit alors que la robe est moche, car je ne la porte pas. Plusieurs sortes d'envies se bousculent (envie de la porter, envie de l'avoir, envie de la salir). Je n'ai pas conscience de porter un mauvais regard sur elle, de la charger alors intuitivement, mais cette robe aura des ennuis : taches, trous, déchirures…

La personne qui la porte la jugera mauvaise et s'empressera de la jeter à la poubelle. Elle ne pourra plus la porter…

Médiumnité

La médiumnité consiste à percevoir par nos sens perceptifs (médiumniques) des informations diverses et complexes, provenant de l'extérieur, que ce soit de l'Univers, de la Terre, de la flore, de la faune, des humains, etc., avec plus ou moins d'intensité et de précision.

Possession

Action volontaire exercée par un sorcier à travers une entité dans le but de posséder à la fois l'esprit et le corps de la victime. Un esprit désincarné prend les commandes d'un esprit vivant, dans le but de transmettre une information ou un message, ou bien de se nourrir de son énergie vitale afin de rester sur le plan physique le plus longtemps possible. La possession apporte confusion, perte de mémoire et fatigue générale, puisqu'elle utilise les chakras de la personne, du chakra couronne jusqu'au chakra de base. La victime se comporte alors bizarrement et ce n'est que quand elle en prend conscience qu'elle peut reprendre les commandes de son corps et de son esprit. L'esprit désincarné ne peut plus agir, il quitte alors le chakra de base (incarnation dans la matière) puis s'évapore par le chakra couronne pour aller dans la lumière (passage de l'âme). Les énergies résiduelles restantes issues de la communication partent par les pieds, dans la terre.

Rituels

Ensemble de rites modulés en fonction de la croyance de chacun. L'action est préventive. Les gestes sont routiniers, méticuleux et consciencieux, presque cérémonieux, et leur but est spécifique. Il existe énormément de rituels, dans la religion comme dans notre vie de tous les jours.

Par exemple, poser ses clés dans le cendrier de son hall d'entrée en arrivant chez soi est un rituel visant à gagner du temps lors de sa prochaine sortie. Il y a également les rituels de sorcellerie, le rituel chrétien, les rituels de beauté, etc.

Sorcier

Le terme tel que l'on le connaît dans sa véritable définition à l'heure actuelle nous est apparu au VIIe siècle. Il va faire des rituels sans avoir une quête spirituelle approfondie comme le magicien. Par rapport au magicien, le sorcier serait une sorte d'imitateur. Il est à la fois un jeteur de mauvais sort et un désenvoûteur. Ses connaissances sont plus élevées que celles du jeteur de mauvais œil.

Sortilège

Action volontaire menée par un sorcier afin de jeter un sort ou d'effectuer une divination. L'acte commis a pour but de nuire (magie noire), de contrer ou d'aider (magie blanche). L'envoûtement et l'enchantement s'associent au sortilège. Sans l'envoûtement et l'enchantement, le sortilège n'aurait aucune valeur. Les moyens utilisés sont les rites que l'on accomplit dans un but ciblé. Ce sont alors les rites qui attribuent une charge au sortilège, que la charge soit bonne ou mauvaise.

Par exemple, je souhaite créer une dagyde (poupée magique) dans le but de protéger un proche. Je vais dans un premier temps envoûter la poupée (la créer avec amour, avec une intention protectrice), l'enchanter (lui parler avec amour, avec la même intention protectrice) afin de lui conférer une charge et un pouvoir. La méthode utilisée peut être païenne ou religieuse. Je vais ajouter des éléments déjà chargés au préalable, comme des plumes ou autres attributs de protection (ça peut être aussi des matériaux spécifiques comme des plantes, du sel), le tout dans le but de charger la poupée pour que mon proche se sente protégé.

Diagnostic d'un lieu

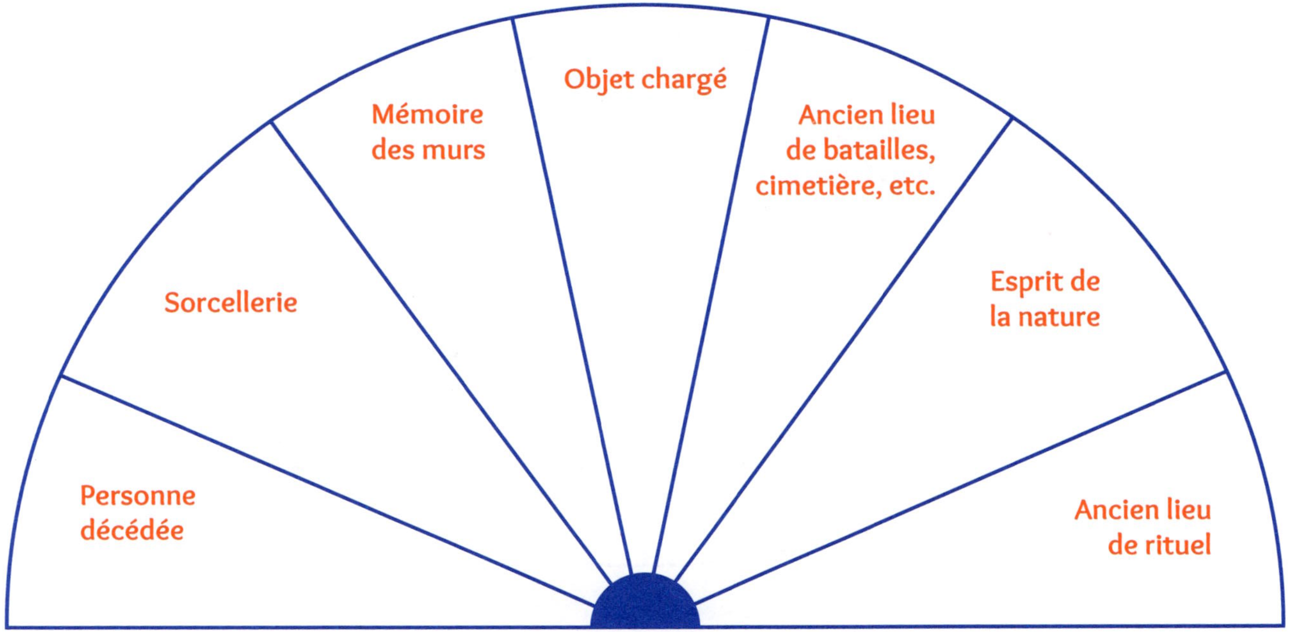

Vérifier à l'aide d'un pendule la nature de la charge d'un lieu.

Diagnostic d'une personne

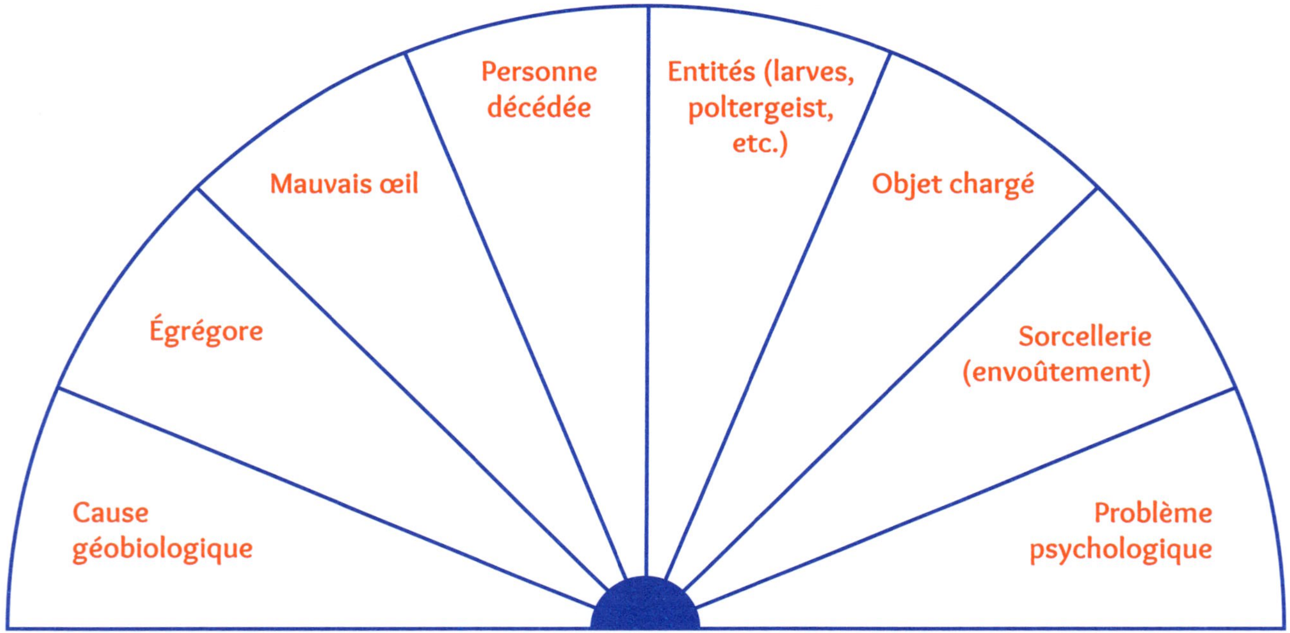

Vérifier à l'aide d'un pendule la nature de la charge d'une personne.

POUR EN SAVOIR PLUS

Chance

MARTY Jennifer et MACPARTHY Fred, *Attirer les bonnes influences occultes – Pour la réussite et le succès dans vos entreprises,* Sesheta Publications, t. 1, 2019.

Croyances et superstitions

LABOURÉ Denis, *Astrologie et religion au Moyen Âge*, éd. Domuni Press, 2019.

WEILL-PAROT Nicolas, *Les « images astrologiques » au Moyen Âge et à la Renaissance – Spéculations intellectuelles et pratiques magiques (XIIe-XVe siècle)*, éd. Honoré Champion, 2002

Développement personnel

HAY Louise, *Transformez votre vie – Une pensée positive peut changer votre vie*, éd. Marabout Poche, 2013.

BYRNE Rhonda, *Le Secret*, éd. Un monde différent, 2008.

Encens

LAUVERGNE Vincent, *Traité des encens et des condensateurs fluidiques*, éd. Trajectoire, 2018.

LAUVERGNE Vincent, *Magie tellurique – Pratique, rituels et secrets*, éd. Trajectoire, 2011.

THULY Arnaud, *Purification – Principes et méthodes*, éd. Alliance magique, 2013.

THULY Arnaud, *Plantes et encens de purification*, éd. Alliance magique, 2017.

Guérison

CAMUS Dominique, *Secrets merveilleux pour la guérison des animaux – Soulagez vos animaux grâce aux vrais secrets de guérisseurs*, éd. Bussière, 2018.

CARREY Stan, *Pervers narcissique – L'identifier, le fuir, se reconstruire*, éd. Améthyste, 2019.

MARTY Jennifer et MACPARTHY Fred, *Se libérer des mauvaises influences occultes – Contre le mauvais œil, les mauvais sorts, les maléfices, les envoûtements, les possessions*, Sesheta Publications, 2018.

BEN HALIMA Abderraouf, *La Roqya – Traitement de la sorcellerie, djinns et mauvais œil par le Coran et la médecine prophétique*, éd. Le Figuier, 2011.

MARTEL Jacques, « Les Petits Bonshommes allumettes », YouTube, parties 1 et 2, 2012.

Hypnose et autosuggestion

COUÉ Émile, *La Maîtrise de soi-même par l'autosuggestion consciente*, éd. Renaudot, 1989.

PAPUS, *La Magie et l'Hypnose*, Éditions de la Clef d'Or, 2016.

LEBONHAUME Charles, *Les 60 Rituels secrets de la magie du sel*, éd. Trajectoire, 2004.

Magie

CUNNINGHAM Scott, *Terre, Air, Feu et Eau – Techniques de magie naturelle*, éd. Danaé, 2017.

LEBONHAUME Charles, *Les 60 Rituels secrets de la magie du sel*, éd. Trajectoire, 2004.

RAVENWOLF Silver, *La Magie des poupées – Patrons, sortilèges et incantations*, éd. Alliance magique, 2019.

KYNES Sandra, *Votre autel - Créer un espace sacré pour la prière et la méditation*, éd. Alliance magique, 2019.

LAUVERGNE Vincent, *Dictionnaire des analogies ésotériques*, éd. Ambre, 2008.

Mauvais œil

Arnaud Louis, « La *Baskania* ou le mauvais œil chez les Grecs modernes », Revue des études byzantines, n° 96, 1912, p. 384-385.

Bersez Jacques, *Se protéger contre le mauvais œil – Moyens de défense et protections, pratiques magiques, formules actives*, éd. Trajectoire, 2000.

Sanfo Valéry, *Mauvais œil et sortilèges – Comment les reconnaître et s'en défendre*, éd. De Vecchi, 2008.

Adolfini-Bianconi Carine, *L'Ochju - Origine et sens des pratiques symboliques corses*, éd. Dumane, 2008.

Médiumnité

Dalet Cécile, *Le Pouvoir de la médiumnité – Apprendre et se perfectionner*, éd. Trajectoire, 2019.

Kardec Allan, *Le Livre des médiums – Comprendre le monde invisible et communiquer avec les esprits*, coll. « Aventure secrète », éd. J'ai lu, 2007.

Occultisme

Anaclet Vincent Encausse Gérard, « Papus », *ABC illustré d'occultisme*, Éditions de la Clef d'Or, 2018.

Lechêne Marie-Véronique, *Entités – Diagnostic et rituels de bannissement – Pour libérer les personnes et les lieux*, éd. Trajectoire, 2019.

Vincenti Piobb Pierre, *L'Évolution de l'occultisme et la science d'aujourd'hui*, éd. Alliance magique, 2017.

Plantes

Schultes Richard Evans, *Atlas des plantes hallucinogènes du monde – Un précis de chimie et de botanique*, Éditions de l'Aurore, 1978.

Prières et psaumes

Abbé Julio, *Le Livre secret des grands exorcismes – Ses formules et ses applications*, éd. Lanore, vol. 1, 2011.

Abbé Julio, *Grands Secrets merveilleux pour aider à la guérison de toutes les maladies physiques et morales*, éd. Bussière, 1990.

Sorcellerie

Lancelin Charles, *La Sorcellerie des campagnes*, éd. Trédaniel poche, 2008.

CAMUS Dominique, *La Sorcellerie en France – Du Moyen Âge à nos jours*, éd. Dervy, 2008.

CHOLLET Mona, *Sorcières – La puissance invaincue des femmes*, coll. « Zones », éd. La Découverte, 2018.

Cet ouvrage a été achevé d'imprimer par la SEPEC en septembre 2021.
Imprimé en France. Numéro d'impression : 04875210505
Dépôt légal : octobre 2021

PEFC 10-31-1470 / Certifié PEFC / Ce produit est issu de forêts gérées durablement et de sources contrôlées. / pefc-france.org